ABITUR

Prüfungsaufgaben mit Lösungen

2010

Französisch

Grund- und Leistungskurs
Gymnasium
Bayern
2005–2009

STARK

ISBN 978-3-89449-091-1

30. ergänzte Auflage
www.stark-verlag.de

STARK

Vorwort

Liebe Schülerin, lieber Schüler,

mit diesem Buch können Sie sich zielgerichtet und effizient auf Ihre **Abiturprüfung** im Fach **Französisch** vorbereiten.

- Ihnen steht eine Sammlung von **originalen Prüfungsaufgaben** der letzten Jahre (Grund- und Leistungskurs) zur Auswahl. Somit können Sie sich ein genaues Bild von der Schwierigkeit der Texte sowie der Art der Aufgabenstellungen machen. Da die Konzeption der Aufgaben im Grund- und Leistungskurs sehr ähnlich ist, können Sie zu Übungszwecken auch die Aufgaben des jeweils anderen Kurses bearbeiten.
- Zu jeder Aufgabe finden Sie vollständige und auf Französisch ausformulierte **Lösungsvorschläge**, anhand deren Sie einschätzen können, was von Ihnen erwartet wird, und die Ihnen zahlreiche Anregungen für eigene Formulierungen geben. Die grau gerauteten Bearbeitungshinweise helfen Ihnen bei der Bearbeitung der Aufgaben.

Auch für den Fall, dass Sie Französisch für die **Colloquiumsprüfung** gewählt haben oder die **freiwillige mündliche Prüfung** in diesem Fach ablegen wollen, finden Sie in diesem Band geeignete Übungsaufgaben mit stichpunktartigen Lösungen.

Zu Beginn des Buches informiert Sie das Kapitel „**Hinweise und Tipps**" zu den Fakten der schriftlichen Prüfung, des Colloquiums und der freiwilligen mündlichen Prüfung und gibt Ihnen Hilfestellungen zur erfolgreichen Bewältigung der Prüfung.

Viel Erfolg bei Ihrer Abiturprüfung!

Inhalt

Vorwort
Stichwortverzeichnis

Hinweise und Tipps zur schriftlichen Abiturprüfung

1 Ablauf der Prüfung I
2 Inhalte I
3 Aufgabenarten I
4 Anforderungsbereiche II
5 Methodische Hinweise und allgemeine Tipps zur schriftlichen Prüfung III
6 Wichtige Ausdrücke und Wendungen V

Hinweise und Tipps zum Colloquium (Grundkurs)

1 Ablauf der Prüfung VIII
2 Inhalte VIII
3 Aufgabenarten VIII
4 Leistungsanforderungen und Bewertung IX
5 Methodische Hinweise und allgemeine Tipps zur freiwilligen mündlichen Prüfung . . IX

Hinweise und Tipps zur freiwilligen mündlichen Prüfung

1 Voraussetzungen XI
2 Prüfungsablauf XI
3 Materialvorgaben und Aufgabenstellungen XI
4 Vorbereitungszeit XI
5 Hinweise zu den Übungsaufgaben XII
6 Methodische Hinweise und allgemeine Tipps zur freiwilligen mündlichen Prüfung . . XII

Übungsaufgaben

Colloquium Französisch
Übungsaufgabe 1: Aspects d'une région : la Bretagne 1
Übungsaufgabe 2: La Peste d'Albert Camus 4
Übungsaufgabe 3: La République française 6
Übungsaufgabe 4: Fragen zu den beiden anderen Halbjahren 8

Freiwillige mündliche Prüfung Französisch

Übungsaufgabe 1: Zitat (Geschichte, deutsch-französische Beziehungen) 11
Übungsaufgabe 2: Literarischer Text (Michel Tournier, « La Goutte d'or ») 13
Übungsaufgabe 3: Bild (Buchcover zu Molière, « L'Avare ») 15
Übungsaufgabe 4: Sachtext (Umwelt, Tourismus) 17

Abiturprüfungsaufgaben Französisch

Grundkurs 2005
Aufgabe I: Le téléphone portable peut rendre les jeunes « accros » . . . . GK 2005-1
Aufgabe II: Monsieur Ibrahim et Momo en Normandie . . . . GK 2005-10

Leistungskurs 2005
Aufgabe I: Le fabuleux pouvoir de la voix . . . . LK 2005-1
Aufgabe II: Leçons de bon parler . . . . LK 2005-9

Grundkurs 2006
Aufgabe I: Comme on met le couvert, on s'aime . . . . GK 2006-1
Aufgabe II: Camille . . . . GK 2006-9

Leistungskurs 2006
Aufgabe I: Les Français jouent la prudence . . . . LK 2006-1
Aufgabe II: Moussa en France . . . . LK 2006-9

Grundkurs 2007
Aufgabe I: Le service civil volontaire . . . . GK 2007-1
Aufgabe II: Samedi 14 avril . . . . GK 2007-9

Leistungskurs 2007
Aufgabe I: Le sport, pas la guerre... . . . . LK 2007-1
Aufgabe II: Un déjeuner . . . . LK 2007-8

Grundkurs 2008
Aufgabe I: Une nouvelle ville commence . . . . GK 2008-1
Aufgabe II: Le froid de la grande ville . . . . GK 2008-8

Leistungskurs 2008
Aufgabe I: Vie privée. Le grand déballage . . . . LK 2008-1
Aufgabe II: Un secret . . . . LK 2008-10

Grundkurs 2009
Aufgabe I: Le bus, moteur de la mixité sociale . . . . GK 2009-1
Aufgabe II: Noir destin pour plastique blanc . . . . GK 2009-9

Leistungskurs 2009
Aufgabe I: La fracture morale . . . . LK 2009-1
Aufgabe II: Une leçon inoubliable . . . . LK 2009-9

Jeweils im Herbst erscheinen die neuen Ausgaben
der Abiturprüfungsaufgaben mit Lösungen.

Autoren:

Fischer, Harald: Hinweise und Tipps
Übungsaufgaben zur freiwilligen mündlichen Prüfung
Lösungen zum LK
Köhler, Peter: Lösungen zum GK
Matthes, Hans-Georg: Übungsaufgaben zum Colloquium

Stichwortverzeichnis

mots-clés

accidents de route LK 2006-1
adolescents LK 2007-5
agence intérim GK 2008-8
amitié LK 2008-15
amour
– mère–fille GK 2007-9
autobiographie LK 2008-7
avenir
– ~ après la scolarité LK 2007-8 / 14

banlieue GK 2009-1
bicyclettes GK 2008-1
busing GK 2009-1
Bretagne 1

Canada LK 2005-9
circulation
– routière LK 2006-1
– téléphoner au volant GK 2005-4
conformisme LK 2009-17
courage GK 2006-11
cuisine GK 2006-1
culture alimentaire GK 2006-1

défavorisés GK 2006-3
dépendance GK 2005-1 f.
dessin GK 2006-3, 10
dopage LK 2007-7
drame 11; 15

école privée LK 2009-13
écologie GK 2009-9
éducation LK 2007-15; GK 2006-3; LK 2009-10, 16; GK 2009-1
émeutes GK 2007-1
émigrés LK 2009-4
enseignement 13
environnement GK 2009-9
existentialisme 4

famille
– rapports familiaux GK 2006-10; LK 2008-10
– rôle de la table GK 2006-1
football LK 2006-9
fou GK 2006-10
France-Allemagne 8; 11
francophonie LK 2005-9
french paradox GK 2006-5

génération
– ~ kangourou LK 2007-14

histoire
– absolutisme 15
– Révolution 6; 8
– Seconde Guerre mondiale 11

identité GK 2005-13
illusions (perdre ses ~) LK 2006-9
immigrés 9; 13
– rêve et réalité LK 2006-9
– insertion GK 2008-8 f.
individualisme LK 2008-1
intimité LK 2008-1
Islam LK 2009-1

jeunes LK 2007-1; GK 2005-1 f.; LK 2008-10

laïcité LK 2009-1, 13
langue française 17
lecture LK 2007-15
liberté LK 2006-6; LK 2009-8
littérature à l'école LK 2009-10
location de vélos GK 2008-1 f.
loisirs LK 2007-1

marginaux dans la société 15
Maroc LK 2009-1
médias 11; LK 2007-6; LK 2008-1; LK 2009-1
mer 1
métier
– choix du ~ LK 2007-8 / 14

milieu social LK 2007-12
mission d'insertion GK 2008-8
mixité sociale GK 2009-1
mondialisation LK 2009-8
motivation LK 2009-16
mutisme GK 2006-9 f.

natalité LK 2008-17
naturalisme 8
nourriture GK 2006-3
notes GK 2007-9

obésité GK 2006-2

Paris 13
peintre GK 2006-9
personnes âgées GK 2007-2
politique 6; 12
pollution 17; GK 2009-9
privé LK 2008-1

Québec LK 2005-9

rapports parents-enfants GK 2007-9
réalisme 8
relations franco-allemandes (cf. France – Allemagne)
religions GK 2005-10 f.; LK 2009-1
riches et pauvres LK 2009-10, 16

service civil GK 2007-1 f.
silence GK 2006-9
socialisation LK 2009-10
sport LK 2006-9/15; 2007-1
– ~ et médias LK 2007-7

télécommunications GK 2005-1 f.
télétravail LK 2008-8
tourisme 9
– importance économique 17

vélo GK 2008-1 f.
vélib GK 2008-1 f.
vêtements LK 2007-6
vidéo-surveillance LK 2008-1
vie privée LK 2008-1
violence LK 2009-17
vitesse (limitation de la ~) LK 2006-7
voix LK 2005-1

auteurs

Bombardier LK 2005-9
Camus 4
Diome LK 2006-9
Gavalda GK 2009-1 f.
Geluck GK 2005-4
Giroud LK 2009-10
Grimbert LK 2008-10
Guène GK 2008-8 f.
Ionesco 11
Mauriac LK 2008-16
Molière 15
Pennac LK 2008-7
Schmitt GK 2005-10 f.
Sabatier LK 2007-8
Séassau GK 2007-9 f.
Thinard GK 2009-9 f.

Hinweise und Tipps zur schriftlichen Abiturprüfung

1 Ablauf der Prüfung

In der Abiturprüfung Französisch werden Ihnen zwei Prüfungsvorschläge vorgelegt, von denen Sie selbst einen zur Bearbeitung auswählen. Die Aufgabe I ist ein Sachtext, die Aufgabe II ein literarischer Text.

Bearbeitungszeit
Die Arbeitszeit für die Abituraufgabe beträgt im Leistungskurs 270 Minuten (4,5 Zeitstunden), im Grundkurs 210 Minuten (3,5 Zeitstunden). In beiden Kursarten sind davon etwa 30 Minuten zum Auswählen bzw. Einlesen gedacht.

Hilfsmittel
Als Hilfsmittel dürfen Sie in der Prüfung eines der einschlägigen einsprachigen Wörterbücher verwenden. Vorsicht: Ältere Auflagen sind unter Umständen nicht mehr zugelassen.

2 Inhalte

Die Inhalte der Abiturprüfung beziehen sich auf die im Lehrplan Französisch aufgeführten Themenbereiche, wobei im Grundkurs-Abitur als Aufgabe I auffällig häufig Texte zum Thema „Junge Menschen“ gestellt werden. Es werden im Abitur allgemeine landeskundliche Kenntnisse vorausgesetzt, tiefer gehende literarische Kenntnisse werden aber nicht abgefragt.

3 Aufgabenarten

Bei beiden Prüfungsvorschlägen handelt es sich um **Textaufgaben**. Das heißt, dass Ihnen pro Vorschlag ein oder mehrere Texte zur Bearbeitung vorgelegt werden. Bei der Aufgabe I handelt es sich dabei meist um Auszüge aus einer französischsprachigen Zeitung oder Zeitschrift, bei der Aufgabe II um einen Ausschnitt aus einem Roman, einer Kurzgeschichte oder einem sonstigen literarischen Werk.

Aufgabenstruktur
Zu den Texten werden mehrere Aufgaben gestellt, die den beiden Bereichen ***Questions sur le texte*** und ***Commentaire personnel/Rédaction*** zuzuordnen sind. Jede Aufgabe wird mit einer **Version** abgerundet, also einem französischen Text, der ins Deutsche zu übersetzen ist. Dieser Text steht in inhaltlichem Zusammenhang mit dem Haupttext.

Bewertung
Im Bereich der **Sprachproduktion** (*Questions sur le texte* und *Commentaire personnel/ Rédaction*) werden Inhalt und Sprachrichtigkeit/Ausdrucksvermögen getrennt gewertet. Bei den *Questions sur le texte* zählen Inhalt und Sprache jeweils 50 %, während beim *Commentaire personnel/Rédaction* der Inhalt 40 % und die Sprache 60 % zählen.

Es gelten folgende Sperrklauseln:
1. Werden in einem der beiden Bereiche (Inhalt bzw. Sprache) weniger als die Hälfte der maximal erreichbaren Bewertungseinheiten (BE) zuerkannt, so kann die Antwort insgesamt bestenfalls mit 55% der insgesamt möglichen BE bewertet werden.
2. Wird einer der beiden Bereiche mit 0 BE bewertet, so darf für den jeweils anderen Bereich nur weniger als die Hälfte der möglichen BE vergeben werden.

Bei der **Version** werden zunächst Fehler gezählt; die Umrechnung des Fehlerschritts in Bewertungspunkte ist im folgenden Schema anhand eines 3-Fehler-Sprungs dargestellt.

Fehler	0–3	4–6	7–9	10–12	13–15	16–21	> 22
BE (LK)	50–45	44–39	38–32	31–25	24–17	16–0	0
BE (GK)	40–36	35–31	30–26	25–20	19–13	12–0	0

Notengebung im Leistungskurs: Auf die *Questions sur le texte* entfallen insgesamt 100 BE, auf den *Commentaire personnel* und die Version je 50 BE. Insgesamt sind somit 200 BE zu erreichen. Diese werden auf die Notenpunkte wie folgt verteilt:

BE	200–190	189–180	179–170	169–160	159–150	149–140	139–133	132–126	125–120	119–113	112–106	105–100	99–89	88–78	77–67	66–0
Note		1			2			3			4			5		6
Notenpunkte	15	14	13	12	11	10	9	8	7	6	5	4	3	2	1	0

Notengebung im Grundkurs: Auf die *Questions sur le texte* entfallen insgesamt 80 BE, auf den *Commentaire personnel* und die Version je 40 BE. Insgesamt sind somit 160 BE zu erreichen. Diese werden auf die Notenpunkte wie folgt verteilt:

BE	160–152	151–144	143–136	135–128	127–120	119–112	111–106	105–101	100–96	95–90	89–85	84–80	79–71	70–62	61–53	52–0
Note		1			2			3			4			5		6
Notenpunkte	15	14	13	12	11	10	9	8	7	6	5	4	3	2	1	0

4 Anforderungsbereiche

Die Aufgabenstellungen zur Sprachproduktion lassen sich in drei Aufgabenbereiche einordnen, die in ihrem Anforderungsgrad aufeinander aufbauen.

Anforderungsbereich I
In den **Bereich *compréhension*** fallen Aufgaben, in denen nur das Verständnis des Textes abgeprüft wird. Sie sollen in eigenen Worten Informationen aus dem Text wiedergeben

bzw. zusammenfassen. Hier ist es besonders wichtig, dass Sie die Aussagen und Argumente in ihrem Lösungsaufsatz ausschließlich aus dem vorliegenden (oder durch die Aufgabenstellung eingegrenzten) Textausschnitt entnehmen. Weiterführende Erläuterungen werden nicht gefordert, ebenso wenig über den Text hinausgehendes Wissen.

Anforderungsbereich II
Zum **Bereich *analyse*** gehören Aufgaben, bei denen Sie einen Textausschnitt oder eine Aussage erklären, analysieren oder interpretieren sollen. Grundlage ist häufig ein Zitat aus dem Text, das Sie in der Aufgabenstellung wiederfinden. Halten Sie sich bei Ihrer Analyse an den Text und versuchen Sie dessen Intentionen genau zu erfassen!

Anforderungsbereich III
Auch die Aufgaben zum **Bereich *commentaire*** erwachsen aus dem vorliegenden Text. Doch anders als bei den Aufgaben zu den Bereichen *compréhension* und *analyse* soll in Ihren Lösungsaufsatz eine Stellungnahme bzw. eine Beurteilung einfließen. Manchmal finden Sie kombinierte Aufgaben, bei denen Sie zunächst eine Zusammenfassung oder Beschreibung liefern sollen, bevor Sie Ihren Kommentar bzw. Ihr Urteil abgeben.

Bei einigen Aufgaben wird von Ihnen eine kreative Bewältigung des Themas verlangt. Abhängig von der Aufgabenstellung dürfen oder müssen Sie sich in angemessenem Rahmen von der französischen Standardsprache abweichender Stilniveaus bedienen.

5 Methodische Hinweise und allgemeine Tipps zur schriftlichen Prüfung

Um die schriftliche Prüfung in Französisch erfolgreich bewältigen zu können, ist es sinnvoll, wenn Sie sich einige Arbeitstechniken und Strategien zurechtlegen.

Auswahl der Aufgabe
- Sobald die Arbeitszeit beginnt, sollten Sie die beiden Prüfungsvorschläge in Ruhe, aber einigermaßen zügig, durchlesen, um sich möglichst rasch und fundiert für eine der beiden Aufgaben entscheiden zu können. Sie sollten dafür keinesfalls länger als 30 Minuten brauchen. Je schneller Sie sich entscheiden, desto mehr Zeit bleibt Ihnen für die Bearbeitung.
- Als Kriterium für die Auswahl sollten Sie neben der Verständlichkeit des Textes selbst und dem Thema auch die Teilaufgaben und die Version mit einbeziehen. Was hilft schließlich ein in Ihren Augen „leichter“ Text, wenn Sie mit den Fragen nicht zurecht kommen, kein für Sie passender *Commentaire personnel* dabei ist oder Sie den Versionstext nicht verstehen?

Lesestrategien
- Lesen Sie sich zunächst den gesamten Text in Ruhe durch. Gerade in der Prüfung dient das erste Mal dazu, die anfängliche Nervosität abzubauen. Seien Sie deshalb nicht beunruhigt, wenn Sie zunächst das Gefühl haben, noch nicht alles zu verstehen. Machen Sie sich vielmehr ein Bild von dem Text: Um welche Textsorte handelt es sich? Um einen literarischen Text, einen Sachtext, um Prosa, um ein Drama, einen Zeitungsartikel, einen Werbetext …? Was ist das zentrale Thema?
- Beim zweiten Durchlesen (das nach der Entscheidung für eine der beiden Aufgaben erfolgt) kommt es darauf an, die Struktur und Gliederung des Textes zu erfassen: Worum geht es in den einzelnen Abschnitten? Markieren Sie die wichtigsten Aussagen (meistens befindet sich in jedem Absatz eine, die dann näher ausgeführt wird) und geben Sie den Abschnitten eine Überschrift.
- Machen Sie sich nun an die Bearbeitung der Aufgaben. Lesen Sie sich die Ausschnitte des Textes, auf die sich die entsprechende Aufgabenstellung bezieht, intensiv durch.

Filtern Sie all das heraus, was zur Beantwortung notwendig ist. Schlagen Sie nur die Wörter im Wörterbuch nach, die Ihnen für das Verständnis des Textes wirklich wichtig erscheinen.

Zeiteinteilung
Legen Sie sich vor der Prüfung einen persönlichen Zeitplan zurecht, der folgende Punkte berücksichtigt:

- Sie brauchen genügend Zeit zur zweiten Lektüre des Textes (bzw. der Texte). Verschwenden Sie dabei aber nicht zuviel Zeit für das Nachschlagen im Wörterbuch. Nicht alle unbekannten Wörter sind für die Bearbeitung der Aufgaben notwendig, andere lassen sich auch aus dem Kontext erschließen.
- Kalkulieren Sie für jede Aufgabe eine bestimmte Zeit ein. Da auf dem Aufgabenblatt die Bewertungseinheiten angegeben sind, die maximal zu erreichen sind, können Sie gut abschätzen, für welche Aufgaben Sie länger brauchen können und welche Sie schneller bewältigen sollten. Im Groben können Sie davon ausgehen, dass pro 10 BE 10 Minuten Arbeitszeit benötigt werden. Bei 30 Minuten Auswahlzeit bleiben also im Leistungskurs 40 Minuten und im Grundkurs 20 Minuten für nochmaliges Lesen des Textes und Endkorrektur.
  Wenn Sie merken, dass Sie im Moment eine Aufgabe nicht lösen können, gehen Sie zur nächsten über. Kommen Sie erst nach der Bearbeitung der übrigen Aufgaben wieder auf sie zurück.
- Rechnen Sie für das gründliche Korrekturlesen noch einmal ausreichend Zeit ein. Denn in dieser Phase lassen sich vor allem „banale“ Fehler noch leicht verbessern. Wichtig: vorher üben!
- Viele Prüflinge halten die Version für die schwierigste Aufgabe und bearbeiten sie daher gleich zu Beginn der Prüfung, wo sie noch über die volle Konzentration verfügen. Nachteil: Oft ist der Versionstext erst dann wirklich verständlich, wenn man den Haupttext bereits intensiv gelesen und die Aufgaben dazu bearbeitet hat. Finden Sie daher bereits bei der Vorbereitung auf die Abiturprüfung Ihren eigenen Weg.

Lösungsaufsätze
Bei den Textaufgaben wird von Ihnen erwartet, dass Sie zu den einzelnen Aufgabenstellungen sowohl inhaltlich als auch sprachlich korrekte Lösungsaufsätze verfassen. Lassen Sie sich nicht entmutigen, denn selbst wenn Sie meinen, sprachlich nicht zu den Besten zu gehören, können auch Sie einen guten Lösungsaufsatz abliefern. Beherzigen Sie einfach folgende Tipps:

- Bevor Sie zu schreiben beginnen, sollten Sie sich über den Inhalt im Klaren sein. Notieren Sie sich auf einem gesonderten Blatt die Punkte, die Sie in den Aufsatz aufnehmen möchten. Berücksichtigen Sie auch, dass Ihr Aufsatz (selbst bei einer 10 BE-Aufgabe) eine kurze Einleitung, einen Hauptteil und einen Schluss braucht.
  Eine gute Gliederung ist notwendig, um inhaltlich punkten zu könnten, aber sie hilft Ihnen auch beim Verfassen des Aufsatzes. Denn so haben Sie auf der einen Seite bereits die Schlüsselaspekte, die sie nacheinander ausformulieren können, und auf der anderen Seite können Sie präziser und damit häufig auch kürzer formulieren. Langatmige Passagen sind nämlich nicht nur inhaltlich schlecht, sondern beschwören unnötig sprachliche Fehler herauf.
- In den meisten Fällen sind die Fragen im Präsens gestellt, weshalb Sie auch Ihre Antwort soweit möglich im Präsens verfassen sollten. Brauchen Sie dennoch eine Zeit der Vergangenheit (weil z. B. der Protagonist früher andere Eigenschaften hatte als zum Zeitpunkt, zu dem die Erzählung spielt), sollten Sie die entsprechenden Regeln beachten (*imparfait – passé composé* – Zeitenfolge bei indirekter Rede).
- Schreiben Sie auf dem sprachlichen Niveau, auf dem Sie tatsächlich stehen. Es ist möglich, auch in einer einfachen und schlichten Sprache die Aufgaben gut zu lösen.

Verwenden Sie deshalb nur die Grammatik und dic Formulierungen, die Sie sicher beherrschen.
- Achten Sie darauf, auch Nebensätze zu verwenden. Überlegen Sie sich, welche Konjunktionen (Verwendung von *indicatif* bzw. *subjonctif* beachten!) oder Relativpronomina in Frage kommen könnten.
- Verknüpfen Sie die Sätze untereinander. Je nach logischem Zusammenhang können Sie dafür unterschiedliche Wendungen oder Partikel verwenden (siehe Kapitel „Wichtige Ausdrücke und Wendungen").

Anwendungsbezogene Themen
Grundsätzlich gelten auch für die Lösungen zu den anwendungsbezogenen Aufgaben dieselben Regeln wie für die übrigen Aufgaben. Darüberhinaus sollten Sie aber noch Folgendes beachten:
- Wie beim traditionellen Pro-Kontra-*commentaire* kann es notwendig sein, Argumente zu finden, zu ordnen und überzeugend darzulegen.
- Gestalten Sie eine Einleitung und entscheiden Sie sich für eine passende Schlussbemerkung.
- Machen Sie sich je nach Aufgabenstellung Gedanken zu folgenden Fragen: Wer sind die handelnden Personen (Namen, Charakteristika, Grad der Ausgestaltung)? Wie ist die Situation, in die der *commentaire personnel* eingebettet ist? Welche Sprachebene ist angemessen? Welche Formalia sind zu beachten (z. B. Anrede und Schlussformel, grafische Gestaltung)? Welche wahren und erfundenen Ereignisse können oder müssen eingebaut werden? Mit welchem landeskundlichen Wissen können Sie dem Text mehr Authentizität verleihen?

6 Wichtige Ausdrücke und Wendungen

Eine wichtige Aufgabe der vorliegenden Sammlung ist es, Ihnen sprachliches Material an die Hand zu geben, mit dem Sie Ihre Lösungsaufsätze strukturieren, einleiten und stilistisch schöner gestalten können. Sie sollten jegliche französische Lektüre – ob im Kurs oder privat – dazu nutzen, Ihre ganz persönliche Liste von Ausdrücken und Redewendungen zu vervollständigen. Versuchen Sie also neben dem Themenwortschatz auch die sprachlichen Mittel zu lernen, die zur Erstellung eines Textes über jedes beliebige Thema hilfreich sind.

Wenn es Sie für die Prüfung beruhigt, können Sie auch bei der Vorbereitung eine Liste mit häufig einsetzbaren Wörtern und Wendungen auswendig lernen und diese sofort zu Beginn der Prüfung auf einem gesonderten Blatt niederschreiben; so haben sie diese während der Prüfung immer parat.

Wiedergeben der Meinung des Autors
- d'après/selon l'auteur,...

Verben, die in Bezug auf den Autor verwendet werden können:
dire, parler de, exprimer, constater, affirmer, expliquer, analyser, révéler, prétendre, décrire, dépeindre, énumérer, donner des informations sur, faire allusion à, critiquer, mettre en doute, mettre en relief, mettre l'accent sur, souligner, accentuer, discuter, se prononcer sur/contre, croire, penser, être d'avis, trouver, ...

Achtung: ein Nebensatz mit *que* kann nur an transitive Verben angeschlossen werden, nicht aber an intransitive Verben und Substantive; daher:
- poser la question de savoir si
- réfléchir pour savoir si

Wiedergabe der eigenen Meinung
- quant à moi,.../en ce qui me concerne,...
- à mon avis...
- je suis d'avis que...
- je suis d'accord avec l'auteur que.../je ne partage pas l'opinion de l'auteur quand il dit que...
- je désapprouve/je critique/je conteste qc
- je reproche qc à qn
- je trouve/je crois/je pense/j'ai l'impression que (*bejaht:* indicatif, *verneint:* subjonctif)
- je suis sûr(e)/persuadé(e)/convaincu(e) que (*bejaht:* indicatif, *verneint:* subjonctif)
- il me semble que (*bejaht:* indicatif, *verneint:* subjonctif)

Abwägen
- d'un côté..., de l'autre côté...
- d'une part..., d'autre part...

Aufzählen
- premièrement..., deuxièment..., troisièmement...
- d'abord, ..., ensuite/puis, ..., enfin, ...
- pour commencer, ..., pour finir/terminer
- au début, d'abord, en premier lieu/en dernier lieu
- pour résumer

Hinzufügen eines neuen Aspekts
- de plus/en outre...
- il faut encore ajouter...
- à part cela, ...
- également...

Vergleich und Gegensatz
- en comparaison de/avec...
- comparé à/par rapport à...
- établir une analogie/un parallèle entre...
- à la différence de/contrairement à...
- accentuer la différence entre...
- bien que + subjonctif
- même si + indicatif

Begründen
- c'est pourquoi...
- pour cette raison...
- c'est la raison pour laquelle...
- à cause de cela, ...
- comme *(wenn Nebensatz vorangestellt)*/parce que *(wenn Nebensatz nachgestellt)*
- puisque
- car

Folgerungen ziehen, Absichten nennen
- par conséquent/en conséquence...
- donc
- il en résulte que/il s'ensuit que...
- pour conclure, ...
- en conclusion/en somme, ...

- en fin de compte, …
- afin que/pour que + subjonctif
- pour + infintif

Zeitangaben
- à l'époque (où)…
- à ce moment-là, …
- en ce moment, …
- dans le passé/à l'avenir…
- autrefois, …
- en 2007/en l'an 2007
- l'an 2000

Hinweise und Tipps zum Colloquium (Grundkurs)

1 Ablauf der Prüfung

Vor der eigentlichen Prüfung, die komplett auf Französisch geführt wird, haben Sie eine Vorbereitungszeit von 30 Minuten.

Dauer der Prüfung
Das Colloquium dauert 30 Minuten und gliedert sich in zwei Teile von je ca. 15 Minuten.
1. Referat (und Gespräch) zum Schwerpunktthema (ca. 10 + 5 Minuten).
2. Gespräch über Themen aus den beiden anderen ausgewählten Ausbildungsabschnitten.

Erlaubte Hilfsmittel
Während der Vorbereitungszeit dürfen Sie eines der üblichen einsprachigen Wörterbücher benutzen.

2 Inhalte

Im Colloquium werden Sie nur über drei der vier Ausbildungsabschnitte geprüft, wobei 13/1 und 13/2 obligatorisch sind. Den Ausbildungsabschnitt (12/1 bzw. 12/2), über dessen Inhalte Sie nicht geprüft werden möchten, geben Sie bei der Anmeldung zur Prüfung an.
Sobald die drei Ausbildungsabschnitte für die Prüfung feststehen, wählen Sie daraus das Schwerpunktthema (aus dem Bereich Literatur, Landeskunde oder Sprachbetrachtung). Dieses bildet die Grundlage für den ersten Teil der Prüfung, die Themen aus den beiden übrigen Ausbildungsabschnitten die für den zweiten Teil.
Aus jedem Ausbildungsabschnitt gibt der Kursleiter rechtzeitig, d h. möglichst bereits am Ende des jeweiligen Kurshalbjahres, mindestens drei Themenbereiche und dazu passende Begleitlektüren bekannt. Diese Begleitlektüren decken allerdings das jeweilige Thema nicht unbedingt komplett ab, sodass unter Umständen bei der Vorbereitung auf das Colloquium auch weitere Quellen herangezogen werden müssen, insbesondere was grundlegendes Faktenwissen anbelangt.

3 Aufgabenarten

Zu Beginn der Vorbereitungszeit erhält der Prüfling das genaue Thema seines Referats schriftlich vorgelegt. Im Allgemeinen erhält er auch einen Text im weiteren Sinn, der mit dem Thema in Zusammenhang steht: einen Text, eine Karikatur, einen Hörtext usw. Im Idealfall handelt es sich dabei um einen Text, der auch Bezug zu den Themenbereichen hat, um die es im zweiten Teil der Prüfung geht.

4 Leistungsanforderungen und Bewertung

Für jeden der beiden Prüfungsteile wird je eine Punktzahl für die Gesprächsfähigkeit und für die fachlichen Kenntnisse und Fähigkeiten vergeben. Dabei sind jeweils maximal 15 Punkte zu erreichen. Diese Punktzahlen addieren sich zur Gesamtbewertung für das Colloquium mit maximal 60 Punkten.

Gesprächsfähigkeit: zusammenhängender Vortrag in freier Rede; logische Gliederung der Ausführungen; Fähigkeit, auf Fragen, Einwände und Anregungen des Prüfers einzugehen; Fähigkeit, einen eigenen Standpunkt zu begründen; grammatikalische und lexikalische Korrektheit; Verwendung eines passenden Sprachstils.

Fachliche Kenntnisse und Fähigkeiten: Themaerfassung; Beherrschung der Fachsprache; Grundwissen zum Thema; Umsetzung der Begleitlektüren; korrekte Erfassung der Fragen und entsprechende Antworten; ggf. Interpretation von Statistiken oder Karikaturen usw.; wo notwendig, eigene Meinung.

5 Methodische Hinweise und allgemeine Tipps zum Colloquium

Legen Sie sich einige Strategien zurecht, um das Colloquium in Französisch erfolgreich zu bewältigen.

Langfristige Vorbereitung auf die Prüfung

- Beginnen Sie mit der Vorbereitung auf die Colloquiumsprüfung so zeitig wie möglich. Sobald Themenbereiche und Begleitlektüren zu einem Ausbildungsabschnitt bekannt gegeben sind, sollten Sie sich damit beschäftigen, d. h. sich stichpunktartig Wichtiges notieren, damit Sie am Ende leicht eine Entscheidung über Ihr Schwerpunktthema treffen können.
- Bereiten Sie vor allem das Schwerpunktthema so auf, dass Sie Ihr Faktenwissen darüber in der Prüfung leicht „an den Mann bringen“ können. Hilfreich sind Listen mit Stichpunkten, Cluster oder Mindmaps. Diese lassen sich gut lernen und dann während der Vorbereitungszeit schnell wieder zu Papier bringen. Mit solchen Notizen lässt sich ein Referat leichter halten als mit einem ausformulierten Text. Komprimieren Sie also rechtzeitig Ihr Wissen, und zwar so, dass Sie es in der Prüfung anhand Ihrer Stichpunkte wieder in zusammenhängender Rede darbieten können.
- Betrachten Sie jedes Referat, das Sie im Laufe der Kollegstufe in einem Kurs halten, als Vorbereitung auf das Colloquium. Gewöhnen Sie sich an, auf die entscheidenden Punkte zu achten: Klare und deutliche Sprache; Blickkontakt zu den Zuhörern; sinnvolle Gliederung; sprachliche Richtigkeit; Illustration des Gesagten nicht nur durch Gesten, sondern auch durch einen Tafelanschrieb, eine Frage an die Zuhörer, …

Vorbereitungszeit während der Prüfung

- Sehen Sie sich das Thema des Referats und das vorgelegte Material genau an. Schlagen Sie nur die Wörter nach, die für das Verständnis absolut unerlässlich sind, da Sie diese Zeit lieber für das Strukturieren des Referats aufwenden sollten.
- Machen Sie sich auf einem Blatt eine klare und übersichtliche Gliederung Ihres Referats und notieren Sie Ihre Argumente in Stichpunkten. Formulieren Sie keinesfalls ganze Sätze, da Sie das zum einen wertvolle Zeit kostet und da es sich zum anderen negativ auf Ihren Vortragsstil auswirken wird.
- Wenn Sie noch Zeit übrig haben und Sie der einzige Prüfling im Vorbereitungsraum sein sollten, lesen Sie sich den vorgelegten Text selbst laut vor. Denn es ist möglich, dass Sie in der Prüfung gebeten werden, ein Stück davon vorzutragen.

Während der Prüfung

- Der erste Eindruck ist sehr wichtig. Betreten Sie den Prüfungsraum erhobenen Hauptes und mit einem Lächeln. Vergessen Sie nicht das laute und deutliche „Bonjour, madame“ oder „Bonjour, monsieur“. Fragen Sie, wo Ihr Platz ist, und geben Sie bereitwillig Auskunft, falls man Ihre Begrüßung mit einem „Ça va?“ erwidert.
- Gut ist es, wenn Sie beim Referat stehen. Dies strahlt mehr Selbstsicherheit aus und zwingt die Prüfer, öfter von Ihren Aufzeichnungen zu Ihnen „nach oben“ zu sehen.
- Behalten Sie während des Referats immer den Zeitrahmen im Auge. Schöpfen Sie die vorgesehenen 10 Minuten auf jeden Fall voll aus, da Sie auf diese Weise die Zahl der Zusatzfragen von Seiten der Prüfer stark reduzieren können. Beachten Sie aber gleichzeitig, dass Sie das Thema in diesen 10 Minuten einigermaßen vollständig abgehandelt haben, damit Ihnen keine Wissenslücken nachgesagt werden können.
- Auch für den zweiten Teil der Prüfung gilt: Je mehr Sie sagen, desto besser ist der Eindruck, den die Prüfer von Ihnen haben. Beantworten Sie also alle Fragen so ausführlich wie möglich, ohne dabei natürlich unnötig weitschweifig zu werden.
- Fragen Sie nach, wenn Sie eine Frage nicht verstanden haben. Geben Sie außerdem ruhig zu, wenn Sie auf eine Frage keine Antwort wissen oder wenn Sie nur raten können. All dies stellt zumindest Ihre Sprachkompetenz unter Beweis und macht einen besseren Eindruck, als wenn Sie anfangen zu stammeln und nach Worten zu suchen. Lassen Sie sich unter Umständen auch gerne auf eine kleine Diskussion mit dem Prüfer ein – selbst wenn Sie am Ende zugeben müssen, dass seine Argumente besser sind als die Ihren. Der Bewertung Ihrer Sprachkompetenz wird diese Diskussion auf jeden Fall zugute kommen.

Hinweise und Tipps zur freiwilligen mündlichen Prüfung

1 Voraussetzungen

Sollte das Ergebnis der schriftlichen Abiturprüfung nicht zu Ihrer Zufriedenheit ausfallen, können Sie sich einer „freiwilligen mündlichen Prüfung“ unterziehen. Für die Gesamtnote der Abiturprüfung Französisch wird dann die schriftliche Prüfung zweifach und die mündliche Prüfung einfach gewichtet. Welche Note Sie in der mündlichen Prüfung brauchen, um sich überhaupt zu verbessern, kann Ihnen am besten Ihr(e) Kollegstufenbetreuer(in) sagen. Beachten Sie, dass Sie sich durch die freiwillige mündliche Prüfung auch verschlechtern können.
Die kurze Zeit zwischen Anmeldung und Prüfung sollten Sie zu einer gründlichen Vorbereitung nutzen.

2 Prüfungsablauf

Die freiwillige mündliche Prüfung umfasst 20 Minuten, die im Allgemeinen – ähnlich wie beim Colloquium – in **zwei Teile zu je etwa 10 Minuten** aufgeteilt werden.
Die erste Hälfte der Prüfungszeit steht für das mit dem Kursleiter bzw. der Kursleiterin vor der Anmeldung zur Prüfung vereinbarte Spezialgebiet aus einem der Bereiche Landeskunde, Literatur oder Sprachbetrachtung zur Verfügung. In der zweiten Hälfte geht es dann um zwei weitere Themen aus anderen Kurshalbjahren.

3 Materialvorgaben und Aufgabenstellungen

Für den ersten Teil, in dem von Ihnen ein möglichst frei gehaltenes Referat erwartet wird, erhalten Sie eine **Textvorlage**, ein **Zitat**, ein **Bild** oder Ähnliches. Im Idealfall schließen sich die Fragen für den zweiten Teil direkt an die Quelle und die dazu gestellten Fragen aus dem ersten Teil an.

4 Vorbereitungszeit

Zu den 20 Minuten der eigentlichen Prüfungszeit kommen noch einmal 20 Minuten als Vorbereitungszeit hinzu. Während dieser Vorbereitungszeit sollten Sie sich vor allem für den ersten Teil der Prüfung Stichpunkte notieren, damit Sie hier möglichst lange – d. h. ohne Hilfen durch Zwischenfragen seitens der Prüfer – selbstständig reden können. Da Sie in der Prüfung auch gebeten werden können, den Text vorzulesen, sollten Sie Unklarheiten bezüglich der Aussprache einzelner Wörter bereits zu diesem Zeitpunkt mithilfe des Lexikons klären.

5 Hinweise zu den Übungsaufgaben

Die auf den Seiten 11–18 abgedruckten Beispiele für Aufgabenblätter einer mündlichen Prüfung versuchen, verschiedene mögliche Spezialgebiete mit dazu passenden weiteren Themen abzudecken. Die Frage 1 bezieht sich dabei jeweils auf den ersten Teil der Prüfung, die Fragen 2 und 3 auf den zweiten Teil. In einzelnen Teilen der Prüfung könnte es natürlich auch um ein im Kurs gelesenes literarisches Werk gehen. Beispiele für diesbezügliche Fragestellungen finden Sie in den Vorschlägen 1 und 3.
Die Hinweise zur Bearbeitung der Aufgaben können nur relativ allgemeiner Natur sein, da in jedem Kurs andere Schwerpunkte gesetzt, unterschiedliche Teilaspekte intensiver behandelt und evtl. auch Ganzschriften zum Thema gelesen werden. Weitere Details zu den Themen finden sich in landeskundlichen bzw. literarhistorischen Büchern, z. B. in den Abitur-Trainingsbänden des STARK Verlags, oder im Internet.

6 Methodische Hinweise und allgemeine Tipps zur freiwilligen mündlichen Prüfung

Die Hinweise und Tipps, die für das Colloquium gegeben sind, gelten auch für die freiwillige mündliche Prüfung (s. S. IX und X).

Bayern: Französisch – Colloquium
Übungsaufgabe 1

Spezialgebiet:

Aspects d'une région : la Bretagne

Grande pêche. Le cri des femmes …

Inquiètes pour l'avenir de la grande pêche, deux cents femmes de marins ont décidé de défiler aujourd'hui à Paris pour manifester leur désir de sauver un métier qui fait vivre leur région.

De Saint-Brieuc et Saint-Malo, elles ont pris le car ce matin à 4 h 30 pour rejoindre la place des Invalides où elles partiront en cortège à 10 h 30 pour rejoindre Matignon où elles seront reçues. « Non seulement, c'est notre vie qui est en jeu, mais aussi celle de toutes les familles qui travaillent autour de la grande pêche », commente une Malouine.

En milieu d'après-midi, elles se dirigeront vers l'ambassade canadienne. « Trois d'entre nous seront entendues. Pas par l'ambassadeur, il paraît qu'il dîne au quai d'Orsay ! »

C'est un peu un cri de désespoir que viennent clamer ces mères de familles qui voient leurs revenus fondre comme neige au soleil. « Mon mari navigue sur le "Finlande" de la SNPL de Bordeaux, en juillet le bateau sera vendu. Pour nous c'est l'inconnu. Que voulez-vous que fasse un marin à terre. Son métier c'est la mer ». Ils seront cinquante-huit dans la même situation.

Le capitaine Lionel Martin lui aussi défend la grande pêche. « Samedi matin je rencontre Nicolas Hulot sur "France-Inter", nous parlerons de cette grande pêche qui souffre cruellement. Je suis proche de la retraite, je ne pouvais imaginer qu'elle risquait de mourir ainsi ».

Le défaitisme n'est pas l'apanage des marins, mais le rude coup qui vient de leur être porté a sérieusement ébranlé leur moral.

En manifestant, leurs mères et leurs épouses veulent démontrer qu'elles sont à leurs côtés.

J. P. Buisson: Grande pêche. Le cri des femmes … : Ouest-France, 07-04-88

Annotations:

« … depuis plus d'un an, un grave conflit oppose la France et le Canada. Ottawa interdit aux chalutiers de métropole … de pêcher dans ses eaux. »
Le Monde 14-04-88

Devoir:

Cet article parle de la Bretagne. Présentez la situation générale de cette région.

Lösungsvorschlag

1. Referat

Folgende Aspekte des Zeitungsartikels sollten vorgestellt werden :

Il s'agit d'un article paru dans le journal Ouest-France du 7-4-88 de J. P. Buisson qui nous informe sur les faits suivants :

– 200 femmes de Saint-Brieuc et de Saint-Malo se rendent à Paris pour manifester dans le but de sauver la grande pêche qui fait vivre leur région

Für die weitere Vorstellung der Bretagne sollte unbedingt der Hinweis auf Bezüge zwischen Zeitungsartikel und regionalen Problemen erfolgen.

rapport de l'article à la situation générale de la Bretagne

– 4 départements : le Morbihan (chef-lieu : Vannes), le Finistère (Quimper), les Côtes-du-Nord (Saint-Brieuc), l'Ille-et-Vilaine (Rennes qui est également le siège de l'administration régionale)
– données géographiques : plateau ondulé avec des côtes rocheuses dans le Nord et des plages de sable surtout dans le Sud
– climat modéré, vent, pluie

économie

– une grande partie de la population active travaille dans l'agriculture (jusqu'à un tiers) ; l'élevage (bovins, porcs, aviculture) ; produits laitiers ; primeurs (légumes et fruits) ; céréales et plantes fourragères
– conchyliculture (huîtres, moules)
– la pêche (côtière, hauturière, grande pêche – Labrador, Groenland) en recul (le poisson s'éloigne de la côte; manque de capitaux) ; le patron-propriétaire devient salarié d'un armateur; difficultés des chalutiers de métropole de pêcher dans des eaux étrangères (Cf. article)
– industrie de pêche (conserveries assurent presque 2/3 de la production nationale) et industrie des algues
– ports de guerre (Cherbourg, Brest, Lorient) ; ports de commerce (Brest, Lorient) ; ports de pêche (Lorient, Concarneau, Douarnenez, Saint-Malo)
– industrie agro-alimentaire (conserverie, beurre) ; construction navale ; automobile et électronique (Rennes)
– tourisme (d'été) surtout sur le littoral

problèmes auxquels la région cherche des solutions en coopération avec la capitale

– agriculteurs confrontés à la concurrence du marché commun et du marché unique : hausse des coûts de production (pétrole, engrais, plantes fourragères) et baisse des revenus (concurrence, surproduction, éloignement des marchés)
– manque d'une infrastructure satisfaisante (réseau ferroviaire, autoroutes)
– manque d'investissements dans le domaine industriel
– exode rural vers d'autres régions à cause du manque de débouchés sur place
– la création nécessaire d'emplois qui pourraient accueillir les nouveaux salariés venant de la pêche et de l'agriculture.

2. Gespräch zum Referat und zum Thema

Als weitere mögliche Zusatzfragen waren vorgesehen (nicht alle gestellt!)
- Quel fut le développement de la pêche en Bretagne depuis le XVIe siècle ?
- Quelle était l'importance du commerce maritime en Bretagne ?
- D'où vient cette nouvelle importance au XVIIe siècle ?
- Connaissez-vous d'autres réactions des Bretons face à la crise ?
- La vie culturelle en Bretagne (p. ex. littérature, mégalithes)
- La langue bretonne dans le passé et à notre époque.
- Est-ce-que la Bretagne est la seule région qui a de tels problèmes ?

Zur Begleitlektüre Brunet, Roger, e. a.: La Bretagne, Paris 1972, p. 61–73 (die hier zum Spezialgebiet einbezogen werden könnte)
- Les deux révolutions agricoles qu'a vécues la Bretagne aux deux derniers siècles.
- Qu'est-ce que l'auteur veut exprimer quand il écrit que « l'agriculture de papa se meurt » ?

Bayern: Französisch – Colloquium
Übungsaufgabe 2

Spezialgebiet:
La Peste d'Albert Camus

« L'existentialisme de Camus »

Du port obscur montèrent les premières fusées des réjouissances officielles … Cottard, Tarrou, ceux et celle que Rieux avait aimés et perdus, tous, morts ou coupables, étaient oubliés. Le vieux avait raison, les hommes étaient toujours les mêmes. Mais c'étaient leur force et leur innocence et c'est ici que, par-dessus toute douleur, Rieux sentait qu'il les rejoignait. Au milieu des cris qui redoublaient de force et de durée … le docteur Rieux décida alors de rédiger le récit qui s'achève ici, pour ne pas être de ceux qui se taisent, pour témoigner en faveur de ces pestiférés, pour laisser du moins un souvenir de l'injustice et de la violence qui leur avaient été faites, et pour dire simplement ce qu'on apprend au milieu des fléaux, qu'il y a dans les hommes plus de choses à admirer que de choses à mépriser.

Mais il savait cependant que cette chronique ne pouvait être celle de la victoire définitive. Elle ne pouvait être que le témoignage de ce qu'il avait fallu accomplir et que, sans doute, devaient accomplir encore, contre la terreur et son arme inlassable, malgré leurs déchirements personnels, tous les hommes qui, ne pouvant être des saints et refusant d'admettre les fléaux, s'efforcent cependant d'être des médecins.

… Car il savait ce que cette foule en joie ignorait, et qu'on peut lire dans le livre, que le bacille de la peste ne meurt ni disparaît jamais, …, et que, peut-être, le jour viendrait où … la peste réveillerait ses rats et les enverrait mourir dans une cité heureuse.

Albert Camus: La Peste © Editions Gallimard, Paris 1970

Devoir:

Résumez les idées maîtraisses de l'« existentialisme » tel que Camus l'expose dans son roman « La Peste ».

(Diese Themenstellung wäre auch ohne Beifügung des oben angeführten Auszugs denkbar!)

Lösungsvorschlag

1. Referat

Folgende Gesichtspunkte für das Referat wären vorstellbar:

Idées maîtresses

- Innocence et solidarité des hommes
- Engagement de l'individu contre l'injustice et la violence (fléaux)
- Jugement positif sur l'homme en général
- La défaite perpétuelle de l'homme dans sa lutte contre la mort

Philosophie de Camus

- La découverte de l'absurdité du monde (le Mythe de Sisyphe)
- L'homme raisonnable face à l'absurde inexplicable (la mort)
- La révolte collective contre le mal : le combat de l'homme solidaire sans victoire possible
- L'immortalité n'existe pas
- La nécessité d'une doctrine morale pour la recherche du bonheur : l'humanisme positif
- Camus et Sartre
- Le roman et les événements historiques et biographiques

Die Beispiele sollten anhand von Personen und Handlung des Romans in Entsprechung zur Behandlung im Kurs gewählt werden.

2. Gespräch zum Referat und zum Thema

Als weitere Zusatzfragen sind vorstellbar

- Est-ce que le docteur Rieux est Camus ?
- Quel est le symbolisme de la peste ?
- « La baignade dans la mer ». Qu'est-ce que cela signifie aux yeux de Camus ?
- Donnez quelques comportements des habitants d'Oran face à la peste.
- Comment peut-on expliquer le « succès » de l'existentialisme ?

Bayern: Französisch – Colloquium
Übungsaufgabe 3

Spezialgebiet:
La République française

Le Tiers Etat

La bourgeoisie, élément directeur du tiers, prit dès lors le relais. Ses buts étaient révolutionnaires : détruire le privilège aristocratique, établir l'égalité civile dans une société sans ordres ni corps. Mais elle entendait s'en tenir à un strict légalisme. Elle fut bientôt poussée en avant dans l'action révolutionnaire par les masses populaires, véritable élément moteur, que leurs revendications propres et la crise économique persistant jusqu'au milieu 1790 contribuèrent longtemps encore à tenir en haleine.

… La convocation des Etats généraux suscita dans le peuple une émotion profonde : dès lors, l'espérance et la peur marchèrent de pair, au rythme de la Révolution, laissant transparaître à travers les événements politiques, les motivations sociales qui en constituent le ressort essentiel. La mentalité révolutionnaire se précisa d'abord, …, dans les consciences individuelles et dans les rangs de la bourgeoisie. Sans doute, la mentalité du Tiers était loin d'être uniforme : paysans, artisans et bourgeois souffraient différemment de l'Ancien Régime, la disette[1] tendait à opposer pauvres et riches, consommateurs et producteurs. Mais les conditions générales de l'économie et de la société, comme les conditions politiques, dressaient l'ensemble du Tiers contre l'aristocratie et le pouvoir royal garant du privilège.

Albert Soboul: La Révolution française. Paris 1970. p. 30/31 (texte abrégé)

[1] manque de vivres ; famine

Devoir:

Soboul parle de la Révolution de 1789. En quoi est-ce que les données de base ont changé quand on regarde la France d'aujourd'hui ?

Lösungsvorschlag

1. Referat

Soboul nous présente la situation de l'année 1790 sous deux aspects :

Tiers Etat composé d'éléments hétérogènes poursuivant leurs propres buts :
- La bourgeoisie, élément directeur, avec le but révolutionnaire d'égalité civile dans une nouvelle société à réaliser sur la voie légale ; plutôt d'orientation individuelle ; détentrice de biens
- Les masses populaires, élément moteur, souffrant de la famine et du manque de droits ; opposées aux riches et peu respectueuses à la légalité

Tiers Etat uni dans la lutte contre la monarchie qui garantit les privilèges de la noblesse.

La situation actuelle sous la Ve République :

- Victoire définitive du Tiers Etat, c'est-à-dire du peuple français, après beaucoup de changements de régime (Ière République, Directoire, Ier Empire, Restauration, révolutions de 1830 et de 1848, IIIe République, régime de Vichy, IVe et Ve Républiques)
- le respect des droits civiques et des droits de l'homme (la Déclaration des droits de l'homme et du citoyen ; l'abolition des privilèges de 1789)
- la constitution de la Ve République : garantie des droits, séparation des pouvoirs, les élections par lesquelles les Français exercent le contrôle des pouvoirs, la possibilité du référendum, etc.)
- ce qui rapelle l'hétérogénéité de la fin du XVIIIe siècle : les partis politiques ; l'esprit contestataire du citoyen français qui se montre dans des manifestations parfois violentes (agriculteurs, routiers p. ex.) ; les intérêts opposés de différents groupes ou organismes (patronat, syndicats, chômeurs, etc.)

2. Gespräch zum Referat und zum Thema

Als weitere Zusatzfragen sind vorstellbar
- Quelle place la constitution de la Ve République accorde-t-elle au représentant suprême des Français ?
- Que savez-vous de la Résistance ?
- Croyez-vous qu'il puisse y avoir une VIe République ?
- Quels sont les problèmes actuels de la Ve République ?
- Qu'est-ce qu'on entend par le terme « séparation des pouvoirs » ?
- Quelle est l'importance de la Déclaration des droits de l'homme et du citoyen pour nous autres Allemands ?

Bayern: Französisch – Colloquium
Übungsaufgabe 4

Fragen zu den beiden anderen Halbjahren

Diese Fragen wie die Begleitlektüren sind, wie schon erwähnt, abhängig von den jeweiligen Schwerpunkten. Hier können nur einige Beispiele angeführt werden, wobei nicht immer alle Fragen zum Themenbereich gestellt wurden.

1. « Les relations franco-allemandes »
- Comment est-ce que les deux nations ont établi, dans les années 60, la base commune de leurs relations mutuelles ?
- Quelles sont les tâches de l'OFAJ ?
- Sous quel jour se présentent, à votre avis, les relations de ces deux pays voisins de nos jours ?
- Connaissez-vous quelques auteurs français et allemands qui se sont penchés sur ce sujet ?

2. « La France politique »
- Quels changements de majorité l'Assemblée nationale a-t-elle connus au cours des dernières 15 années ?
- Dites quelques partis politiques et essayez de les placer dans l'hémicycle de l'Assemblée.
- Donnez les raisons qui menèrent à la naissance de la Ve République.

3. « Etapes de l'histoire française »
- Quelles personnalités jouent un rôle important dans l'histoire française ? Expliquez leur importance.
- Mai 1968 n'est pas un événement isolé dans le temps : pourquoi ?
- Parlez de la Révolution de 1789 et de ses répercussions dans le monde entier.

4. « La société du XIXe siècle à travers les œuvres du réalisme et du naturalisme »
- Est-ce qu'on pourrait établir des étapes dans le développement du roman réaliste et naturaliste ?
- Quelle œuvre choisiriez-vous pour votre lecture pendant les vacances ?
- Pourriez-vous donner quelques caractéristiques du roman réaliste et du roman naturaliste ?
- Pourquoi est-ce que Balzac a choisi le personnage du Père Goriot comme protagoniste d'un roman ?
- Qu'est-ce qui distingue le roman de Zola (p. ex. Germinal) d'une description purement sociologique ?

5. **« La France face à l'immigration »**
   - Que savez-vous des problèmes que pose l'immigration en France ?
   - Pourquoi parle-ton de « banlieues chaudes » ? Donnez aussi des exemples.
   - Les Harkis : s'agit-il d'immigrés ou de Français ?
   - Expliquez le terme « pied noir ».
   - Quelles sont les répercussions politiques de l'immigration ?

6. **« Le tourisme »**
   - Avez-vous déjà été en France ? Parlez de vos expériences.
   - Est-ce que le tourisme présente seulement des avantages pour les régions touchées par lui ?
   - Quand on parle du patrimoine national, beaucoup de gens accusent le tourisme de le détruire. Expliquez pourquoi.
   - Est-ce que le tourisme de masses est un phénomène connu depuis des siècles ?

Bayern: Französisch – freiwillige mündliche Prüfung
Übungsaufgabe 1

Themenbereiche:
- *Les relations franco-allemandes au cours de l'histoire* (Spezialgebiet)
- *Drame/Nouvelle : « Rhinocéros »*
- *Les médias*

« Toute défense de Vichy est une défense d'Auschwitz. »
Alfred Grosser dans : Le Monde, 13 septembre 1990

Devoirs

1. a) Expliquez et commentez cette phrase écrite par Alfred Grosser, le célèbre historien, politologue et sociologue français né en Allemagne.
   b) Comment les relations franco-allemandes se sont-elles développées depuis la fin de la seconde guerre mondiale ?
2. a) Quel lien y a-t-il entre le drame (et la nouvelle) « Rhinocéros » d'Eugène Ionesco et le nazisme ? Résumez l'histoire de « Rhinocéros ».
   b) Quelle est la place de cette œuvre dans la littérature française ?
3. Dans la défense des droits des citoyens, les médias jouent un rôle primordial. Que savez-vous des médias français ? Dites aussi comment leur rôle et leur importance dans la société ont changé au cours du vingtième siècle.

Lösungsvorschläge

1. a) – qui trouve du positif dans les actions du gouvernement de Vichy du maréchal Pétain, trouve aussi du positif dans l'extermination des Juifs dans les camps de concentration nazis
   – thèse provocatrice, mais juste : les Français qui ont collaboré avec les Allemands ont contribué à la politique anti-juive des Allemands de l'époque
   – ni les aspects négatifs de Vichy ni les actions des Nazis ne peuvent aujourd'hui être niés

   b) les années d'après-guerre
   – réconciliation rapide
   – l'Allemagne de l'Ouest est très vite incorporée dans la formation de l'Europe unie (plus tard, on parle même de l'axe Paris–Bonn, provocation des Anglais)

   les années 60
   – traité de 1963, création de l'OFAJ, échanges, jumelages

   aujourd'hui
   – liens politiques très étroits (consultations des gouvernements tous les six mois, etc.)
   – liens économiques
   – liens personnels
   – tourisme
   – des préjugés et des réserves persistent, mais ont tendance à disparaître

2. a) lien :
   - l'accès au pouvoir d'un groupe minoritaire et peu aimé au pouvoir, sans que la population ait remarqué le danger et ait pu réagir à temps

   résumé de l'histoire :
   - peu à peu, les rhinocéros envahissent le pays, s'emparent du pouvoir et légifèrent, pendant que la population discute de problèmes secondaires et ne voit pas venir le danger : de plus en plus de gens deviennent rhinocéros eux-mêmes

   b) le théâtre de l'absurde (désigne certaines œuvres dramatiques des années 50)
   - met en question tout ce qui est habituel, logique
   - personnages incapables de voir la réalité
   - discours banal
   - philosophie de base : l'existentialisme
   - autres représentants du théâtre de l'absurde : Apollinaire, Beckett, Genet

   « Rhinocéros »
   - l'histoire absurde montre une réalité universelle : la tendance des gens à suivre un leader, à se cacher derrière une masse uniforme
   - l'auteur oppose à cette masse l'individualisme de ceux qui se révoltent et qui luttent pour les droits, la démocratie, …

3. presse
   - journaux depuis le dix-neuvième siècle
   - concentration en groupes de presse
   - menace : Internet
   - quotidiens nationaux : Le Monde, Le Figaro, Libération, …
   - quotidiens régionaux : Ouest-France, Corse-Matin, …
   - hebdomadaires : L'Express, Paris Match, L'Evénement du Jeudi, …
   - revues spécialisées : Télé 7 jours, Phosphore, …
   - AFP : Agence France Presse

   radio
   - depuis 1896
   - radios publiques (Radio France : France-Inter, France-Info), financées surtout par la redevance de l'audio-visuel
   - radios privées (RTL, Europe 1, …), financées surtout par la publicité
   - depuis les années 90 : radios locales
   - depuis 1995, obligation de passer au moins 40 % de musique française

   télévision
   - depuis 1937
   - chaînes publiques (France 2, France 3), financées surtout par la redevance de l'audio-visuel
   - chaînes privées (TF1, Canal+, M6), financées surtout par la publicité
   - ARTE (chaîne franco-allemande), TV5 (chaîne francophone pour l'Europe, l'Afrique et le Canada)
   - depuis les années 90 : chaînes locales

   Minitel : précurseur d'Internet
   Internet

   rôle et importance
   - pour beaucoup de gens, les médias sont plutôt source de divertissement ; les émissions d'information, scientifique, etc. sont plutôt pour des minorités
   - Internet offre plus de possibilités à ses utilisateurs que tous les autres médias

Bayern: Französisch – freiwillige mündliche Prüfung
Übungsaufgabe 2

Themenbereiche:

- *Immigration* (Spezialgebiet)
- *Paris*
- *L'enseignement*

Dans son roman « La goutte d'or », Michel Tournier raconte l'histoire d'un jeune berger saharien qui part vivre en France. La scène suivante raconte ses premières impressions après son arrivée à Marseille.

Il frissonna dans l'air du soir qui paraissait tomber plus vite qu'en Afrique. Dans sa poche un papier froissé, une page arrachée au calepin d'un Mozabite avec une adresse d'hôtel et un mot de recommandation : hôtel Radio, 10 rue Parmentier. Il interrogea un passant. Geste d'impuissance. Qu'il aille donc place Jules-Guesde. Là, on le renseignerait certainement. Il s'engagea sur le boulevard de Paris, balayé sans trêve par des poids lourds venant de la gare d'Arenc. La place Jules-Guesde semblait dévastée par un récent bombardement. Des terrains vagues hérissés de pans de murs entouraient une sorte d'arc de triomphe. Ayant traversé ce morceau de désert, Idriss se retrouva en Afrique en entrant dans la rue Bernard-Dubois. Ce n'était que hammams, librairies islamiques, fripiers nord-africains, petits restaurants à la porte desquels on voyait des têtes de mouton tourner, ruisselantes de graisse, sur des broches électriques. L'impasse Tancrè-de-Martel, bâtie en marches d'escaliers, était colonisée par des diseurs de Srour et par des écrivains publics qui vendaient des corans et des livres de piété.

Michel Tournier, « La goutte d'or », © Editions Gallimard (Folio) 1992.

Devoirs

1. a) « [...] Idriss se retrouva en Afrique [...] » (l. 8). Expliquez et commentez cette phrase.
   b) Relevez quelques figures de rhétorique dans le texte et expliquez-les.
   c) Parlez du colonialisme français et de ses conséquences. Référez-vous aussi à l'actualité politique.
2. a) A côté de Marseille, Paris est la ville française qui a la plus grande population d'immigrés. Mais la capitale attire aussi d'autres Français que les Parisiens eux-mêmes. Pourquoi ?
   b) Paris attire bien sûr aussi des touristes du monde entier. Qu'est-ce qui vous y intéresserait ? Dites pourquoi.
3. a) La législation sur les foulards à l'école a marqué un point décisif dans les relations entre les Français et les immigrés. Qu'en savez-vous ?
   b) Expliquez brièvement le système éducatif français. Quelles sont les grandes différences entre le système allemand et le système français ?

Lösungsvorschläge

1. a) – le quartier où Idriss se trouve est un quartier entièrement musulman ; les immigrés maghrébins et musulmans y ont apporté avec eux leur style de vie
   – Marseille est une ville d'immigration ; les Maghrébins qui viennent en France passent par Marseille, et une grande partie d'entre eux y reste, changeant de plus en plus le caractère de la ville

   b) – phrase elliptique : « Geste d'impuissance. » (l. 4)
   – discours indirect libre : « Qu'il aille … » (l. 4)
   – images : « […] le boulevard de Paris, balayé sans trêve […] » (l. 5)
   « […] ce morceau de désert […] » (l. 8)
   « […] était colonisée par […] » (l. 12)

   c) histoire du colonialisme :
   – acquisitions coloniales à partir du XVIIe siècle sur tous les continents
   – exploitation des habitants et des ressources, mais aussi introduction d'une langue et culture commune dans des pays divisés
   – perte des possessions coloniales au XXe siècle (première guerre du Vietnam, guerre d'Algérie)

   conséquences :
   – liens économiques, politiques et culturels étroits aujourd'hui (« francophonie »)
   – DOM-TOM
   – immigration, situation dans les banlieues, émeutes

2. a) – la France est toujours un pays fortement centralisé ; la plupart des grandes entreprises ont leur siège social à Paris (ainsi, les meilleurs emplois sont à Paris)
   – prédominance de Paris dans le domaine culturel, dans l'enseignement, etc.
   – l'exode rural d'il y a vingt ou trente ans est fini ; mais « monter à Paris » est toujours intéressant dans de nombreux domaines

   b) – monuments célèbres : la tour Eiffel, Notre-Dame, Le Sacré-Cœur, le Louvre
   – intérêt culturel : le Louvre, le centre Pompidou, théâtres, l'Institut du monde arabe
   – ambiance : Champs-Elysées, quartier latin, place des Vosges

3. a) après de longs débats, le port du foulard à l'école a été clairement interdit en mars 2004 ; on veut que les immigrés s'adaptent aux coutumes françaises

   b) description du système français :
   – école maternelle (les élèves commencent à lire et à écrire)
   – cinq ans d'école élémentaire
   – collège unique
   – baccalauréat après 12 années d'école

   différences :
   – concours pour entrer aux grandes écoles/tests dans certaines universités
   – classes le matin et l'après-midi
   – en général, six semaines de cours et deux semaines de vacances après

Bayern: Französisch – freiwillige mündliche Prüfung
Übungsaufgabe 3

Themenbereiche:

- *Drame : « L'Avare »* (Spezialgebiet)
- *Des Marginaux dans la société*
- *Histoire : Louis XIV*

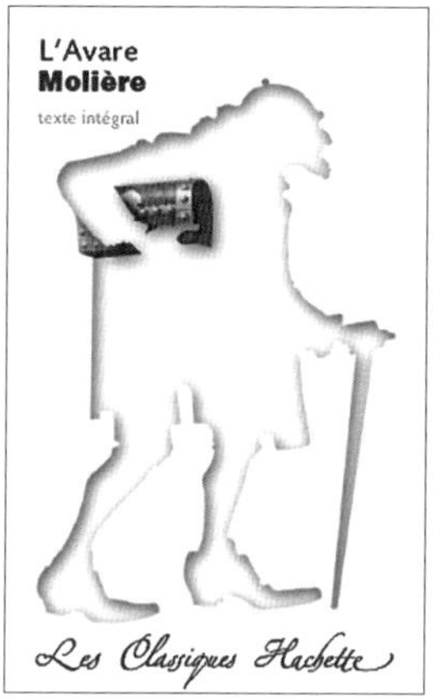

Molière, Chantal Grenot, Dominique Thamin,
« L'Avare », © Hachette Livre, 2005.

Devoirs

1. a) Décrivez et commentez cette illustration pour la couverture d'une édition récente de « L'Avare ». A quelle scène l'illustrateur a-t-il peut-être pensé ? Quelles autres scènes pourraient, à votre avis, se prêter à être la base d'une illustration de couverture ?
   b) Faites le résumé de « L'Avare ». Caractérisez le personnage central ; parlez aussi de la réaction de son entourage à son comportement.
   c) En quoi « L'Avare » est-il une comédie typique pour Molière ?
2. a) Le fait d'avoir de l'argent distingue, aujourd'hui encore, ces derniers de ceux qui n'en ont pas. Parlez de ceux qui sont à la marge de la société française actuelle parce qu'ils sont pauvres.
   b) Comment essaie-t-on de les aider ?
   c) Y a-t-il d'autres groupes de marginaux ?
3. Molière a vécu au temps de Louis XIV. Que savez-vous de cette période de l'histoire française ?

Lösungsvorschläge

1. a) description :
   - vieil homme qui porte un trésor sous le bras
   - montre bien l'importance qu'Harpagon attache à son trésor
   - mais on a l'impression qu'il s'agit d'un voleur

   représentation d'une scène :
   - pas vraiment dans le texte : après qu'on lui a rendu sa cassette

   scènes qui se prêtent à une illustration
   - possible : Acte IV, Scène VII, où Harpagon crie au voleur
   - possible : autre scène fictive : Harpagon accroupi sur sa cassette, la caressant

   b) En dépit de tous les obstacles, surtout l'avarice de leur père, Cléante et Elise trouvent le bonheur conjugal.

   Harpagon :
   - obsédé par son avarice
   - ne pense qu'à gagner de l'argent et à faire grossir sa fortune
   - tout ce qui coûte de l'argent lui est suspect, tout ce qui en rapporte est automatiquement bon
   - seule sa cassette lui est chère – elle lui est même plus chère que ses enfants

   réaction de son entourage :
   - il ne se rend pas compte de l'aliénation de son entourage (servants, voisins et famille)
   - ses enfants l'aiment quand même ; ils ont recours à des ruses pour le « guérir » (ou au moins avoir sa permission d'épouser celui/celle qu'ils aiment)

   c) - exagération
   - différents procédés qui produisent le rire
   - un type
   - quiproquo

2. a) SDF (sans domicile fixe), souvent dans la rue à cause d'une fatalité imprévue

   b) Etat ; organisations charitables (Emmaüs, Armée du Salut, Restos du Cœur etc.) : logement, repas, aide à la réinsertion

   c) les vieux, les immigrés, les prostitués, les homosexuels

3. L'absolutisme
   - Louis XIV : Roi Soleil (1643–1715)
   - construction de Versailles
   - éclat de la vie à la cour, pauvreté des masses
   - centralisme
   - politique protectionniste (Colbert, Mazarin)
   - révocation de l'Edit de Nantes (1685) : exil des Huguenots

Bayern: Französisch – freiwillige mündliche Prüfung
Übungsaufgabe 4

Themenbereiche:
- *la protection de l'environnement*
- *le tourisme*
- *la langue française*

Le développement durable …
On en parle beaucoup, nombre de nos contemporains le découvrent, les plus hautes autorités politiques et économiques, tant en France que dans le monde, l'inscrivent dans leurs objectifs.
Concrètement, pour les acteurs de la vie économique et sociale que nous sommes, élus, citoyens, consommateurs, responsables d'entreprise … il s'agit de repenser nos comportements, nos activités pour que la satisfaction légitime des besoins d'aujourd'hui ne vienne pas hypothéquer l'avenir des générations futures. Ainsi l'écrivait Antoine de Saint-Exupéry : « Nous n'héritons pas la terre de nos ancêtres, nous l'empruntons à nos enfants. »
En lançant dès 1971 la première campagne Vacances Propres, les fondateurs de Progrès et Environnement, à la dénomination prémonitoire, étaient d'authentiques pionniers.
Sans forcément recourir à la terminologie « développement durable », ils le mettaient déjà en pratique sur le terrain en associant à leur action chefs d'entreprises, élus locaux, citoyens et touristes.
C'est plus que jamais la démarche, aujourd'hui, de Vacances Propres et de tous nos partenaires.

Maurice de Kervenoaël, Président de l'association Vacances Propres,
dans une brochure parue au début de la campagne Vacances Propres 2003,
dans : La Lettre de Vacances Propres, *Décembre 2002/N°19*

Devoirs

1. a) Quelles sont les particularités de la campagne Vacances Propres ?
   Expliquez aussi la citation d'Antoine de Saint-Exupéry dans le contexte.
   b) A votre avis, quels « comportements » cette campagne vise-t-elle ?
   Qu'est-ce que les Français font pour l'environnement ? Qu'est-ce qu'il reste à faire ?
2. Le tourisme n'est pas seulement un grand pollueur, c'est aussi un facteur économique de première importance. Parlez du tourisme en France et donnez des détails (pas seulement touristiques) sur une région touristique française.
3. a) Les différentes régions françaises se distinguent aussi par leurs variétés linguistiques. Que savez-vous des parlers régionaux ?
   b) Enumérez quelques détails importants de l'histoire de la langue française. Décrivez aussi le rôle de l'Académie française.

Lösungsvorschläge

1. a) particularités de la campagne :
   - on met en action (en s'adressant aux chefs d'entreprise, aux élus locaux, aux citoyens et aux touristes) des moyens pour protéger la nature dans des centres touristiques

   citation de Saint-Exupéry :
   - il faut que la génération actuelle protège l'environnement pour que les générations futures puissent encore vivre sur terre

   b) comportements visés :
   - toutes sortes de sources de pollution (gaz d'échappement des voitures, sacs en plastique jetés, pollution de la mer etc.)

   les Français et la protection de l'environnement :
   - on a encore parfois l'impression que les Français font moins pour l'environnement que nous autres Allemands (tri des déchets ; récupération des bouteilles ; énergie nucléaire) ; mais beaucoup a changé ces dernières années

2. – beaucoup de régions touristiques (Paris, Nord-Pas-de-Calais, Bourgogne, Alpes, Côte d'Azur etc.) avec des attractions très diverses
   – p. ex. la Provence : tourisme, mais aussi technologie, agriculture, etc.

3. a) – langue d'oïl, langue d'oc du passé se reconnaissent encore dans la langue française
   – breton, basque, alsacien comme langues distinctes
   – français de l'Ile-de-France accepté comme standard

   b) l'histoire de la langue française :
   - base : le latin
   - Serments de Strasbourg (842) : premier document en français
   - XVe siècle : français central se répand
   - XVIe siècle : premiers grammairiens
   - influence d'autres langues : latin et grec (Renaissance), surtout anglais aujourd'hui (franglais)

   Académie Française :
   - surveille l'usage correct du français, essaie de simplifier la langue et l'orthographe
   - fondée en 1635 par Richelieu
   - premier *Dictionnaire* en 1694
   - quarante membres (« Les Immortels »)
   - décerne aussi des prix littéraires

Le téléphone portable peut rendre les jeunes « accros »[1]

Un tiers des utilisateurs de natels[2] ont moins de 25 ans. Inconnu il y a encore quelques années ce phénomène a intéressé trois étudiants de l'Institut d'études sociales à Genève qui ont analysé le lien que les adolescents – dès l'âge de douze ans – établissent avec leur natel. Un lien qui s'avère symptomatique des enjeux de l'adolescence. Olivier Coppin éducateur spécialisé souligne même la « dépendance » que peut créer l'objet en donnant l'illusion de combler un manque. Entretien.

Le Courrier : Comment expliquez-vous l'engouement des jeunes pour le téléphone portable ?

Olivier Coppin : Le natel offre avant tout une nouvelle intimité. Au sein de la famille d'abord, puisque les jeunes peuvent appeler depuis leur chambre à l'insu de leurs parents ; dans les relations affectives ensuite, par la proximité qu'il induit avec l'autre tout en le maintenant à distance. Tous les jeunes nous ont avoué avoir au moins une fois déclaré leurs sentiments par le biais de SMS. Par ailleurs, le natel génère un sentiment d'immédiateté[3] : les contacts se créent très vite et l'illusion de l'abolition du temps renforce le sentiment d'autonomie des adolescents.

Une émancipation parfois mal vécue par les parents ...

L'enjeu principal de l'adolescence est la conquête de l'autonomie par rapport aux parents. Déconcertés, ceux-ci offrent alors un téléphone à leur enfant pour contrôler son emploi du temps. Il s'agit d'un moyen imaginaire pour garder un peu plus longtemps son adolescent en enfance. Bien sûr, c'est un leurre : ce que nous avons constaté en interrogeant les adolscents, c'est que le natel permet au contraire beaucoup plus de transgressions. Les jeunes développent des stratégies en réponse aux intrusions parentales et mentent sur le lieu où ils se trouvent ou les gens qu'ils fréquentent. Finalement, ce moyen inavoué de contrôle se retourne contre les parents ... Mais il est également vrai que les jeunes aussi utilisent leur téléphone pour rester reliés à l'enfance puisqu'ils peuvent joindre leurs parents en permanence.

Le portable joue donc un rôle paradoxal : il permet à la fois aux jeunes de s'émanciper tout en gardant un contact avec leur enfance.

Oui, et on observe d'ailleurs le même phénomène au sein des bandes de copains qui se forment à l'adolescence. Le téléphone permet de mieux se conformer aux exigences du groupe – puisque celui qui n'en a pas passe pour un nul – mais aussi d'affirmer sa différence : les jeunes aiment personnaliser leur portable qui devient en quelque sorte un prolongement d'eux-mêmes.

Dans quelle mesure ce comportement peut-il révéler une dépandance ?

Au même titre que la cigarette ou le cannabis, le natel peut donner l'illusion d'une maîtrise de soi. Mais dans ce cas, il s'agit de ce que j'appelle une conduite d'addiction[4] sans drogue. En clair, les jeunes sont dépendants de la relation immédiate et non de l'objet : certains adolescents par exemple ont peur de ne plus exister pour les autres si leur téléphone est éteint. Le natel donne l'illusion de combler une certaine solitude : quand on se sent seul, on peut relire ses SMS et « vérifer » que l'on compte pour les autres.

Cette addiction comporte-t-elle des risques ?

Le natel représente une manière d'éviter des phases dépressives ou de vides intérieurs alors que l'adolescent doit précisément y faire face pour devenir adulte. En quelque sorte, par l'addiction au natel, les jeunes remettent à plus tard une partie de leur construction identitaire. Cela dit cette dépendance ne comporte aucun risque de développer des pathologies lourdes. Il s'agit simplement d'un nouvel objet transitionnel.

Extrait de : Raphaële Bouchet, « Le téléphone portable peut rendre les jeunes accros », dans : LE COURRIER du 17 mars 2003 (texte abrégé), http://www.lecourrier.ch/modules.php?op=modload&name=NewsPaper&file=article&sid=2263

Explications :

1 accro : *fam. :* dépendant, e (d'une drogue) ; passioné, e par qc
2 le natel : *suisse :* le (téléphone) portable
3 l'immédiateté *f.* : caractère de ce qui agit ou se produit sans intermédiaire
4 l'addiction *f.* : la dépendance ; la passion

Devoirs **Nombre de points**

Questions sur le texte

Répondez aux questions suivantes en utilisant autant que possible vos propres mots.

Compréhension du texte **40**

1. Définissez la « nouvelle intimité » (l. 9) dont parle Olivier Coppin dans sa première réponse. (10)
2. Comparez l'objectif des parents qui achètent un portable à leur enfant aux résultats obtenus. (20)
3. Décrivez en quoi le portable détermine la position du jeune dans son groupe. Référez-vous aux lignes 29 – 33. (10)

Commentaire de texte **40**

4. Analysez la comparaison que l'auteur établit entre la cigarette et le cannabis d'une part et le portable de l'autre. (20)
5. « [...] les jeunes remettent à plus tard une partie de leur construction identitaire. » (l. 44)
   Expliquez la signification de cette phrase et commentez l'attitude d'Olivier Coppin à ce propos. (10)
6. Analysez et commentez le titre choisi pour cet article. (10)

Commentaire personnel/Rédaction **40**

7. *Exposez, en 150 à 200 mots environ, vos idées/arguments sur un des sujets suivants.*

   a) « Je pense que, malheureusement, plus la communication instrumentale évolue, plus la communication humaine régresse. »
   (Claude Javeau, sociologue à l'Université Libre de Bruxelles)
   Que pensez-vous de cette thèse ?

   b) Imaginez la situation suivante : Assis confortablement dans une salle de cinéma, vous êtes plongé dans un film depuis 20 minutes. Soudain, le téléphone portable de votre voisin sonne. Il répond et ne raccroche qu'au bout de quelques minutes. La même scène se répète cinq minutes plus tard. Après la séance, vous vous adressez à lui.
   Ecrivez le dialogue.

c) Décrivez et interprétez la caricature.
Pensez-vous que les moyens de communication dominent l'homme moderne ?

extrait de « Le succulent du chat », Philippe Geluck,
© Casterman
Avec l'aimable autorisation des auteurs et des Editions Casterman.

Version **40**

8. *Traduisez le texte suivant :*

Téléphoner au volant

Le téléphone portable est incontestablement l'une des inventions majeures de la dernière décennie. Vous pouvez désormais téléphoner de chez vous, mais aussi en flânant sur un trottoir ou en faisant du lèche-vitrines, depuis la file d'attente à la boucherie ou depuis un petit coin de verdure tranquille à la campagne. Et pour gagner du temps (le grand fantasme de notre monde occidental), vous pouvez même téléphoner depuis votre voiture, tout en conduisant …
Téléphoner en conduisant ! Plusieurs études ont été menées dans différents pays, qui tendent toutes vers la même conclusion : téléphoner au volant multiplie le risque d'accident, que l'appel soit donné ou reçu, et quel que soit le type d'appareil utilisé (kit mains-libres[1] ou pas). Pourtant, de nombreux pays – y compris la France – ne sanctionnent que les conversations passées par le conducteur avec un téléphone tenu en main ! Encore un illogisme incompréhensible des législateurs …

d'après : Speedy Z, http://membres.lycos.fr/speedyz/index.php?art=03003

1 le kit mains-libres : *dt. : Freisprechanlage*

Maximum de points : **160**

Lösungsvorschläge

Compréhension du texte

1. *Hinweis: Die Aufgabenstellung verlangt eine Definition des Begriffes „nouvelle intimité". Es bietet sich hier an, erst eine knappe zusammenfassende Definition zu geben, um in einem zweiten Schritt die einzelnen Aspekte dieser Definition genauer zu erläutern und am Text zu belegen.*

   On peut définir « la nouvelle intimité » (l. 9) comme une opportunité qui s'offre aux jeunes de prendre plus de distance grâce au portable, dans le domaine familial ou sentimental.
   Par exemple, ils peuvent téléphoner dans l'intimité de leur chambre sans que leurs parents s'en aperçoivent. Ou bien ils peuvent exprimer leurs sentiments par SMS sans courir le risque de perdre la face grâce à la distance que permet le portable. De plus, les jeunes peuvent se sentir plus autonomes, car le portable permet d'entrer rapidement en contact avec les autres.

2. *Hinweis: Die Aufgabenstellung erfordert, dass Sie die Absichten (auch die unbewussten bzw. unausgesprochenen) der Eltern den mit dem Handykauf tatsächlich erzielten Resultaten gegenüberstellen. Dabei ist zu berücksichtigen, dass das Handy von den Jugendlichen aber auch teilweise im Sinn der Eltern eingesetzt wird.*

   En achetant un portable à leurs enfants, les parents espèrent, sans en être vraiment conscients, avoir trouvé un moyen de contrôler leurs enfants car ils peuvent en permanence être en contact avec eux. De cette façon, les parents tendent à prolonger l'enfance de leurs enfants en retardant leur émancipation.
   Mais ils se trompent, le portable peut avoir des effets contraires : Les jeunes s'en servent pour se soustraire au contrôle parental en inventant des mensonges sur les endroits ou sur les gens qu'ils fréquentent.
   Mais le fait que les adolescents puissent contacter leurs parents à tout moment montre que le portable est pour eux aussi un moyen de rester lié à l'enfance.

3. *Hinweis: Die vorgeschaltete Frage (Z. 27/28) und der Beginn der Antwort (« le même phénomène ») weisen bereits darauf hin, dass das Mobiltelefon eine doppelte Rolle spielt. Auf beide Aspekte muss daher in der Antwort eingegangen werden.*

   Dans un groupe de copains, le portable joue pour l'adolescent un double rôle : D'une part, la simple possession d'un portable montre qu'il vaut quelque chose. Sa position dans le groupe en dépend. En plus, grâce au portable, il peut mieux se soumettre aux règles ou besoins du groupe.
   D'autre part, le portable lui donne l'occasion de se distinguer de ses copains, vu que les jeunes s'identifient au point avec cet objet de le considérer comme une partie d'eux-mêmes.

Commentaire de texte

4. *Hinweis: In dieser Aufgabe ist es notwendig, neben den Gemeinsamkeiten zwischen Droge und Handy auch die Unterschiede herauszuarbeiten.*

   Comme la cigarette ou le cannabis, le portable peut rendre dépendant, tout en donnant au « consommateur » l'illusion de tout contrôler. Mais il y a une différence. Coppin l'appelle « conduite d'addiction sans drogue » (l. 36). Cela signifie qu'on montre alors le même comportement de dépendance qu'un drogué sans qu'il y ait de drogue. Dans ce comportement, ce sont plus les conséquences de l'utilisation du portable que l'objet en soi qui sont mis en cause : On ne peut plus vivre sans le sentiment de pouvoir entrer en contact avec les autres quand et où on le voudrait. Quelques-uns ont même l'impression de ne plus exister pour leurs amis sans leur portable. Voilà des comportements qui ressemblent beaucoup à celles de quelqu'un qui est dépendant de la drogue, mais sans qu'elles en soient vraiment causées.

5. *Hinweis: Die Aufgabenstellung erfordert es, zuerst einmal den Begriff „construction identitaire" zu klären, bevor man das Zitat erläutert. Hierauf soll die Meinung Coppins, dass die durch das Handy bewirkte Verzögerung des Erwachsenwerdens nicht weiter bedenklich sei, erst dargelegt und im Anschluss kritisch kommentiert werden. Je nach Einstellung kann dieser Kommentar Zustimmung oder Ablehnung ausdrücken. Wichtig ist dabei die argumentative Nachvollziehbarkeit.*

L'expression « construction identitaire » signifie que les jeunes traversent durant leur adolescence une phase pendant laquelle ils doivent prendre conscience de leur propre identité. Selon Olivier Coppin, les jeunes ont besoin de crises comme les dépressions ou le sentiment de « vides intérieures » (l. 42), pour se détacher de leur enfance.
Comme la dépendance du portable aide à éviter de telles crises, cette « construction identitaire » s'accomplit alors partiellement plus tard. Pour Olivier Coppin, les jeunes ne courent aucun risque de maladie, bien qu'ils soient dépendants de leur téléphone portable. Pour lui le portable ne représente qu'un autre moyen pour passer de l'enfance à l'âge adulte.
A mon avis, son argumentation pose problème, car elle manque de logique : d'une part, M. Coppin met en relief les dangers d'une dépendance au portable qu'il compare à des drogues comme la cigarette ou même le cannabis. D'autre part, il prétend d'une certaine légèreté que la « dépendance au portable ne comporte aucun risque de développer des pathologies lourdes » (l. 45/46), sans donner des arguments ou des preuves. De plus, si le développement des jeunes est remis à plus tard, faute du portable, je pense que c'est un aspect assez négatif, car dans notre monde moderne, l'autonomie tardive des jeunes peut avoir de lourdes conséquences économiques pour un pays.

6. *Hinweis: Hier umfasst die Aufgabenstellung zuerst eine Analyse des Titels – Achtung: Analyse bedeutet dabei auch immer eine Analyse der Sprache! Im zweiten Schritt soll Stellung zum Titel bezogen werden. Dabei bietet es sich an, auch auf die bereits gewonnenen Erkenntnisse der Fragen 1–5 zurückzugreifen, denn die im Titel aufgeworfene Feststellung betrifft mögliche Abhängigkeiten der Jugendlichen.*

En ce qui concerne la langue, le titre « Le téléphone portable peut rendre les jeunes « accros » se sert du langage familier. En utilisant le mot « accros », le titre souligne d'une part qu'il s'agit surtout d'un problème de jeunes, et d'autre part, il veut attirer l'attention et des parents (qui se soucient de leurs enfants) et des jeunes. Mais en y regardant de plus près, on peut constater que le mot « accros » a deux significations : d'abord il veut dire être dépendant d'une drogue, puis il signifie aussi être passionné par quelque chose. Au vu de cette double signification, le titre peut être compris comme la mise en évidence d'un grand problème – celui de la dépendance des jeunes – ou bien comme une simple constatation.
Comme il met en question un moyen de communication moderne et très répandu, surtout chez les jeunes, le titre vise essentiellement à attirer l'attention du lecteur et à l'inciter à lire l'article en faisant appel à ses peurs ou préoccupations.

A mon avis, le titre ne représente qu'une partie du texte – celle qui mentionne le désavantage du portable le plus grave. Mais cela n'est pas le point essentiel. Dans l'interview, Olivier Coppin parle de beaucoup de choses : pourquoi les jeunes sont tellement fascinés par le portable, ce que les parents en attendent, l'émancipation que les jeunes lui doivent, le rôle qu'il joue dans le groupe – et finalement, il mentionne le fait que le portable peut créer une sorte de dépendance. Mais vu que pour Olivier Coppin cette dépendance n'est pas si importante car elle n'entraîne pas de risque de maladie, cela ne justifie pas le choix du titre. Il ne reste donc qu'une seule explication, que l'analyse de la langue a déjà démontré : le titre sert uniquement à attirer l'intérêt en annonçant quelque chose de faussement sensationnel.

Commentaire personnel / Rédaction

7. a) *Hinweis: Die Aufgabenstellung verlangt eine persönliche Stellungnahme, ist also nicht als dialektische Aufgabe zu verstehen. Das Thema ist eine in den letzten Jahren häufig ähnlich getroffene Behauptung, nämlich dass die menschliche Kommunikation in dem Maß verarme bzw. abnehme, wie sich die technischen Kommunikationsmittel entwickeln.*
Das bedeutet, dass im Rahmen der eigentlichen Stellungnahme erst einmal geklärt werden muss, inwiefern die menschliche Kommunikation abnimmt. Auch die wesentlichen Mittel moderner Kommunikation (v. a. Email und SMS) müssen kurz dargestellt werden, damit im Zusammenhang mit der Stellungnahme erläutert werden kann, wie sich die Kommunikation mit ihnen verändert.

Je ne pense pas que Claude Javeau ait raison quand il dit que la communication régresse. Cette régression, comment peut-on la définir ? Les technologies modernes offrent une multitude de possibilités : le téléphone, le portable avec lequel on peut téléphoner de n'importe où et envoyer des textos, et naturellement l'ordinateur qui permet d'envoyer des e-mails. Quand l'homme a la possibilité de communiquer, il le fait. Par conséquent, les hommes échangent aujourd'hui beaucoup plus de pensées qu'auparavant, et par suite un plus grand nombre de nos pensées échangées est superflu. On peut ajouter que quelques-uns des médias, tel que le texto (qui tord la langue en la comprimant ou en utilisant des abréviations et des sigles) ou l'e-mail (où l'orthographe ne compte plus rien) ont leurs propres règles. C'est l'ensemble de ces faits qui conduisent à la régression de la communication, que M. Javeau constate.
Je pense le contraire, la critique de M. Javeau est valable pour l'orthographe, mais pas pour la communication elle-même. A mon avis, les hommes sont bien capables de distinguer une information importante d'une information superflue. Et la communication, le fait d'être en contact avec un autre, est déjà une valeur en soi. Ce n'est pas grave que les hommes s'échangent beaucoup – s'ils ne communiquaient plus, ce serait terrible.

b) *Hinweis: In der vorliegenden Aufgabe wird kreatives Schreiben verlangt. Es soll ein Streitgespräch entwickelt werden, in dem, auch wenn es durchaus amüsante Züge annehmen darf, doch der argumentative Charakter gewahrt bleiben soll. Ob am Ende eine Einigung steht oder das Problem ungelöst bleibt, bleibt dem Schreiber überlassen.*

MOI : Monsieur, pendant la séance vous avez téléphoné deux fois. Je dois avouer que vous m'avez considérablement dérangé.

INCONNU : Mais c'était important ! J'attendais un coup de téléphone de mon entreprise. Vous savez, les affaires …

MOI : Alors, si vous avez du travail à faire, n'allez pas au cinéma. Les gens ont payé pour regarder un film et non pour vous écouter téléphoner.

INCONNU : Que me voulez-vous ? J'ai bien le droit d'aller au cinéma quand je veux. C'est un pays libre ! Et alors, j'ai aussi le droit de téléphoner où et quand je veux.

MOI : Je vous accorde que vous pouvez aller au cinéma quand vous le voulez, mais sans y téléphoner, voilà le problème ! J'ai payé pour voir et pour écouter le film. Et votre liberté finit là où commence celle des autres. Et c'est le cas au cinéma – vous avez à prendre des égards pour autres. Vous auriez au moins pu sortir quand votre portable a sonné.

INCONNU : Et le film ? J'ai payé pour le regarder !

MOI : Alors, comme cela, on n'arrive jamais à s'entendre. Venez. Je vais vous montrer quelque chose. Vous voyez la pancarte là, devant l'entrée ? Lisez-la, s'il vous plaît.

INCONNU : « Les spectateurs sont priés d'éteindre leur portable avant d'entrer dans la salle. » Bon. Vous avez raison. Je vous présente mes excuses. Mais le coup de fil était quand même important !

c) *Hinweis: Die Aufgabestellung sieht eine Mischung aus Bildbeschreibung, Bildinterpretation und persönlicher Stellungnahme vor. Bei der Bildbeschreibung sind zuerst die wesentlichen Details des Bildes zu benennen. Dies mündet dann, ausgehend von der Beschreibung, in eine Interpretation.*
Der anschließende Auftrag, zu untersuchen, ob die modernen Kommunikationsmedien den Menschen beherrschen, steht in einem inneren Zusammenhang mit der Karikatur, die ja genau das Sich-Verselbstständigen der Kommunikationstechnologie zum Gegenstand hat. Die persönliche Stellungnahme ist nicht dialektisch angelegt.

La caricature montre un gros chat habillé d'un costume avec une cravate qui regarde vers nous en louchant. Il est en train de téléphoner avec un appareil téléphonique un peu démodé qu'il tient dans la main gauche. L'autre main tient l'écouteur.
Comme le chat appelle pour savoir si le fax était bien arrivé qu'il a envoyé pour s'assurer que sa lettre était bien arrivée, la caricature veut montrer que les hommes ont perdu le contrôle sur leurs moyens de communication et que ceux-ci commencent à les dominer. L'expression un peu débile du chat exprime la confusion.
Je pense que le danger existe vraiment que les hommes se laissent dominer par les moyens de communication. Autrefois, le facteur apportait une lettre ou il n'en apportait pas. Quant au téléphone, si on n'était pas à la maison, c'était bien évident qu'on n'était pas joignable. Mais avec le portable et les e-mails (surtout si on possède un ordinateur portatif), on est presque toujours « en ligne ». Et, encore pire, on a facilement l'impression de manquer quelque chose. Voilà pourquoi beaucoup de gens n'osent pas sortir le portable éteint ou pourquoi tant de gens contrôlent plusieurs fois par jour leur boîte aux lettres électronique. Il est certain que les moyens de communication ont une grande influence sur nos comportements et que nous courons le risque qu'ils commencent à nous dominer.

Version

8. *Hinweise: Wie immer gilt bei der Übersetzung die Regel, möglichst wörtlich am Text zu bleiben und nur dort abzuweichen, wo die zu wörtliche Übersetzung der Stilistik der deutschen Sprache zuwiderläuft. Dies trifft bei dem vorliegenden Text vor allem auf folgende Punkte zu:*
Bereits die Überschrift enthält ein Problem: Wie soll der Infinitiv im Deutschen wiedergegeben werden? Hier bietet sich aus stilistischer Sicht eine Nominalisierung an.
Die Aufzählung (Zeilen 2–5) ist stilistisch im Deutschen schwer nachvollziehbar. Besser ist es, das Prädikat zu wiederholen bzw. den Satz in zwei Sätze aufzuteilen.
Das „tout en" (Zeile 7) drückt eine Gleichzeitigkeit aber auch einen Gegensatz aus. Dies muss auch in der Übersetzung deutlich werden.
Stilistisch eleganter klingt es im Deutschen, die Verbalkonstruktion „ont été menées" (Zeile 8) als Partizipialkonstruktion wiederzugeben.
Das Wort „illogisme" (Zeile 14) findet im Deutschen keine Entsprechung. Hier muss zu einer Umschreibung gegriffen werden.

Das Telefonieren am Steuer

Das Handy ist unbestreitbar eine der Haupterfindungen der letzten zehn Jahre. Sie können künftig von zu Hause aus telefonieren, aber auch wenn Sie einen Bürgersteig entlang schlendern oder beim Einkaufsbummel. Sie können in der Warteschlange beim Metzger telefonieren oder in einem stillen Eck im Grünen auf dem Land. Und um Zeit zu sparen (der große Wahn unserer westlichen Welt), können Sie sogar von Ihrem Auto aus telefonieren – selbst während der Fahrt.
Beim Fahren telefonieren! Mehrere in verschiedenen Ländern durchgeführte Studien führen zum gleichen Schluss: Das Telefonieren am Steuer vervielfacht das Unfallrisiko, egal, ob man selbst anruft oder den Anruf entgegennimmt, und gleichgültig, welchen Gerätetyp man verwendet (Freisprechanlage oder nicht). Trotzdem stellen zahlreiche Länder – Frankreich eingeschlossen – nur die Unterhaltungen unter Strafe, die der Fahrer mit dem Telefon in der Hand führt! Ein unlogischer Akt mehr der Gesetzgeber ...

Bayern: Französisch Grundkurs 2005
Textaufgabe II

Monsieur Ibrahim et Momo en Normandie

Dans le roman « Monsieur Ibrahim et les fleurs du Coran », monsieur Ibrahim, épicier arabe, se lie d'amitié avec Momo, un jeune adolescent juif qui habite dans son quartier, à Paris.

– Momo, j'ai envie de voir la mer. Si on allait en Normandie. Je t'emmène ?
– Oh, c'est vrai ?
– Si ton père est d'accord, naturellement.
– Il sera d'accord.
– Tu es sûr ?
– Je vous dis qu'il sera d'accord !

Lorsque nous sommes arrivés dans le hall du Grand Hôtel de Cabourg, ça a été plus fort que moi : je me suis mis à pleurer. J'ai pleuré pendant deux heures, trois heures, je n'arrivais pas à reprendre mon souffle.

Monsieur Ibrahim me regardait pleurer. Il attendait patiemment que je parle. Enfin, j'ai fini par articuler :

– C'est trop beau, ici, monsieur Ibrahim, c'est beaucoup trop beau. Ce n'est pas pour moi. Je ne mérite pas ça.

Monsieur Ibrahim a souri.

– La beauté, Momo, elle est partout. Où que tu tournes les yeux. Ça, c'est dans mon Coran.

Après, nous avons marché le long de la mer.

– Tu sais, Momo, l'homme à qui Dieu n'a pas révélé la vie directement, ce n'est pas un livre qui la lui révélera.

Moi je lui parlais de Myriam[1], je lui en parlais d'autant plus que je voulais éviter de parler de mon père. Après m'avoir admis dans sa cour de prétendants, Myriam commençait à me rejeter comme un candidat non valable.

– Ça ne fait rien, disait monsieur Ibrahim. Ton amour pour elle, il est à toi. Il t'appartient. Même si elle le refuse, elle ne peut rien y changer. Elle n'en profite pas, c'est tout. Ce que tu donnes, Momo, c'est à toi pour toujours ; ce que tu gardes, c'est perdu à jamais !

– Mais vous, vous avez une femme ?
– Oui.
– Et pourquoi vous n'êtes pas avec elle, ici ?

Il a montré la mer du doigt.

– C'est vraiment une mer anglaise ici, vert et gris, c'est pas des couleurs normales pour de l'eau, à croire qu'elle a pris l'accent.

– Vous ne m'avez pas répondu, monsieur Ibrahim, pour votre femme ? Pour votre femme ?

– Momo, pas de réponse, c'est une réponse.

Chaque matin, monsieur Ibrahim était le premier levé. Il s'approchait de la fenêtre, il reniflait la lumière et il faisait sa culture physique, lentement – tous les matins toute sa vie, sa culture physique. Il était incroyablement souple et de mon oreiller, en entrouvrant les yeux, je voyais encore le jeune homme long et nonchalant qu'il avait dû être, il y a très longtemps.

Ma grande surprise fut de découvrir, un jour, dans la salle de bains, que monsieur Ibrahim était circoncis.

– Vous aussi, monsieur Ibrahim ?

– Les musulmans comme les juifs, Momo. C'est le sacrifice d'Abraham : il tend son enfant à Dieu en lui disant qu'il peut le prendre. Ce petit bout de peau qui nous manque, c'est la marque d'Abraham. Pour la circoncision, le père doit tenir son fils, le père offre sa propre douleur en souvenir du sacrifice d'Abraham.

Avec monsieur Ibrahim, je me rendais compte que les juifs, les musulmans et même les chrétiens, ils avaient eu plein de grands hommes en commun avant de se taper sur la gueule[2]. Ça ne me regardait pas, mais ça me faisait du bien.

Après notre retour de Normandie, lorsque je suis rentré dans l'appartement noir et vide, je ne me sentais pas différent, non, je trouvais que le monde pouvait être différent. Je me disais que je pourrais ouvrir les fenêtres, que les murs pouvaient être plus clairs, je me disais que je n'étais peut-être pas obligé de garder ces meubles qui sentaient le passé, pas le beau passé, non, le vieux passé, le rance, celui qui pue comme une vieille serpillière.

Extrait de : « Monsieur Ibrahim et les Fleurs du Coran », Eric-Emmanuel Schmitt,
© Editions Albin Michel, 2001

Explications :

1 Myriam : première petite amie de Momo
2 se taper sur la gueule : *fam. :* se battre

Devoirs **Nombre de points**

Questions sur le texte

Répondez aux questions suivantes en utilisant autant que possible vos propres mots.

Compréhension du texte **40**

1. Caractérisez monsieur Ibrahim, tel que l'auteur le présente dans le texte. (20)
2. Décrivez les conditions de vie de Momo au début du voyage et dites comment il les ressent. (20)

Commentaire de texte **40**

3. Analysez l'influence de monsieur Ibrahim sur Momo pendant le voyage en Normandie. (20)
4. Expliquez comment le dernier paragraphe illustre ce qui a changé pour Momo. (10)
5. Relevez le grand message socioculturel et religieux qu'Eric-Emmanuel Schmitt adresse au lecteur dans ce texte. (10)

Commentaire personnel / Rédaction **40**

6. *Exposez, en 150 à 200 mots environ, vos idées/arguments sur un des sujets suivants.*
   a) « La beauté, elle est partout. Où que tu tournes les yeux. » Une telle vision du monde est-elle justifiée ?
   b) Les jeunes ont-ils besoin de modèles pour s'orienter dans la vie ? Qu'en pensez-vous ?

c) Décrivez l'affiche du film *« Monsieur Ibrahim et les Fleurs du Coran »* et expliquez pourquoi cette prise de vue particulière a été choisie.

Version **40**

7. *Traduisez le texte suivant :*

Le garçon qui était d'ailleurs

Il est né à Sainte-Foy-Lès-Lyon le 28 mars 1960. A grandi là et donné récemment un très beau livre dans lequel il évoque les paysages, les humeurs de la région. Tout enfant, il se sent différent. « J'étais d'ailleurs. Je me sentais en exil. Et le premier exil, c'est le corps. J'ai eu du mal à m'approprier ce corps ... Et si je suis devenu auteur dramatique, si je suis quelqu'un qui met des paroles dans le corps des autres, c'est peut-être dans ce nœud-là qu'il faut situer l'origine. »
Eric-Emmanuel Schmitt n'en est qu'à ses débuts. Douze ans de carrière, quarante-deux ans. La vie devant lui. « Ecrire, c'est une fatalité. C'est un marathon à la vitesse du sprint. Souvent, je fais semblant de vivre. Ecrire, c'est être hors de la vie, même s'il faut que toute la vie passe dans l'encre ... »

« Le garçon qui était d'ailleurs », par Armelle Héliot, dans :
Le Figaro, 22/01/2003 (texte abrégé et légèrement adapté)

Maximum de points : **160**

Lösungsvorschläge

Compréhension du texte

1. *Hinweis: Hier kommt es darauf an, Vertrautheit mit der Textvorlage zu beweisen und die Informationen, die der Text explizit und implizit über M. Ibrahim bietet, herauszuarbeiten und zu einem Bild zu fügen. Hierzu gehört auch, soweit es der Text gestattet, eine kurze Darstellung des Äußeren. Die gefundenen Merkmale müssen am Text belegt werden!*

M. Ibrahim n'est plus un jeune homme. Mais bien qu'il soit vieux, il est toujours « souple » (l. 38), comme Momo peut le remarquer au moment où M. Ibrahim fait sa culture physique. M. Ibrahim est musulman, voilà pourquoi il est circoncis.
Un de ses traits de caractère, c'est la spontanéité qui se manifeste par son envie subite de voir la mer et qu'il réalise sans tarder. Quand Momo pleure pendant des heures, ébloui par la beauté de l'endroit, il attend patiemment et de façon compréhensive avant de parler – il n'est pas pressé, il comprend les sentiments des autres et que Momo ait besoin de temps pour se calmer.
Mais ce qui caractérise M. Ibrahim avant tout, c'est sa sagesse discrète, une sagesse qui n'est pas théorique, mais qui se nourrit de la vie de tous les jours. Ainsi, il peut saisir la beauté partout (l. 15) et sait ce qui est donner et garder (l. 25). A part cela, M. Ibrahim est croyant : c'est du coran qu'il tire sa sagesse.
En communiquant sa sagesse à son jeune compagnon, Momo, M. Ibrahim se comporte un peu comme un professeur idéal qui profite de chaque occasion de faire part de son savoir, mais toujours sans l'imposer.
A part cela, on découvre aussi un M. Ibrahim un peu mystérieux qui a des secrets dont il ne parle pas : quand Momo lui demande pourquoi il n'est pas venu avec sa femme, il ne donne pas de réponse (l. 30–35).

2. *Hinweis: Die Aufgabenstellung verlangt, dass dem Text implizite Informationen über Momo entnommen werden. Dies bezieht sich auf seine Reaktion, als er in Cabourg zu weinen beginnt. Diese Informationen sollen mit seinem Gefühlsleben in Verbindung gebracht werden.*

Quand Momo arrive à Cabourg, il commence à pleurer dans le hall du Grand Hôtel. Il explique sa réaction en disant : « C'est trop beau, ici, … c'est beaucoup trop beau. Ce n'est pas pour moi. Je ne mérite pas ça. » (l. 12 /13) Evidemment, Momo a vécu dans des conditions modestes – ce qui se montre dans le dernier paragraphe quand il parle de son appartement « noir et vide » (l. 51). Il s'est habitué à cette vie au point qu'il croit qu'elle est la seule convenable pour lui. La beauté et le luxe du Grand Hôtel lui font d'autant plus sentir le décalage qui existe entre le monde pauvre d'où il vient et le luxe du grand monde. Ses larmes s'expliquent de deux façons : d'une part, il se sent perdu, il a le sentiment de ne pas être à sa place. D'autre part, sorti pour la première fois de la pauvreté de sa famille, il découvre un monde de beauté et de luxe qu'il ignorait jusqu'alors.

Commentaire de texte

3. *Hinweis : Die Frage bezieht sich auf den gesamten Text. Sie steht in direktem Zusammenhang mit Frage 4, die sie vertiefend auf eine bestimmte Textstelle bezieht.*

M. Ibrahim a une influence tout à fait positive sur Momo. Quand Momo pleure, il le laisse pleurer pour ensuite le consoler. Quand Momo lui parle de Myriam, il adoucit son chagrin d'amour en expliquant que même repoussé, son amour est un trésor qui lui appartient. Et il lui fait comprendre que les trois grandes religions se ressemblent.
En somme, on peut dire que l'influence de M. Ibrahim sur Momo consiste à lui communiquer sa sagesse, à lui ouvrir les yeux sur la beauté du monde et à regarder les choses d'un point de vu complètement différent.

4. *Hinweis: In dieser Aufgabe kommt es darauf an, das Verhalten und die Aussagen Momos zu interpretieren. Auch wenn er das Gefühl hat, nicht er, die Welt habe sich für ihn geändert, ist gerade dieses Gefühl ein deutlicher Beleg dafür, dass sich in Momo wichtige Änderungen vollzogen haben. Wesentlich ist auch hier, die Aussagen am Text zu belegen.*

Momo n'a pas le sentiment d'avoir changé. C'est le monde qui a pris pour lui un air différent. Il a compris que le monde dépend aussi de la façon dont on le regarde et on le ressent. Son appartement « noir et vide » (l. 51), c'est-à-dire sa pauvreté, n'est plus une fatalité pour lui : il peut « ouvrir les fenêtres » (l. 53), ce qui veut dire qu'il peut laisser entrer la lumière dans le noir de sa vie passée. Il peut changer les meubles qui lui rappellent un passé désagréable : Il peut enfin se libérer du passé.
On peut donc dire que Momo a fortement changé sans qu'il l'ait remarqué lui-même.

5. *Hinweis: Diese Frage bezieht sich auf das generelle Verhältnis der beiden Protagonisten (einen Juden, der mit einem Araber befreundet ist), vor allem aber auch auf die Zeilen 41–50. Hier entdeckt Momo, dass M. Ibrahim gleichfalls beschnitten ist, woran sich eine Reflexion über die Religionen schließt.*

Le texte a pour protagonistes un jeune juif et un vieux musulman qui sont amis. Par rapport aux querelles sans fin entre juifs et arabes, cette amitié à elle seule est porteuse du message que la guerre entre ces deux religions est au fond incompréhensible et insensée. Le fait que M. Ibrahim soit aussi circoncis, ainsi que son explication sur la circoncision qui vaut également pour les juifs et les arabes, soulignent ce message en mettant en relief les similitudes entre les deux religions. Aux lignes 48 à 50, la similitude est également appliquée à la religion chrétienne. En somme, on peut dire que le message socioculturel de ce texte se résume au fait que les trois grandes religions ont beaucoup de choses en commun et qu'il devrait être possible de vivre en paix.

Commentaire personnel / Rédaction

6. a) *Hinweis: Die Themenstellung sieht im Grunde eine steigernde Behandlung der Frage vor. Wesentlich bei der Bearbeitung ist, egal ob man das Thema affirmativ oder negativ angreift, es mit Beispielen zu belegen. Da die meisten der Ansicht wohl grundsätzlich, aber mit Einschränkungen zustimmen werden, bietet es sich an, eventuell Gegenargumente zu integrieren. Auch bietet es sich an, das Thema im Vorfeld zu analysieren und zu interpretieren.*

Une telle vision du monde peut se justifier – cela dépend de la façon dont on comprend la citation. Si l'on dit que la beauté est partout sans dire que tout ce qui existe est beau, je suis d'accord. La beauté du monde s'offre vraiment presque partout que le spectacle soit grandiose ou modeste : Un paysage peut être beau, même un paysage bizarre et violent tel que la montagne ou la mer pendant une tempête. Un simple arbre peut être beau ou une feuille morte. Le visage ou le corps d'un être humain peuvent être beau … Il y a autour de nous beaucoup de choses qui sont belles mais que nous ne remarquons guère parce qu'elles nous paraissent normales. Il faut ouvrir les yeux et apprendre à regarder le monde pour en apercevoir la beauté secrète des choses.
Il y a aussi des animaux que la plupart de gens ne considère guère comme beaux : par exemple certaines araignées, des scorpions, des punaises … Il faut vraiment être très philosophe ou très croyant pour prétendre que tout ce qui existe est beau. De ce point de vu, tous les hommes et tous les animaux sont des créatures de Dieu et par conséquent beaux. Mais il y a aussi le problème de la guerre et de la souffrance sur terre. Il m'est impossible d'y trouver de la beauté.
En résumé, je dirais que la citation est justifiée dans le premier de ses sens.

b) *Hinweis: Die Themenstellung verlangt eine persönliche Stellungnahme, die nicht dialektisch gemeint ist. Die Frage, ob Jugendliche Vorbilder brauchen, kann vor allem vor dem Hintergrund der modernen Krise der Erziehung gesehen werden, in der Eltern aber auch Erzieher immer mehr ihre Vorbildfunktion verlieren, weshalb viele Jugendliche sich ihre Vorbilder innerhalb ihrer Gruppe suchen – mit allen damit verbundenen Problemen wie Jugendgewalt und Jugendkriminalität.*

La psychologie nous enseigne que les jeunes ont besoin de modèles pour s'orienter dans la vie. Les premiers modèles sont normalement les parents. Inconsciemment, les enfants en copient les comportements, les gestes et l'intonation. Quand ils grandissent, ils se détachent peu à peu de leurs parents. Mais comme un adolescent qui est à la recherche de sa propre identité a besoin d'orientation, il se choisit d'autres idoles comme des sportifs ou des membres d'un groupe de musique. Ce sont souvent des idoles qui servent d'exemple dans leur bande de copains.
Le problème est que les parents ont de moins en moins le temps de s'occuper de leurs enfants et qu'ils sont de moins en moins des modèles à suivre. Il en résulte que les jeunes qui sont encore influençables remplissent le vide laissé par les parents par des modèles qu'ils trouvent par exemple à la télévision ou dans leur groupe de copains. Cela peut être dangereux, car des jeunes peuvent s'identifier à des modèles peu adéquats qui induiront chez eux des comportements violents voire même criminels. Beaucoup de sociologues voient dans ce phénomène une des raisons de la délinquance juvénile croissante. Il est sûr que les jeunes ont besoin d'un modèle. C'est à la société à leur en donner de vrais.

c) *Hinweis: Hier wird zuerst eine Beschreibung des Bildes verlangt. Schwerpunkt hierbei muss die Darstellung der beiden sich auch im Bildmittelpunkt befindlichen Protagonisten sein, insbesondere auch des Verhältnisses, das sich in ihrer Körpersprache bzw. Mimik manifestiert. Die Anschlussfrage kann nur im Zusammenhang mit den aus dem Text gewonnenen Erkenntnissen aus den Fragen 1–5 beantwortet werden.*

La prise de vue montre le trottoir et une partie de la chaussée d'une rue pauvre bordée de maisons hautes. Un vieil homme aux traits arabes se retourne et semble suivre des yeux M. Ibrahim et Momo qui se trouvent au centre de la photo. M. Ibrahim et Momo à sa droite marchent côte à côte dans le canniveau, entre le trottoir et les voitures garées. M. Ibrahim parle et regarde le sol qu'il montre de l'index de sa main gauche comme s'il voulait donner du poids à ses paroles avec ce geste. Avec un grand sourire, Momo, qui porte une caisse sous son bras droite, regarde droit devant lui pendant qu'il écoute M. Ibrahim d'un air concentré.
Cette prise particulière a probablement été choisie parce qu'elle montre d'une part le milieu de M. Ibrahim et de Momo et d'autre part la bonne relation entre les deux : M. Ibrahim, le « professeur » et modèle de Momo, est en train d'expliquer quelque chose à son jeune disciple, Momo, qui l'écoute attentivement en souriant. C'est cette relation entre les deux, cette amitié entre un adolescent et un vieillard, entre un juif et un arabe qui constitue l'essentiel de l'extrait du texte et probablement aussi du roman et du film. La photo peut alors être considérée comme un résumé du message transmis par le film.

Version

8. *Hinweis: Wie immer gilt bei der Übersetzung die Regel, möglichst wörtlich am Text zu bleiben und nur dort abzuweichen, wo die zu wörtliche Übersetzung der Stilistik der deutschen Sprache zuwiderläuft. Dies trifft bei dem vorliegenden Text vor allem auf folgende Punkte zu:*
Das Verb „être" im Titel klingt im Deutschen in einem solch exponierten Satz deutlich zu blass, selbst wenn dieser prosaische Ton vom Original stilistisch gewünscht wird.
Diese Lakonie ist eines der Hauptkennzeichen und damit auch eine der Hauptschwierigkeiten des vorliegenden Textes. Sie in diesem Maß im Deutschen beizubehalten ist nicht immer möglich. Die Ellipse in Zeile 1 „A grandi …" muss im Deutschen mit Subjekt wiedergegeben werden. Das Verb „évoque" (Z. 2) kann im Kontext nur frei übersetzt werden. Das Wort „nœud" (Z. 7) wirkt im Deutschen als „Knoten" unpassend, weshalb in der Übersetzung nach einer Alternative gesucht werden sollte. Das „ses débuts" (Z. 8) als „seine Anfänge" zu übersetzen wirkt stilistisch unschön. Im weiteren Verlauf kann man die Ellipsen beibehalten, die im Deutschen zwar leicht merkwürdig klingen, aber der Beibehaltung des Tons des Originals dienen.

Der Junge, der von woanders kam

Er ist am 28. März 1960 in Sainte-Foy-Lès-Lyon geboren. Er ist dort aufgewachsen und hat vor kurzem ein sehr schönes Buch verfasst, in dem er die Landschaften, die Launen der Region beschwört. Ganz wie ein Kind fühlt er sich anders. „Ich war von woanders. Ich fühlte mich im Exil. Und das erste Exil, das ist der Körper. Ich tat mich schwer damit, mir diesen Körper anzueignen … Und ich wurde dramatischer Schriftsteller; wenn ich jemand bin, der Wörter in die Körper der anderen legt, muss man vielleicht den Anfang in diesem Gewirr suchen."
Eric-Emmanuel Schmitt befindet sich erst am Anfang. Zwölf Jahre Karriere, zweiundvierzig Jahre alt. Das Leben vor sich. „Schreiben ist ein Schicksal. Es ist ein Marathonlauf in Sprintgeschwindigkeit. Oft tue ich so, als lebte ich. Schreiben heißt außerhalb des Lebens stehen, selbst wenn das ganze Leben zu Tinte werden muss …"

Bayern: Französisch Leistungskurs 2005
Textaufgabe I

Le fabuleux pouvoir de la voix

C'est le pouvoir de la voix qu'on découvre soudain. Pas un homme public ne peut désormais ignorer la force de l'oral. Les enfants à qui, dans les bonnes familles, on intimait hier l'ordre de se taire en présence des adultes sont incités à s'exprimer. Et les managers se jettent sur les cours de diction.

Cofondatrice du laboratoire de la voix, le Dr Elisabeth Fresnel-Elbaz confirme : « Depuis quatre ou cinq ans, les directeurs des ressources humaines suggèrent à leurs cadres d'aller voir des phoniatres[1]. Les gens prennent conscience que la voix peut être un atout, mais aussi un handicap. »

Frédéric Girard, directeur du développement chez Adia[2], admet que la voix est un élément important de la personnalité du candidat, lors d'un recrutement. « Ce qui compte, c'est la cohérence entre la voix et le discours, dit-il. Mais c'est aussi l'articulation nette, le débit adapté. » Tout dépend du territoire professionnel. Pour les *call centers,* on attend quelqu'un de structuré, clair et rassurant dans son élocution. « Dans les métiers technologiques, si on a quelqu'un qui parle très vite, ça ne va pas marcher. C'est comme si vous appeliez les pompiers et que vous ayez quelqu'un d'hystérique au téléphone ! »

« On vit dans une société où l'on ne se touche plus, observe la psychologue Rosemarie Bourgault, on se touche avec la voix. » Comme le remarque le baryton Laurent Naouri, il y a quelque chose d'intime dans la relation vocale, un tremblé[3], une fragilité, presque une nudité.

La plupart des gens qui n'aiment pas leur voix ont le sentiment qu'elle les trahit. Denise Dupleix le sait : « La voix traduit l'inexprimable, l'éducation, la timidité, l'anxiété, tout ce qu'on ne veut ou ne peut pas dire. » Le Dr Abitbol renchérit : « Ce n'est pas seulement un véhicule, mais aussi le miroir de notre personnalité. Un miroir qu'on veut dominer et qui souvent nous domine. » On ne peut pas aimer sa voix si on ne s'aime pas soi-même, insiste le Dr Ormezzano. « Parler en public est impossible si on n'est pas prêt à se mettre à poil[4] devant les gens. Sinon on est tout recroquevillé, le son ne peut pas sortir. »

On peut soigner sa voix, mais on peut aussi se soigner par la voix. Les Indiens d'Amérique pensent même que c'est excellent pour le système immunitaire. Yva Barthélémy, une ancienne chanteuse lyrique qui a inventé une méthode de gymnastique vocale pour l'entraînement de la voix chantée, confie : « La voix est un instrument divin. Beaucoup de gens l'utilisent de façon empirique. Au travers de la gymnastique, ils découvrent des sons qu'ils n'auraient pas soupçonnés. Je les vois s'épanouir. » Musicothérapeute, le psychologue et chanteur lyrique Christophe Ferveur raconte que, lui-même guéri de sa timidité, il obtient de bons résultats avec les adolescents mal dans leur peau, en particulier les anorexiques qui, parfois, se réconcilient avec leur corps. « Chaque vibration correspond à une zone corporelle, affirme Marie-Jo Cardinale, chef de chœur. Quand il y a un dysfonctionnement au niveau de la voix, c'est qu'il y a une tension dans une région du corps. Travailler sa voix, c'est accoucher de soi-même. » Annie Durieux anime des formations de « chant prénatal ». Elle explique que les enfants sont beaucoup plus sensibles au son, et que la posture du chant prépare parfaitement les mères à l'accouchement. »

Le chant est même devenu l'objet d'une science, l'« odologie », que Nicole Scotto Di Carlo, directrice de recherche au CNRS[5], explique avoir fondée en 1970. Mais c'est surtout pour le plaisir que 4,3 millions de personnes de plus de 15 ans s'adonnent au chant en France. Dans les programmes scolaires, il est écrit que le chant est la colonne vertébrale de l'éducation musicale. Le chant, autrefois, avait une mission moralisatrice : « Seules les paroles comptaient, rappelle un consultant de la Direction de l'enseignement scolaire. Il fallait se laver les mains, se montrer serviable, être un bon citoyen. » En principe, les 245 conseillers pédagogiques en musique doivent former les instituteurs. « Mais ces derniers n'osent pas tous chanter devant les enfants, observe l'un de ces conseillers, qui cite le philosophe Gilles Deleuze : « Chanter, c'est plus que se souvenir. Plus qu'avoir joui intensément. Plus que vivre, plus que rêver. C'est retrouver son cœur d'antan. »

Chaque semaine, les 15 membres de la chorale TF Gospel se réunissent à l'église luthérienne de la Trinité, dans le XIIIe arrondissement de Paris. Plus que Dieu, tous viennent chercher, affirme l'un des choristes, une « bulle hors du temps ». Mais c'est un cocktail de complicité, de convivialité, de dépassement de soi, d'esthétisme qui cimente le groupe, assure Pascal Champlon, directeur du Centre d'art polyphonique de Champagne-Ardenne, qui confirme qu'on assiste à un rajeunissement de la pratique du chant choral. « Le chant choral est un formidable outil d'insertion et de partage, un antidote à l'individualisme, et ça coûte beaucoup moins cher qu'un terrain de foot », s'exclame une passionnée, Nathalie Chausson, qui se bat auprès des ministères concernés, dans le cadre de son association – Place aux chœurs – pour favoriser l'implantation de chorales associatives d'enfants et de jeunes dans les villes, notamment dans les quartiers sensibles.

Pas besoin d'être très doué pour chanter. Mais quand on l'est, c'est un devoir, insiste Denise Dupleix. « Quand on a des cordes vocales un peu exceptionnelles, conclut-elle, on a une mission sur terre : on doit transmettre du bonheur, un moment d'oubli. »

Extrait de : Jacqueline Remy, avec Natacha Czerwinski et Emile Trévert, Le fabuleux pouvoir de la voix, *dans : L'EXPRESS, 7 juin 2004 (texte abrégé)*

Explications :

1 le phoniatre : le spécialiste des problèmes de la voix
2 Adia : une agence de travail temporaire
3 le tremblé : le trémolo
4 se mettre à poil (fam.) : se déshabiller
5 le CNRS : le *Centre National de Recherches Scientifiques*

Devoirs — **Nombre de points**

Questions sur le texte

Répondez aux questions suivantes en utilisant autant que possible vos propres mots.

Compréhension du texte — 50

1. Décrivez comment la valeur attribuée à la voix a changé ces dernières années. Donnez au moins trois exemples en vous référant aux lignes 1 à 26. (20)
2. Expliquez l'importance médicale de la voix pour l'être humain. (20)
3. Décrivez l'évolution du chant à l'école. (10)

Commentaire de texte — 50

4. D'après le baryton Laurent Naouri, il y a « presque une nudité » (l. 18/19) qui se manifeste à travers la voix. Commentez. (20)
5. Expliquez la métaphore une « bulle hors du temps » (l. 56) dans son contexte. (20)
6. Démontrez comment l'auteur réussit à donner de l'authenticité à son texte et illustrez votre réponse d'exemples précis. (10)

Commentaire personnel/Rédaction — 50

7. Exposez, en 250 à 300 mots environ, vos idées/arguments sur un des sujets suivants.
   a) Votre correspondant(e) français(e) vous emmène dans un bar karaoké et voudrait que vous chantiez. Mais vous n'êtes pas vraiment persuadé(e) … Imaginez le dialogue qui s'établit entre vous.
   b) Le culte du corps dans notre société – qu'en pensez-vous ?
   c) « Le succès, c'est 50 % de talent, 50 % de chance, 50 % de travail et … une bonne idée ! » (Claude Zidi) Commentez.
   d) Décrivez le dessin humoristique de Voutch et interprétez-le en faisant le portrait de la personne qui affiche son annonce.

© Voutch, Le grand tourbillon de la vie, 1998

Version **50**

8. Traduisez le texte suivant:

« Nous avons une voix par rôle que nous jouons, dans notre vie sociale, professionnelle, familiale, amoureuse, explique le Dr Claude Fugain, et la bonne voix est celle qui s'adapte à tous ces différents rôles. » Trop, parfois. Qui n'a jamais ressenti de dépit ou de fureur en entendant l'être aimé, en plein conflit conjugal, prendre une voix suave pour répondre au téléphone à un(e) ami(e) ou à son supérieur hiérarchique ? Quand elle est belle et bien utilisée, la voix devient une arme. Pourtant, la plupart des gens se plaignent : « Je n'aime pas ma voix. » Ils ne supportent pas de s'entendre sur la bande-annonce de leur répondeur. « Ils se trouvent toujours trop ceci ou pas assez cela ... » constatent tous les spécialistes. Comme s'il y avait une inadéquation congénitale entre ce qu'on est et ce qu'on fait entendre. Tout simplement parce qu'on aimerait ressembler à ce qu'on rêve d'être.
Il y a des modes. « Les femmes ont rendu leur voix plus grave depuis une vingtaine d'années », confirme le Dr Fugain. Fumer, boire du champagne et forcer le ton voile la voix. « Ecoutez les publicités à la télévision, c'est rare qu'on propose des voix aiguës », relève la spécialiste de la voix Yaël Benzaquen.

Extrait de: Jacqueline Remy, avec Natacha Czerwinski et Emilie Trévert,
Le fabuleux pouvoir de la voix, *dans : L'EXPRESS, 7 juin 2004 (texte abrégé)*

Maximum de points: **200**

Lösungen

Compréhension du texte

1. Il y a quelques années encore, on n'attribuait pas beaucoup de valeur à la voix humaine. Pourtant, aujourd'hui on se rend compte de son importance. Les parents modernes veulent que leurs enfants s'expriment librement, même en présence d'adultes, ce qui était strictement interdit autrefois. Dans la vie professionnelle, l'usage de la voix est devenu un critère essentiel dans le choix d'un candidat pour un poste ou pour une promotion, évidemment surtout pour certains emplois qui impliquent beaucoup de contacts personnels. On demande même aux cadres et cadres supérieurs de prendre des cours de diction ou de consulter un phoniatre. Finalement, comme les contacts personnels sont en général devenus moins « intimes » – on évite aujourd'hui de trop s'approcher de son vis-à-vis, de le toucher –, ils se font surtout par le biais de la voix.

2. Dans la voix, dit-on, se reflètent le corps et l'âme d'une personne. Ainsi, en soignant la voix et en l'améliorant, on soigne aussi son corps et son âme. Dans plusieurs cultures anciennes déjà, on croyait qu'une thérapie de la voix avait des effets thérapeutiques salutaires sur la personne entière. D'un côté, on parle d'une fortification du système immunitaire, de l'autre côté on décrit des effets psychologiques : un épanouissement de la personnalité au travers de la gymnastique de la voix, une assurance retrouvée, une guérison des troubles de l'appétit parmi des adolescents. Il paraît même que le chant a des effets positifs sur le fœtus et sur la mère : celle-ci accouche plus facilement en chantant, celui-là est éveillé à la musique pendant la grossesse déjà.

3. Autrefois, on ne chantait pas avec les élèves pour faire de la musique, mais pour transmettre le message contenu dans les paroles des chants. Il s'agissait surtout de textes leur enseignant les bonnes manières et tout ce qu'il fallait savoir pour devenir un bon citoyen. Aujourd'hui, chanter joue un rôle primordial dans l'éducation musicale, du moins théoriquement ; les experts disent même que la musique devrait tenir une place importante dans la formation des institutrices et instituteurs. Et d'ajouter que ces derniers ont toujours trop souvent peur de s'ouvrir devant les élèves en chantant avec eux.

Commentaire de texte

4. Laurent Naouri – c'est d'ailleurs aussi l'avis du Dr. Ormezzano (l. 25/26) – veut dire qu'en parlant ou en chantant on ne peut rien cacher de sa personnalité. La voix est un miroir de la personne, et ceux qui savent écouter voient tout, même ce que le locuteur veut cacher. La voix trahit les émotions profondes et les troubles personnels, et elle renseigne les autres aussi sur le milieu social dont on provient. Tout cela n'est pas forcément négatif : la voix, à travers son authenticité, est aussi un moyen que l'on peut employer explicitement pour exprimer ce que l'on ne peut pas exprimer autrement. Pour comprendre un personnage dans sa totalité, il suffit donc de l'écouter attentivement.

5. Au sens propre, une bulle est une petite poche, un petit espace qui est vide ou rempli d'air ou de gaz, qui n'est pas en contact direct avec ce qui l'entoure. Une personne qui vit hors du temps est un rêveur, un peu fantaisiste, quelqu'un qui a plus ou moins perdu le rapport avec la réalité et s'est créé son propre monde. Ce que les choristes cherchent est donc un espace clos, où personne ne les dérange, où ils peuvent s'adonner à leurs rêves, laisser libre cours à leurs émotions. En chantant, ils arrivent à faire des choses qu'on ne leur permet pas de faire dans la vie de tous les jours : ensemble, ils se découvrent eux-mêmes et exploitent des facultés personnelles qu'il leur faut cacher pendant le reste de la semaine. Dans un contexte plus vaste, cette « bulle hors du temps » est une alternative ou

une méthode supplémentaire à tout ce qui se fait aujourd'hui pour aider les jeunes – surtout dans les quartiers défavorisés – à s'articuler, à trouver leur personnalité, à s'intégrer dans la société.

6. L'auteur donne de l'authenticité à son texte en employant plusieurs moyens. D'abord, elle ne cesse de citer des spécialistes dans le domaine de la voix : du côté pratique, il y a le baryton Laurent Naouri (l. 17 à 19), du côté théorique il y a Nicole Scotto Di Carlo (l. 42/43), du côté thérapeutique il y a Yva Barthélémy (l. 28 à 32), entre autres. A cela s'ajoutent bon nombre de dates (l. 44, l. 49, par exemple), de termes médicaux (l. 37, l. 42, par exemple) et de noms de personnes et d'organismes (l. 5, l. 9, l. 36, l. 42/43, par exemple). Tout cela montre que le texte est le résultat de recherches scrupuleuses.

Commentaire personnel

7. a) MOI : C'est là le bar karaoké dont tu m'avais parlé au téléphone avant mon arrivée ?

MURIEL : Oui, tu te souviens ? J'y vais assez souvent, et j'y ai entendu chanter un garçon très très bien.

MOI : Ah, je vois, tu es tombée amoureuse de lui, n'est-ce pas ?

MURIEL : Non, non, … oui, peut-être. Mais – qu'est-ce qui se passe aujourd'hui ? On ne laisse chanter que les filles !

MOI : Alors, tu ne va pas le voir, ton prince charmant à la belle voix !

MURIEL : Probablement pas. Mais qu'est-ce que tu en penses – tu pourrais chanter ce soir ?

MOI : Moi ?

MURIEL : Mais oui, tu as une très belle voix, tu chantes dans la chorale de ton lycée, alors, pourquoi pas ?

MOI : Non, non, tu exagères. Et puis, devant tout ce monde, et je suis étrangère. Et je suis très timide, moi.

Muriel : Toi ? Timide ? Laisse-moi rigoler. Quand je pense à ta façon de draguer mes amis dans la cour du lycée – oh là là, timide, la petite !

MOI : Mais c'était plutôt un jeu ! Et puis, je ne connais pas les chansons qu'il faut chanter ici, et il faudrait lire les paroles rapidement, non, je n'en suis pas capable !

Muriel : Ne t'en fais pas, ça s'arrangera ! Tu parles si bien le français !

MOI : Tu penses vraiment que je pourrais me présenter ? Alors, bon, peut-être – mais seulement si tu viens avec moi.

MURIEL : Bon, d'accord. Nous allons chanter ensemble. Attention, tout le monde – le duo franco-allemand arrive ! Je suis sûre qu'ils vont tous nous adorer !

b) Cela fait cent sept ans que la beauté est un des aspects les plus importants dans les relations entre les sexes. Sinon, la Guerre de Troye n'aurait pas eu lieu, les chevaliers de la Table Ronde n'auraient pas dû se battre contre Lancelot, et Marilyn Monroe ne serait pas devenue la grande vedette qu'elle est devenue. Depuis, l'homme n'a pas changé, au contraire. Tandis qu'on acceptait autrefois qu'une autre personne soit plus belle que soi-même, on essaie aujourd'hui à tout prix de l'égaler. Ainsi, des sommes immenses sont dépensées pour des produits de beauté, l'entraînement sportif et des mesures préventives et thérapeutiques qui nous promettent plus de beauté ou une beauté plus durable. Les hommes, qui ont longtemps traîné, ont d'ailleurs rattrapé le « beau sexe » dans ce domaine.

Bien que je ne veuille pas faire de reproches à tous ceux qui se soignent, qui font du sport et qui font un petit effort pour mieux plaire aux autres (et à eux-mêmes), je trouve ce culte du corps actuel assez exagéré, et les dimensions qu'il prend plutôt répugnantes. Je ne comprendrai jamais les gens qui passent une demi-heure devant le miroir chaque jour à se maquiller et se mettre des faux cils et des faux ongles ; ni ceux qui achètent des parfums et autres eaux de toilette à des prix exorbitants juste pour pouvoir dire qu'ils s'imprègnent d'une odeur Boss ou Dior ; ni ceux qui ont comme seul souci les quelques rides qu'ils ont et qui sont prêts à dépenser une fortune pour la chirurgie esthétique. N'y a-t-il pas de buts plus nobles pour l'argent dont nous disposons ? Ne pourrions-nous pas passer notre temps autrement ? Ne serait-il pas plus honnête de s'accepter soi-même en disant « Je suis tel que je suis » ?

c) Au premier coup d'œil, cette sentence de Claude Zidi* signifie qu'il est impossible d'avoir du succès, car son calcul ne tombe pas juste : le talent et la chance font déjà 100 % ensemble à eux seuls, à quoi s'ajoute la part du travail, et une bonne idée en plus. Ou bien, le travail et le talent s'additionnent à cent pour cent, sans compter la chance et la bonne idée. Mais bien sûr ce n'est pas là ce que M. Zidi a voulu dire.
A mon avis, l'idée derrière sa phrase est simplement que ni l'un ni l'autre ne sont suffisants pour quelqu'un qui veut avoir du succès – dans quelque domaine et quelque métier que ce soit. Même si une personne a du talent et qu'elle travaille dur, son succès n'est point garanti. Il faut qu'elle rencontre, par hasard, les gens qui peuvent la faire avancer, qui en connaissent d'autres qui seront fascinés par son projet, qu'elle trouve le soutien financier nécessaire en dépit de toutes les difficultés … De même qu'une personne qui a du talent et de la chance ne réussira pas sans un peu d'acharnement, sans s'y mettre de toutes ses forces.
Pourtant, le plus important est probablement la « bonne idée » – c'est pourquoi Zidi ne mentionne ce point qu'à la fin, et sans donner de pourcentage. Le vrai succès dépend de l'imagination, de l'ingéniosité, de la capacité d'inventer, de s'inventer et de se réinventer constamment. Ceux qui se reposent sur leurs lauriers ne réussiront pas ; par contre, ceux qui avancent, qui ne se contentent pas de leurs acquis, qui sont pleins de projets tout le temps auront certainement du succès.

* Claude Zidi (né en 1934), metteur en scène français d'origine algérienne

d) La scène que Voutch* a dessinée est assez triste. Il fait sombre, le ciel paraît brumeux, les arbres ont perdu leurs feuilles : une scène typique de Novembre. On voit plusieurs grands arbres, alignés au bord d'une route. Quelqu'un, probablement un homme, est en train de coller des affiches identiques sur chacun des arbres, avec comme inscription « Je cherche des amis », suivie d'un numéro de téléphone qui est sans doute celui de l'homme. Nous ne voyons que quatre annonces, mais tout indique qu'il y en a déjà plus et que l'homme n'a pas encore fini sa triste besogne.
Ces affiches ne peuvent être interprétées que comme un cri d'alarme de la part de l'homme qui doit se sentir très solitaire et abandonné, désespéré même. Il est en train de tenter sa dernière chance, car seul un homme qui a déjà tout essayé pour trouver des amis aura recours à cette méthode – n'est-il pas très improbable qu'il réussisse ? Qui réagira à ses annonces – les automobilistes, qui passent rapidement, sans vraiment voir le texte, même s'il est écrit en gros caractères, ou les rares piétons qui s'aventurent à faire une promenade sur la route ? Qui voudrait devenir l'ami d'une personne qu'il ne connaît pas, une personne qu'il n'a jamais vue, dont il ne sait que le numéro de téléphone ? Qui prendrait le risque d'appeler cet homme et de devoir écouter l'histoire d'une vie pleine de difficultés ?
A mon avis, ce dessin n'est pas vraiment un dessin humoristique, car il me rend plutôt triste. Il est possible que le caricaturiste ait eu l'intention de nous dire qu'actuellement, tout le monde a des difficultés à trouver des amis, que nous vivons de plus en plus dans la solitude. Mais j'espère sincèrement que nous n'en sommes pas encore arrivés à ce point-là.

* Voutch (vrai nom : Olivier Chapougnot), dessinateur français, né à Paris en 1958

Version

8. „Wir haben für jede Rolle, die wir in unserem gesellschaftlichen und beruflichen Leben, im Familienleben und im Liebesleben spielen, eine Stimme," erklärt Dr. Claude Fugain, „und eine Stimme ist dann gut, wenn sie sich an all diese verschiedenen Rollen anpassen kann." Zu sehr manchmal. Wer hat nicht schon mal Enttäuschung oder Wut verspürt, als er hörte, wie sein geliebter Partner mitten im Ehestreit am Telefon einem Freund, einer Freundin oder seinem Vorgesetzten mit sanfter Stimme antwortete? Wenn sie schön ist und gut eingesetzt wird, wird die Stimme zur Waffe. Und doch klagen die meisten Menschen: „Ich mag meine Stimme nicht." Sie können sich auf der Ansage ihres Anrufbeantworters nicht hören. „Sie finden sich immer zu so oder nicht genug so ...," stellen alle Fachleute fest. Als gäbe es von Natur aus eine mangelnde Übereinstimmung zwischen dem, was man ist, und dem, was man von sich gibt. Ganz einfach weil man gerne dem ähneln würde, was man in seinen Wunschträumen ist.
Es gibt modische Tendenzen. „Frauenstimmen sind in den letzten etwa zwanzig Jahren tiefer geworden[1]," bestätigt Dr. Fugain. Rauchen, Sekttrinken und lautes Reden macht die Stimme heiser. „Hören Sie sich die Werbung im Fernsehen an: Hohe Stimmen hört man nur selten," stellt die Stimm-Spezialistin Yaël Benzaquen fest.

Anmerkungen :

1 wörtl.: Die Frauen haben ihre Stimme seit etwa zwanzig Jahren tiefer werden lassen.

Dans son roman autobiographique « Une enfance à l'eau bénite », Denise Bombardier présente la vie d'une petite Canadienne française à Montréal dans les années 1940-1950.

Leçons de bon parler

Avant l'entrée à l'école, j'ai connu les cours de diction. Je fus inscrite successivement chez deux professeurs dont l'une, française, rendait les parents et les enfants honteux d'être canadiens français. Elle nous apprenait des récitations que nous répétions avec plus ou moins de bonheur en imitant son accent parisien. Les mots se bousculaient dans notre bouche et nous ressentions tous, adultes et élèves, un malaise à mimer aussi péniblement les cousins de France. Ces cours, où les mères se faisaient reprendre devant les enfants dès qu'elles osaient parler, étaient, en fait, des cours d'humiliation collective. Rien n'était épargné pour nous faire comprendre à quel point notre langue n'en était pas une et combien nos comportements ressemblaient à ceux des « sauvages ». Car ces leçons de bon parler se doublaient de leçons d'étiquette et de politesse. On nous obligeait à nous serrer la main, pratique absolument étrangère à notre milieu et, comble du ridicule, à faire la révérence devant les adultes. Pourtant, les mères nous soumettaient et se soumettaient à ces usages, considérant que c'était le prix à payer pour sortir de notre pauvreté culturelle. La majorité de mes compagnes et de mes rares compagnons appartenait au milieu bourgeois et, dans ce milieu, le complexe d'infériorité vis-à-vis des Français était fort marqué. On considérait ces derniers, quelle que fût leur origine sociale, comme supérieurs aux Québécois, même riches et instruits. C'est pourquoi ces mères consentaient à se faire rabrouer de façon autoritaire par cette femme qui avait transporté à Montréal les tics les plus détestables d'une certaine France. Non seulement les mères l'acceptaient, mais elles payaient rubis sur l'ongle quelques dollars *avant* chaque leçon. Ma mère, femme de bon sens, ressentit vite le côté intolérable de cette entreprise. La rupture survint en pleine récitation. Le professeur me réprimanda avec véhémence devant tout le monde parce que j'avais mal prononcé le mot « petite fille ».

« Ah non, coupa la demoiselle, pas de "petsite félle", cela est vulgaire, cela fait peuple. Entendez-vous, mesdames, vous qui parlez ainsi devant vos enfants. Voyez les résultats lamentables sur cette petite. »

Je me mis à pleurer, et ma mère aussi. Elle n'osa pas, cependant, parlementer avec la vieille chipie qui maniait les mots avec trop d'aisance. Je l'entendis raconter à une voisine, le soir même de l'incident, qu'elle me retirait du cours car elle ne pouvait pas admettre que cette « folle de Française » parlât à son chien présent – qui pissait devant la classe pendant les leçons – plus doucement qu'aux enfants. Même si nous parlions moins bien qu'eux, les Français devaient tout de même nous traiter avec plus d'égards qu'ils ne traitaient leur caniche …

Les petits garçons se faisaient rares dans ces cours, car le bon langage a toujours été associé chez nous à l'univers féminin. Celles qui s'expriment correctement et même avec élégance peuvent être considérées comme snobs et prétentieuses. Chez les hommes, en revanche, bien parler peut être sexuellement suspect. Le sentiment général qui a prévalu, et qui reste intact dans certains milieux, consiste à croire que les hommes français sont tous plus ou moins efféminés, des fifis, comme on dit. Ils sont perçus comme délicats à cause des bonnes manières et de la façon cérémonieuse, à nos oreilles, avec laquelle ils s'expriment. Mais il ne viendrait à l'esprit de personne de croire qu'un Anglais s'exprimant avec élégance puisse manquer de virilité. C'est dire que les mères qui décidaient d'inscrire leurs petits garçons à ces cours les condamnaient à être la risée de leurs camarades. Nous les regardions, nous les petites filles de trois ou quatre ans, comme des êtres à part. Il ne me serait jamais venu à l'idée d'en faire des compagnons de jeu. Je préférais mes voisins mal engueulés[1], un peu brutaux, mais dont j'avais la certitude qu'ils étaient de « vrais » petits garçons.

Un autre professeur, chez qui ma mère m'inscrivit à la fin de mes quatre ans, jouera un rôle exceptionnel dans la promotion du bon parler français. La plupart des gens de plus de trente ans qui ont eu, jeunes, quelques velléités de culture, ont été élèves de Mme Audet. Cette dernière a formé des générations de comédiens, d'animateurs et même de politiciens. Son école de diction attirait une clientèle d'autant plus large qu'elle avait ses entrées à la radio. Les parents rêvant de transformer leurs enfants en Shirley Temple[2] du Québec se bousculaient chez elle.

Nous apprenions les mêmes récitations et les mêmes saynètes que chez le professeur français. Mais Mme Audet n'était pas française. Elle nous faisait rêver de la mère patrie qu'elle tentait, à travers le bon parler, de recréer chez nous. Mais le sentiment d'humiliation en était absent, car nous étalions nos faiblesses entre nous. La chasse aux anglicismes constituait une de ses priorités. C'est ainsi qu'à quatre ans j'apprendrai pour la vie qu'on ne dit pas : salle à dîner *(dining room)* mais salle à manger, chambre de bain *(bathroom)* mais salle de bains, plume-fontaine *(fountain pen)* mais stylo à encre. Pour les parents surtout – nous étions trop petits pour en avoir conscience –, ces leçons représentaient la clef d'accès à la culture. Cette femme énergique et curieuse, qui sillonnait l'Europe chaque été, nous racontait ses voyages dont elle rapportait des chansons et des danses qu'elle nous apprenait ensuite. C'est ainsi qu'avant même d'entrer à l'école, je récitais en langue d'oc et je chantais en breton.

Extrait de : Une enfance à l'eau bénite, *Denise Bombardier, © Editions du Seuil, 1985, coll.* Points, *1990 (texte abrégé)*

Explications:

1 mal engueulé/e : *ici :* qui parle mal
2 Shirley Temple : jeune actrice américaine des années 30

Devoirs **Nombre de points**

Questions sur le texte

Répondez aux questions suivantes en utilisant autant que possible vos propres mots.

Compréhension du texte — 50

1. Décrivez le déroulement et les effets psychologiques des cours de l'enseignante française. (20)
2. Expliquez pourquoi Mme Audet a tant de succès avec son école de diction. (20)
3. Il y a peu de garçons dans les cours de diction française. Dites pourquoi en vous référant aux lignes 34 à 47. (10)

Commentaire de texte — 50

4. Définissez les relations franco-canadiennes de l'époque telles qu'elles sont vues par la narratrice. (20)
5. « […] ces leçons représentaient la clef d'accès à la culture. » (l. 62/63) Commentez cette phrase dans son contexte. (10)
6. Analyse:
   a) Ce texte est écrit à la première personne. Indiquez les effets sur le lecteur.
   b) Caractérisez les niveaux de langue et le ton de ce texte à l'aide d'exemples précis. (20)

Commentaire personnel / Rédaction — 50

7. Exposez, en 250 à 300 mots environ, vos idées/arguments sur <u>un</u> des sujets suivants.
   a) Le dialecte est-il plutôt un enrichissement ou une source de discrimination ?
   b) La jeunesse d'aujourd'hui aurait besoin de leçons de bon parler, d'étiquette et de politesse. Commentez.
   c) En France, la loi du 1er août 2000 oblige les stations de radio nationales à diffuser au moins 35 % de chansons en langue française. Vous dialoguez sur ce sujet avec un(e) ami(e) français(e).
   d) Décrivez et commentez le dessin humoristique ci-dessous.

Anonyme, L'assimilation au Canada ; tiré de : http://imperatif-francais.org/galerie

Version **50**

8. Traduisez le texte suivant:

C'est une destination mythique pour les Français. Le Québec, ce morceau d'Amérique où l'on parle notre langue, est l'un des pays d'accueil préférés de ceux qui veulent essayer une nouvelle vie hors de nos frontières. Des candidats à l'expatriation particulièrement appréciés par le gouvernement de la Belle Province[1]. Ce dernier, pour conserver sa spécificité d'îlot francophone – menacée par la très faible fécondité des Québécoises – dans une mer anglophone, vient de donner un sérieux coup de fouet à sa politique d'immigration française : attirer, en 2002, 6 000 citoyens tricolores, pour 3 900 l'an dernier. Afin d'y parvenir, le Québec s'est lancé dans une vaste campagne de séduction à travers l'Hexagone.

La Délégation du Québec en France mène une véritable tournée électorale. Pour draguer, les conférenciers savent y faire[2]. Drapeau à fleurs de lys dans le dos, face à une quarantaine de candidats français venus calepin et stylo à la main, ils décrivent un pays idyllique où la vie est moins chère de 20 à 30 %, où l'on déniche un appartement en un après-midi sans caution ni garanties à fournir, où l'assurance-maladie est gratuite, où les C.V. ne comportent ni photo, ni âge, ni état civil …

Extrait de : Isabelle Grégoire, Opération séduction, *dans : L'EXPRESS, 9 mai 2002 (texte abrégé)*

Explications :

1 la Belle Province : ne pas traduire
2 savoir y faire : savoir s'y mettre

Maximum de points: **200**

Lösungen

Compréhension du texte

1. Le but principal des cours de l'enseignante française est de montrer aux Canadiens français que leur culture est inférieure à celle des « vrais » Français. Elle les oblige à imiter son accent parisien en récitant les poèmes qu'elle leur a fait apprendre, elle leur enseigne les « bonnes manières » françaises, qui sont très différentes de celles pratiquées au Québec, et elle humilie les mères devant leurs enfants en leur disant que le patois qu'elles parlent montre bien leur manque d'éducation. Pourtant, personne n'ose se soulever, parce que ce sentiment d'infériorité est bien répandu dans le milieu bourgeois. Tout le monde accepte d'être intimidé, humilié même, et se soumet au programme de l'enseignante, aussi autoritaire et répugnante qu'elle soit, car on « sait » depuis longtemps qu'il faut faire un effort pour s'améliorer.

2. Madame Audet est, à différents égards, l'exact contraire de l'enseignante française. Elle poursuit plus ou moins les mêmes buts, mais elle n'emploie pas du tout les mêmes moyens. Elle traite ses élèves avec respect, et ils se sentent à l'aise dans ses cours. Comme elle est Canadienne, elle n'a pas besoin de démontrer que la France est un pays supérieur ; elle essaie plutôt de fasciner ses élèves par ses expériences de la culture et la nation françaises, et il paraît qu'elle y réussit très bien. En leur racontant ses voyages et en leur faisant chanter des chansons très variées, même des chansons régionales, elle transmet son enthousiasme à ses élèves. En plus, la langue qu'elle combat n'est pas le français canadien, mais l'anglais : elle ne fait pas la chasse aux expressions françaises utilisées au Québec qui ne correspondent pas au français standard, mais plutôt aux anglicismes. Finalement, sa réputation nationale est son grand atout. Le fait que de grandes vedettes et hommes politiques sont ses clients donne plus de poids à sa voix, à ses cours et à ses méthodes.

3. Selon l'opinion prévalant à l'époque, le bon parler est plutôt une affaire de filles. On traite les hommes français, avec leurs bonnes manières et leur langue précieuse, de « fifis », de peu virils. Un garçon qui suit un cours de diction serait certainement considéré comme une curiosité, même comme quelqu'un de bizarre, surtout par les filles. Elles se moqueraient de lui et ne joueraient pas avec lui, car un garçon avec qui elles jouent doit être un « vrai » garçon.

Commentaire de texte

4. Somme toute, les relations entre le Québec et la France à cette époque apparaissent comme si le temps du colonialisme n'était pas encore révolu. Les Français ne cessent d'essayer d'imposer leur culture et leur langue, inculquant aux Québécois que leurs manières et leur façon de parler sont grossières et vulgaires. Bien que l'enseignante soit la seule Française dont il parle, le texte laisse supposer que tous les Français de ce temps-là sont hautains, arrogants, trop sûrs d'eux-mêmes vis-à-vis des Québécois. Même les chiens sont mieux traités que ces derniers.
   Il est pourtant bizarre que bon nombre de Québécois acceptent tout cela et s'y soumettent dans le seul but d'être intégrés dans la bonne société, de pouvoir faire carrière ou au moins pour faciliter la vie à leurs enfants. Seuls peu d'entre eux osent se soulever ; comme la mère de la narratrice. Il paraît que la seule critique qu'on ait le courage de prononcer est que les hommes français ont l'air efféminé à cause de leur langue et leurs manières.

5. Les parents acceptent la supériorité de la culture française – ne serait-ce que pour leur promotion sociale. Ils se sont rendu compte qu'il fallait parler un bon français et avoir de

bonnes manières françaises et de bonnes connaissances sur la France pour trouver une place dans la bonne société québécoise, pour pouvoir accéder à des postes importants et pour garantir un bon avenir à leurs enfants. Ceux-ci intériorisent cette leçon et imitent leurs parents, même s'ils se révoltent quelquefois contre certaines attitudes colonialistes des Français.

6. Tout récit personnel a certains effets sur le lecteur. Il est plus facile de s'identifier avec le protagoniste, ses pensées et ses émotions. Le texte devient plus authentique encore, et le lecteur est plus proche de l'action, il la voit à travers les yeux de la protagoniste et devient son complice, allant jusqu'à reprendre les idées subjectives du narrateur ou de la narratrice. En lisant ce texte, pourrions-nous faire autrement que de voir les Québécois comme des gens qui souffrent sous le joug français ?
L'authenticité du texte se révèle aussi dans les différents niveaux de langue employés. Evidemment, le français canadien joue un grand rôle ; la prononciation (l. 24) et certaines expressions typiques (par exemple, l. 60/61) sont mentionnées explicitement. Pour le reste, le texte est plutôt écrit en français standard et en style soutenu, à quelques exceptions près : deux fois, la narratrice utilise des mots provenant du français familier (l. 30 et l. 39). Le ton du texte est assez neutre, et une grande partie des expériences de la narratrice sont racontées d'une façon sobre. Pourtant, quelquefois on remarque bien l'amertume et la colère de la narratrice, quand elle devient ironique (l. 31–33), agressive même (l. 18/19).

Commentaire personnel

7. a) Depuis quelques années, les dialectes sont de nouveau en vogue, le nombre de ceux qui parlent des langues régionales a augmenté, et quelques-unes de ces langues sont même enseignées à l'école. Pendant longtemps, le patois était tombé en disgrâce et réduit à l'usage strictement privé, car il discréditait celui qui l'utilisait. En conclurait-on qu'on considère les dialectes aujourd'hui plutôt comme un enrichissement de la langue que comme une forme détestable de la langue ?
Je pense que oui. Nous nous sommes rendu compte de l'importance des dialectes. D'un côté, ils sont des langues très vivantes, qui changent constamment ; les changements dans une langue proviennent surtout de l'oral, et pour bien des gens, l'oral c'est leur langue de tous les jours, leur dialecte. De l'autre côté, ils sont le lien qui unit les communautés régionales, locales même. Et tout comme on en est revenu aux vieilles coutumes, aux mœurs traditionnelles dont on peut être fier, on a aussi acquis une nouvelle fierté des patois, dont on a trop longtemps eu honte.
Il est vrai que la tendance à évaluer les gens selon le dialecte qu'ils parlent, et à mépriser les uns, tenir en haute estime les autres, n'a pas cessé d'exister. Dans tous les pays, il y a des gens qui n'aiment pas certains autres pour la seule raison qu'on entend tout de suite de quelle région ils viennent. Ce genre de rivalité entre les régions ne disparaîtra jamais.
Quand même : un peu partout, les gens ont compris que les particularités régionales doivent leur être chères, surtout à l'ère de l'unification de l'Europe et de la mondialisation. A côté de la langue standard, qui unit la nation, les parlers régionaux et locaux sont un élément important et certainement un enrichissement de la culture du pays.

b) Qui n'a pas encore entendu une dame âgée se plaindre des jeunes qui, dans le bus ou le métro, ne lui ont pas tout de suite cédé leur place ? Qui n'a pas encore vu son grand-père bouche bée après avoir entendu son petit-fils utiliser un mot grossier ? Qui n'a pas encore regardé avec dégoût un enfant au restaurant en train de manger sans couteau ni fourchette et descendre sa tête presque dans l'assiette au lieu de lever le bras ? Nombreux sont ceux qui, à cause de telles scènes, poussent un cri d'alarme :

« Les jeunes d'aujourd'hui ne savent plus se comporter, il faudrait le leur enseigner. » ?
Sans doute, il y a plus qu'une once de vérité dans ces exemples. Il ne faudrait quand même pas trop généraliser. Vu l'influence grandissante du monde extérieur à la famille, il est certes devenu plus difficile d'enseigner les bonnes manières aux enfants. Surtout les médias ne donnent pas toujours le bon ton. En plus, face aux difficultés quotidiennes, beaucoup de parents ont démissionné : ils n'ont plus la force d'interdire certaines choses à leur progéniture, de les encourager à faire autrement, de leur montrer la bonne voie.
Mais ceci n'est certainement pas la grande majorité. Un peu partout, on voit un grand nombre de jeunes qui savent très bien se comporter, qui parlent toujours poliment et sont rarement grossiers, qui traitent les autres avec respect – et qui savent comment faire au restaurant. J'avoue qu'il y a des exceptions, mais je suis convaincu qu'en gros, les parents (et les profs) n'ont pas du tout échoué dans leurs efforts pour intégrer les jeunes positivement dans la société.

c) MOI : Ecoute, Marcel, est-ce que c'est possible ? Depuis que je suis chez toi, je n'ai presque jamais entendu de chanson anglaise ou américaine à la radio.
MARCEL : Eh bien, Bertram, ce n'est rien d'extraordinaire.
MOI : Ah bon ? Mais je ne comprends pas. Tu sais, chez moi, il y a quelques programmes seulement qui passent des chansons allemandes, et ils sont très rares. D'ailleurs, mes amis et moi, on préfère la musique américaine.
MARCEL : Moi aussi, mais la musique française est souvent aussi bonne. Attends, je vais t'expliquer. Depuis quelques années, les chaînes nationales sont obligées de diffuser un certain pourcentage de chansons françaises. Je crois que c'est environ un tiers.
MOI : C'est vrai ? Mais comme ça, on force les gens à écouter des chansons françaises !
MARCEL : Doucement, Bertram. On ne les y force pas : ceux qui veulent en écouter d'autres peuvent bel et bien écouter d'autres stations.
MOI : Et vous le faites, j'espère ?
MARCEL : Oui, souvent, mais pas toujours. Tu sais, en famille c'est difficile. Nous, on écoute presque toujours la radio pendant les repas, et alors là, c'est mon père qui décide.
MOI : Il préfère les stations nationales, n'est-ce pas ?
MARCEL : C'est ça. Il dit que leurs programmes d'info sont meilleurs etc. etc.
MOI : Oui, oui, je connais. C'est pareil chez nous.
MARCEL : Mais il y a vraiment pas mal de chanson françaises pas mal du tout.
MOI : Tu as raison. Chez nous aussi, il y a des tubes qui sont vraiment si banals qu'on ne peut imaginer personne qui les écoute, mais il y en a aussi d'autres. Quand même, je ne pense pas que l'Etat doive se mêler de la programmation des émissions de radio !

d) Le premier des trois dessins montre un grand-père qui commence à lire ou à raconter un conte de fées à son petit-fils en français ; celui-ci écoute attentivement. Cette scène se déroule en 1900, les deux autres en 1999. 99 ans plus tard donc, la situation est identique – ou presque. Un autre grand-père (qui pourrait être le petit garçon du premier dessin) commence la lecture du conte de fées en disant « Il était une fois … » comme le grand-père de jadis, mais son petit-fils le regarde en ouvrant de grands yeux, mais sans comprendre. Ce n'est que lorsque son père traduit la phrase en anglais qu'il comprend.
Les deux scènes se passent apparemment au Québec ; selon le caricaturiste, le français y est en danger, puisqu'il est de plus en plus remplacé par l'anglais. Les Québécois en

sont déjà arrivés, dit-il, au point où les petits ne comprennent plus du tout la langue de leurs ancêtres.
A mon avis, c'est une tendance déplorable, mais des plus naturelles. Le Québec est entouré de provinces canadiennes où la langue officielle est l'anglais et le dialecte et les particularités du français canadien le séparent de plus en plus de l'ancienne métropole. En plus, l'anglais – ou plutôt l'américain – se répand inlassablement dans le monde entier. Au détriment du français, qui a détenu ce rôle pendant longtemps, et non seulement en Europe, l'anglais est devenu lingua franca, le seul moyen pour des gens venant de différents pays de communiquer entre eux. Quoi de plus naturel alors pour les Québécois que d'avoir peu d'intérêt à continuer de parler français. Le caricaturiste a de bonnes raisons de se lamenter sur ce développement, il restera quand même inéluctable tant que le Québec n'obtiendra pas son indépendance vis-à-vis du Canada.

Version

8. Für die Franzosen ist es ein legendäres Ziel. Quebec, jenes Stückchen Amerika, in dem unsere Sprache gesprochen wird, ist eines der beliebtesten Aufnahmeländer für all jene, die ein neues Leben jenseits unserer Grenzen versuchen wollen. Sie sind[1] Ausbürgerungskandidaten, die von der Regierung der „Belle Province" besonders geschätzt werden. Letztere hat, um ihre Eigenheit als französisches Inselchen in einem englischsprachigen Meer zu bewahren – das durch die sehr niedrige Geburtenrate bei den Bürgerinnen Quebecs gefährdet ist –, ihre Einwanderungspolitik gegenüber Frankreich drastisch forciert: sie will im Jahr 2002 6 000 Bürger aus dem Land der Trikolore anziehen, gegenüber 3 900 im Vorjahr. Um dies zu erreichen, hat Quebec eine breit angelegte Überzeugungsoffensive im ganzen Land (Frankreich) gestartet.
Die Vertretung Quebecs in Frankreich ist buchstäblich auf Wahlkampf. Beim Anbaggern wissen die Redner, wie sie vorgehen müssen. Mit der Lilienfahne im Rücken beschreiben sie vor etwa vierzig französischen Ausreisewilligen, die mit Notizbuch und Stift in der Hand gekommen sind, ein idyllisches Land, in dem das Leben 20 bis 30 % billiger ist, in dem man eine Wohnung an einem einzigen Nachmittag aufstöbern kann, und zwar ohne Kaution oder andere Sicherheiten, in dem die Krankenversicherung kostenlos ist, in dem der Lebenslauf weder ein Foto, noch eine Altersangabe, noch den Familienstand enthält …

Anmerkungen :

1 aus stilistischen Gründen eingefügt, auch wenn es dem Originalstil nicht ganz entspricht

Comme on met le couvert, on s'aime

MARIE CLAIRE : Pourquoi écrivez-vous que c'est à table, autour de ses rituels, que la famille se construit ?

JEAN-CLAUDE KAUFMANN[1] : Le repas est l'héritier d'une longue histoire pleine de rebondissements. A l'origine, on parlait de communion avec les dieux. On festoyait en groupe. Avec la table familiale, l'individu s'oublie, se dépasse aussi. Il est en immersion dans des odeurs, des rituels qui construisent, reposent et protègent de l'agressivité extérieure. Il y a des heures fixes, une discipline des corps, des plats que l'on doit vider. Très souvent, d'ailleurs, la conversation est liée à ce qu'il y a dans les assiettes, aux sensations de plaisirs des uns, de dégoûts des autres – pour la blanquette ou les courgettes. On évoque le pot-au-feu de la tante Jeanne. Nous avons une culture alimentaire familiale qui s'imprime en nous dès notre plus jeune âge.

M. C. : Selon vous, la table est également l'architecte du jeune couple, qui se découvre des goûts communs et le bonheur des plaisirs partagés.

J.-C. K. : A toutes les étapes, dans tous les contextes de la vie familiale et conjugale, la table a un double aspect. Elle est le baromètre qui mesure la vie conjugale et, en même temps, elle est l'instrument qui la construit. La vie de célibataire est le grand moment de la déconstruction. C'est l'époque des corn flakes à la bolognaise picorés sur le tapis du salon. Dès que le couple se forme, très vite on voit arriver la table. Mais la vraie table débute avec l'arrivée des enfants. C'est alors que l'on met le couvert. On instaure une famille.

M. C. : Les femmes que vous avez interviewées avouent être partagées entre leur devoir nourricier et le peu de temps passé à préparer le repas.

J.-C. K. : C'est la différence avec la cuisine des années 1960. Autrefois, le repas demandait à la femme un investissement lourd et quotidien. Désormais, tout est plus souple. Grâce, notamment, aux produits surgelés, elle peut, à chaque instant, se poser la question : est-ce que j'opte pour le système rapide ou est-ce que je m'investis plus ?

M. C. : Dans les témoignages que nous avons recueillis, nous avons une famille recomposée et une mère divorcée vivant seule avec sa fille. Dans ces deux cas, le repas est pour eux un moment sacré.

J.-C. K. : Pour une famille recomposée, le repas pris en commun est très symbolique. Il a encore plus de force et de signification car il est la preuve très vivante de l'existence de cette famille. Dans une société où l'on divorce de plus en plus, le repas est aussi le dernier rempart qui structure et enracine. Moins la famille ressemble à la norme, plus on a besoin de la construire.

M. C. : Vous évoquez ce que vous appelez le « french paradox » – c'est-à-dire une moindre obésité dans la société française –, et vous écrivez que cela tiendrait sans doute à la façon dont nous mangeons, avec des vrais repas.

J.-C. K. : A table, on mange aussi de la culture et des relations sociales. Le french paradox est un plaisir régulé par les repas qui équilibre et qui protège. Ainsi, chaque individu se repose sur sa culture alimentaire familiale.

M. C. : Vous dites que les hommes n'agissent qu'en seconds couteaux. Mais ils sont de plus en plus nombreux à faire aussi la cuisine.

J.-C. K. : La France se situe dans la moyenne européenne, avec 10 % d'hommes qui sont « le chef », c'est-à-dire l'acteur principal dans la cuisine. Généralement, cela se décide très vite. Ce sont des hommes qui en ont eu le goût dans l'enfance et qui tombent sur une fille en pleine période de rupture.

M. C. : On n'est plus aujourd'hui dans des rôles rigides. Les femmes débordées n'ont-elles pas tout à y gagner ?

J.-C. K. : Sans doute ... (rires) sauf pour la ligne. Quand un homme fait des petits plats, une femme ne résiste pas !

Extrait de : Béatrix de L'Aulnoit. Comme on met le couvert, on s'aime, dans :
MARIE CLAIRE. Septembre 2005 (texte abrégé)

Explication :

1 JEAN-CLAUDE KAUFMANN : sociologue français, auteur de « Casseroles, amour et crises », éd. Armand Colin, Paris 2005

Devoirs **Nombre de points**

Questions sur le texte **80**

Répondez aux questions suivantes en utilisant autant que possible vos propres mots.

1. Décrivez le rôle social du repas pour l'individu hier et aujourd'hui. (15)
2. Présentez la fonction de la table pour le couple et la famille d'après J.-C. Kaufmann. Référez-vous aux lignes 12 à 20. (20)
3. Exposez brièvement les changements intervenus dans la façon de cuisiner et indiquez-en les conséquences pour les femmes modernes en vous basant sur le texte. (10)
4. « Moins la famille ressemble à la norme, plus on a besoin de la construire. » (l. 33/34) Expliquez et commentez cette phrase. (20)
5. Expliquez en quoi « la moindre obésité » (l. 36) des Français est un paradoxe. Référez-vous aux idées reçues sur le repas à la française. (15)

Commentaire personnel / Rédaction **40**

6. *Exposez, en 150 à 200 mots environ, vos idées/arguments sur un des sujets suivants.*
   a) « Quand un homme fait des petits plats, une femme ne résiste pas ! » (l. 49/50) Commentez.
   b) Dans un article de L'EXPRESS, Martin Hirsch, directeur de l'Agence française de sécurité sanitaire des aliments, s'élève contre les distributeurs de friandises dans les établissements scolaires : D'après lui, la valeur nutritionnelle de ces « snacks » – sucrés ou salés – laisse à désirer. Ecrivez-lui une lettre dans laquelle vous exposez votre opinion personnelle.

c) *Bilan-Faim 2004 : La pauvreté dans une terre d'abondance – vers un Canada libre de la faim.* Selon cette enquête, de plus en plus de défavorisés fréquentent les « banques alimentaires » où on leur distribue de la nourriture.

Dans une campagne, on encourage les jardiniers à planter et à cultiver un rang supplémentaire de légumes pour les donner à une banque alimentaire locale. Commentez.

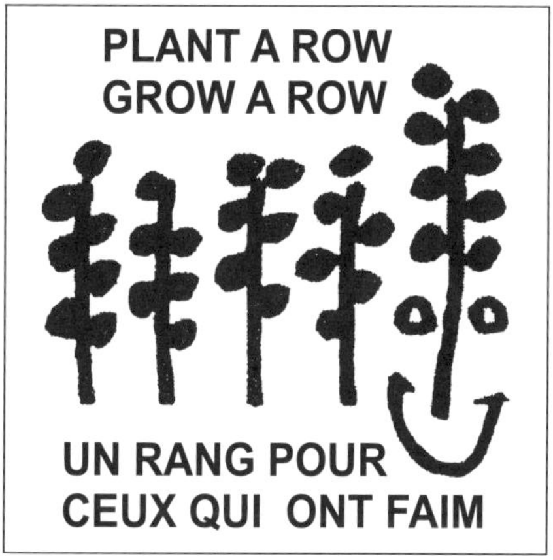

Version **40**

7. *Traduisez le texte suivant :*

Qu'ils sont bien élevés, ces petits !

« Tiens-toi bien ! Ferme la bouche en mangeant ! Ne parle pas tout le temps ! Ne te lève pas de table ! » Certains jours, je ne fais que répéter ces petites phrases, avec un résultat extrêmement décevant, pour ne pas dire nul. Faut-il continuer et persévérer ou n'est-il pas plus simple de renoncer à cette éducation, vu le résultat fort moyen de mes efforts ?
La rencontre avec une voisine me rassure : « J'ai croisé tes filles, elles sont charmantes, bien élevées, souriantes et serviables. » Donc, à l'extérieur, mes efforts portent leurs fruits, la persévérance est la bonne voie.
En écrivant cet article, je me rappelle ma mère, désespérée par notre manque de tenue à table, qui nous disait : « Mais qui a bien pu vous élever ? ». La réponse était immanquablement : « Toi ! ». Et dire que nous trouvons que nos enfants sont malpolis !

Extrait de :
http://www.entretiens.ch/articles/98/9812/bien_eleves_exterieur.html
(10 janvier 2006)

Maximum de points : **160**

Lösungsvorschläge

Questions sur le texte

1. *Hinweis: Die reine Reproduktionsfrage zielt auf den ersten Absatz des Textes (Z. 3 –11).*

   D'après Jean-Claude Kaufmann, le repas en commun a ses racines dans les fêtes religieuses : les croyants mangeaient en commun pour fêter la « communion avec les dieux » (l. 4). Le repas servait alors à intégrer l'individu dans une communauté religieuse.
   De nos jours, le repas a une fonction similaire, mais plus privée : dans le cadre de la famille, grâce aux rituels comme les heures fixes ou la « discipline des corps » (l. 7), l'individu se sent protégé de son environnement hostile et peut se détendre. Ainsi, le repas crée un lien commun entre les membres de la famille.

2. *Hinweis: Die klar eingegrenzte Frage hat als Grundlage den doppelten Aspekt des Essens: einmal in Bezug auf die Schaffung von Familienstrukturen und einmal als Gradmesser des familiären Miteinanders. Beide Aspekte sind eng miteinander verknüpft.*

   La fonction de la table pour le couple et la famille a, selon Jean-Claude Kaufmann, deux aspects qui sont étroitement liés l'un à l'autre. D'abord, le repas pris en commun établit la famille : une personne menant une vie de célibataire ne connaît pas de rituels en ce qui concerne la table. Kaufmann appelle cet état la vie en « déconstruction » (l. 17). Les rituels commencent à se former dès le mariage, et ils se renforcent quand il y a des enfants : ainsi, la table « instaure une famille » (l. 19–20).
   Mais, en même temps, la table est aussi « le baromètre qui mesure la vie conjugale » (l. 15) ; c'est-à-dire que, quand on regarde comment et avec quels rituels un repas en commun est réalisé dans une famille, on peut en déduire à quel point la vie familiale fonctionne.

3. *Hinweis: Die Frage ist klar eingegrenzt und bezieht sich nur auf die Zeilen 21–26. Der Schwerpunkt liegt darauf, die zum Teil verkürzten Aussagen mit eigenen Worten darzustellen und auch etwas über den Text hinausgehend zu erläutern.*

   La façon de faire la cuisine a changé. D'après Kaufmann, encore dans les années 60, préparer le repas était une action compliquée qui prenait beaucoup de temps : il fallait faire les courses chaque jour pour que les produits soient frais et ensuite cuisiner des repas complets. Aujourd'hui, il y a un grand changement surtout grâce aux produits surgelés qui sont souvent déjà des plats précuisinés et faciles à conserver. Il ne faut donc plus investir autant de temps dans la préparation du repas. On a le choix si on veut faire une cuisine rapide ou plutôt traditionnelle.

4. *Hinweis: Die Frage schließt inhaltlich an die Fragen eins und zwei an und führt sie weiter. Die nach Kaufmann gerade in einer Zeit der „Patchwork"-Familien zunehmende integrative Funktion des gemeinsamen Essens soll erläutert und im Anschluss mit einer eigenen Stellungnahme kurz kommentiert werden.*

   « Moins la famille ressemble à la norme, plus on a besoin de la construire » (l. 33/34) – cette phrase peut être expliquée ainsi : pour Kaufmann, une fonction essentielle du repas est d'instaurer la famille. Mais, à cause du nombre grandissant des divorces, la famille traditionnelle (celle qui « ressemble à la norme ») disparaît de plus en plus. Pour Kaufmann, le repas en famille devient ainsi encore plus important, car c'est le repas qui aide à sauvegarder les dernières structures familiales. Le repas est pour lui « le dernier rempart »

(l. 32/33) qui protège la famille moderne de la désagrégation. C'est donc le repas qui doit reconstruire ce que les familles ont perdu de commun.
A mon avis, Kaufmann a raison. Tant qu' une famille se réunit pour manger ensemble, le repas crée et approfondit des liens communs. Le temps du repas est peut-être le seul moment de la journée où toute la famille se retrouve. On se rencontre, on discute, on parle de ses problèmes ou des sujets familiaux et ainsi la famille garde sa structure commune, même s'il ne s'agit que du reste d'une famille, comme la mère divorcée mentionnée dans le texte. Et pour avoir le sentiment de former une famille, cette fonction du repas devient sûrement plus importante dans la mesure où une famille « moderne » se voit de moins en moins.

5. *Hinweis: Mit dem Hinweis auf eine geringere Fettleibigkeit in Frankreich wird ein Vergleich mit anderen Ländern gezogen. Dies scheint paradox, wenn man die gängigen Bilder der gerne und viel essenden Franzosen dagegen hält. Die Frage soll dieses Paradox erklären. Dabei muss, was die Essgewohnheiten in Frankreich betrifft, auf Vorwissen und Allgemeinplätze zurückgegriffen werden. Die Fragestellung beinhaltet nicht das Auflösen des Widerspruchs!*

« Vivre comme Dieu en France » – voilà une phrase connue dans le monde entier et qui se rapporte naturellement surtout au repas à la française : un repas copieux et comprenant toujours au moins quatre plats – beaucoup plus lors des fêtes familiales. L'image des Français à l'étranger est souvent celle d'un peuple qui passe avec acharnement des heures à manger.
En conséquence, on devrait s'attendre à ce que les Français soient un peuple obèse – plus obèse que d'autres nations. Mais au contraire, selon Kaufmann, on peut constater en France une « moindre obésité » (l. 36). C'est-à-dire que, bien qu'ils passent plus de temps à table, les Français sont moins gros que les habitants des autres pays. Voilà ce que Kaufmann appelle le « french paradox » (l. 35).

Commentaire personnel / Rédaction

6. a) *Hinweis: Der Auftrag zu kommentieren, beinhaltet vor allem auch, den angeführten Satz zuerst einmal zu erläutern und zu untersuchen, bevor man eine eigene Meinung anführt. Die Themenstellung ist nicht dialektisch.*

« Quand un homme fait des petits plats, une femme ne résiste pas. » D'abord, il est nécessaire d'interpréter cette phrase, car elle a deux significations. Dans le contexte de l'interview, c'est évident que la femme ne peut pas résister aux plats. Mais il y a en sous-entendu aussi la signification qu'une femme ne peut pas résister à un homme sachant faire la cuisine.
Ce sont les femmes qui font la cuisine – voilà la distribution traditionnelle des rôles. Mais les hommes qui cuisinent sont de plus en plus nombreux. Quand on regarde le monde de la haute cuisine, ce sont même surtout des hommes qui sont célèbres, tels que Boccuse en France ou Schubeck en Allemagne. Pourquoi les femmes ne sauraient-elles pas résister à un homme qui fait la cuisine ? Une raison pourrait en être que, pour une femme, ce changement de rôles signifie qu'elle peut se reposer avec joie de son travail quotidien et, par conséquent, elle ne résiste ni aux plats ni (peut-être) à l'homme. Ou est-ce parce que les hommes font mieux la cuisine que les femmes que celles-ci ne savent pas résister ?
Mais, au fond, je présume que ce n'est pas une question d'homme ou de femme : si les plats présentés ont l'air appétissants, peu importe qui les a faits : homme ou femme, personne ne résistera.

b) *Hinweis: Zu Beginn sollte ein einleitender Satz stehen, der deutlich macht, woher der Schreiber seine Informationen bezieht. Das Thema ist nicht dialektisch angelegt. Die Stellungnahme mag also affirmativ oder ablehnend sein, wichtig ist ein deutlicher Adressatenbezug, eine klare argumentative Struktur sowie die logische Nachvollziehbarkeit der gefundenen Argumente. Dazu kommt, dass die Form des Briefes Beachtung finden muss (sie geht in die Wertung mit ein!).*
Offen bleibt, ob aus der Sicht eines französischen oder deutschen Schülers geschrieben werden soll. In der Folge wurde die französische Perspektive gewählt.

Paris, le 25 juin 2006

Monsieur,

Dans le dernier numéro de L'EXPRESS, j'ai lu avec étonnement votre interview dans laquelle vous désapprouvez les distributeurs de friandises dans les écoles, en affirmant que la valeur nutritionnelle des « snacks » laisse à désirer.
Je suis, comme vous, d'avis que la valeur nutritionnelle des friandises est minime et je vais même plus loin en disant qu'un trop de « snacks » peut être nuisible. Mais les élèves ne se nourrissent pas uniquement de friandises ! Nous, on s'en achète parfois pendant la récréation, et c'est tout. Cela n'a vraiment pas de grand effet sur notre alimentation et sert simplement à nous détendre entre les cours. Voulez-vous vraiment nous en priver ? Et les friandises, salées ou sucrées, sont un moyen de détente beaucoup moins nocif que la cigarette ; je suis sûr que vous serez d'accord avec moi. Finalement, à quoi servirait-il de supprimer les distributeurs ? Les élèves peuvent toujours apporter des friandises de la maison. Je vous en supplie donc : laissez-nous nos distributeurs !
Si vous vous préoccupez vraiment de notre santé et de la valeur de notre nourriture, je vous conseille de mieux surveiller les repas de nos cantines, car quatre fois par semaine des frites, cela ne peut guère être sain.

En espérant vous avoir convaincu, je vous prie d'agréer, Monsieur, l'expression de mes salutations respectueuses.

C. Roux

c) *Hinweis: Das Thema wurde in ähnlicher Weise sicher bereits im Unterricht angesprochen (z. B. les « Restos du cœur »). Der Auftrag, den Sachverhalt zu kommentieren, heißt hier auch, ihn von allen Seiten zu beleuchten. In diesem Zusammenhang wird klar, dass, wenn sicher auch großes Einverständnis mit der Hilfe herrscht, dies keine dauerhafte Lösung sein darf in einem reichen Land.*

Au fond, c'est un scandale que, dans un pays du « premier monde » des habitants connaissent la faim. L'action « un rang pour ceux qui ont faim » s'adresse aux jardiniers pour leur demander de cultiver un rang supplémentaire de légumes au profit des défavorisés. On ne s'adresse donc pas aux grands agriculteurs ni au gouvernement, mais aux jardiniers individuels pour combattre la faim.
D'un côté, c'est sûrement une bonne chose : on fait appel à la solidarité entre les hommes. Qui voudrait s'y refuser ? Tout d'abord, c'est le devoir de chacun de donner aux démunis. En outre, l'action ne demande pas grand-chose, car cultiver un rang de plus ne cause guère de travail supplémentaire et ne coûte rien. La campagne est donc établie de façon assez intelligente.
De l'autre côté, cela ne peut pas être une solution à long terme : bien qu'il soit absolument nécessaire de lutter contre la faim dans une société riche en donnant à manger aux défavorisés, c'est la politique qui doit s'engager. Dans les pays riches, et le Cana-

da en fait partie, il faut créer des programmes afin de réintégrer les chômeurs de longue durée dans le marché du travail et surtout il faut établir une sécurité sociale permettant à chacun de vivre une vie digne d'un être humain – et cela signifie tout d'abord sans souffrir de la faim.

Version

7. *Hinweise: Wie immer gilt bei der Übersetzung die Regel, möglichst wörtlich am Text zu bleiben und nur dort abzuweichen, wo die zu wörtliche Übersetzung der Stilistik der deutschen Sprache zuwiderläuft. Dies trifft bei dem vorliegenden Text vor allem auf folgende Punkte zu:*
Das « ne … que » in Zeile 2 kann im Deutschen an dieser Stelle nicht gut mit „nur" wiedergegeben werden. Seiner Funktion als Hinweis auf beständiges Wiederholen muss folglich anders Rechnung getragen werden.
In Zeile 6 taucht das Problem auf, dass sowohl « rencontre » als auch « croisé » jeweils mit „Begegnung" bzw. „begegnen" übersetzt werden können. Hier sollte eine Wortwiederholung vermieden werden.
« Souriante » in Zeile 7 kann sowohl „freundlich" als auch „höflich" bedeuten – angesichts der Thematik des Textes ist die letzte Bedeutung angebrachter. Dies gilt auch für das Adjektiv « malpolis » in Zeile 12, das mit „unhöflich" aber auch mit „unerzogen" übersetzt werden kann.
Das einzige syntaktische Problem stellt sich in den Zeilen 9–10: Das Partizip « deséspérée » müsste, um die französische Satzstruktur beizubehalten, relativ angeschlossen werden – dann müsste aber erneut ein relativer Anschluss erfolgen, was im Deutschen sehr unschön wirkt. Deshalb ist es angebrachter, die Struktur aufzubrechen und zwei Hauptsätze zu bilden.
Die durch das Imparfait « disait » (Z. 10) implizierte stete Wiederholung muss auch im Deutschen deutlich werden.

Was sind diese Kleinen gut erzogen!

„Halt dich gerade! Mach den Mund beim Essen zu! Sprich nicht die ganze Zeit! Steh nicht vom Tisch auf!" An einigen Tagen wiederhole ich diese kleinen Sätze ständig, mit einem extrem enttäuschenden Ergebnis, um nicht zu sagen ergebnislos. Soll ich weitermachen und durchhalten oder ist es nicht einfacher, auf diese Erziehung zu verzichten angesichts des sehr mittelmäßigen Ergebnisses meiner Anstrengungen?
Das Treffen mit einer Nachbarin beruhigt mich: „Ich bin deinen Töchtern begegnet, sie sind charmant, gut erzogen, höflich und hilfsbereit." Nach außen tragen meine Anstrengungen folglich Früchte, das Durchhalten ist der richtige Weg.
Während ich diesen Artikel schreibe, erinnere ich mich an meine Mutter. Verzweifelt über unseren Mangel an Benimm bei Tisch pflegte sie uns zu sagen: „Aber wer hat euch denn nur erzogen?" Die Antwort kam unfehlbar: „Du!" Und wir finden, dass unsere Kinder unerzogen sind!

Camille

Sa mère l'avait obligée à suivre des leçons de piano et elle détestait ça. Une fois, Camille avait pris un gros marqueur et avait dessiné, consciencieusement, un doigt sur chacune des touches. Sa mère lui avait dévissé le cou et son père, pour calmer tout le monde, était revenu le week-end suivant avec l'adresse d'un peintre qui donnait des cours une fois par semaine. Son père mourut peu de temps après et Camille n'ouvrit plus jamais la bouche. Même pendant ses cours de dessin avec ce monsieur Doughton qu'elle aimait tant, elle ne parlait plus.

Le vieil Anglais ne s'en formalisa pas et continua de lui indiquer des sujets ou de lui enseigner des techniques en silence. Il montrait l'exemple et elle l'imitait, se bornant à hocher la tête pour dire oui ou non. Entre eux, et dans cet endroit seulement, tout allait bien. Son mutisme même semblait les arranger. Il n'avait pas à chercher ses mots en français et elle se concentrait plus facilement que ses condisciples.

Un jour pourtant, il brisa leur accord tacite et lui adressa la parole :

– Tu sais, Camille, à qui tu me fais penser ?

Elle secoua la tête.

– Eh bien, tu me rappelles un peintre chinois qui s'appelait Chu Ta … Tu veux que je te raconte son histoire ?

Camille fit oui, mais il s'était retourné pour éteindre sa bouilloire.

– Je ne t'entends pas Camille … Tu ne veux pas que je te la raconte ?

Il la dévisageait à présent.

– Réponds-moi, petite fille.

Elle lui jeta un regard noir.

– Pardon ?

– Si, articula-t-elle enfin.

Il ferma les yeux en signe de contentement, se servit un bol et vint s'asseoir près d'elle.

– Quand il était enfant, Chu Ta était très heureux …

Il but une gorgée de thé.

– C'était un prince de la dynastie des Ming … Sa famille était très riche et très puissante. Son père et son grand-père étaient des peintres et des calligraphes célèbres et le petit Chu Ta avait hérité de leurs talents.

Il se pencha de nouveau sur son bol.

– Ainsi grandit Ta, dans l'insouciance, le plaisir et la certitude d'être un jour, lui aussi, un grand artiste … Hélas, quand il eut dix-huit ans, les Mandchous prirent le pouvoir à la place des Ming. Les Mandchous n'aimaient pas les peintres et les écrivains. Ils leur interdirent donc de travailler. C'était là la pire chose qu'on puisse leur imposer, tu t'en doutes bien … Son père mourut de désespoir. Du jour au lendemain, son fils, qui était un coquin, qui aimait rire, chanter, dire des bêtises ou réciter de longs poèmes fit une chose incroyable …

– Qu'est-ce qu'il a fait ? finit-elle par murmurer.

Il cacha son sourire dans les broussailles de sa barbe et continua comme si de rien n'était :

– Il a fait une chose incroyable. Une chose que tu ne devineras jamais … Il a décidé de se taire pour toujours. Pour toujours, tu m'entends ? Plus un seul mot ne sortirait de sa bouche ! Il était écœuré par l'attitude des gens autour de lui, ceux qui reniaient leurs traditions et leurs croyances pour être bien vus des Mandchous et il ne voulait plus jamais leur adresser la parole. Qu'ils aillent au diable !

La petite fille buvait ses paroles.

– Mais il y a une chose que je dois te dire : les gens qui s'arrêtent de parler deviennent fous. Chu Ta, par exemple, il est devenu fou et très malheureux aussi … Très, très malheureux et très, très fou. Il n'a retrouvé la paix que lorsqu'il était un vieillard. Tu ne vas pas attendre d'être une vieillarde, toi, n'est-ce pas ? Dis-moi que non. Tu es très douée, tu sais ? Tu es la plus douée de tous les élèves que j'aie jamais eus, mais ce n'est pas une raison, Camille … Ce n'est pas une raison … Le monde d'aujourd'hui n'est plus comme celui de Chu Ta et tu dois te remettre à parler. Tu es obligée, tu comprends ? Sinon, ils vont t'enfermer avec de vrais fous et personne ne verra jamais tous tes beaux dessins …

L'arrivée de sa mère les interrompit. Camille se leva et la prévint, d'une voix rauque et saccadée :

– Attends-moi … Je n'ai pas fini de ranger mes affaires …

Extrait de : Anna Gavalda, Ensemble, c'est tout, Le Dilettante, Paris 2004

Devoirs **Nombre de points**

Questions sur le texte **80**

Répondez aux questions suivantes en utilisant autant que possible vos propres mots.

1. Camille et ses parents – analysez les rapports familiaux tels qu'ils sont présentés dans le texte. (15)
2. Caractérisez la relation entre M. Doughton et Camille. – Relevez en particulier leur manière de communiquer après la mort du père (l. 1–12). (15)
3. Expliquez dans quelle intention M. Doughton adresse la parole à Camille et décrivez les moyens qu'il utilise pour atteindre son but. (20)
4. Dites ce qui, d'après vous, finit par convaincre Camille. (10)
5. Relevez les ressemblances et les différences qui existent entre le mutisme de Camille et celui de Chu Ta. (20)

Commentaire personnel / Rédaction **40**

6. *Exposez, en 150 à 200 mots environ, vos idées/arguments sur un des sujets suivants.*
   a) D'après Michel Campiche, écrivain suisse, « le silence est le dernier refuge de la liberté ». – Commentez.
   b) Vous avez lu un article dans lequel on parle de supprimer les cours de dessin et de musique à l'école. Ecrivez une lettre à l'éditeur du journal où vous donnez votre opinion personnelle.

c) Décrivez la scène ci-dessous et commentez-là.

Ayez toujours le courage de dire ce que vous pensez ...

1 connard : *mot vulgaire qui sert d'insulte*

Version **40**

7. *Traduisez le texte suivant :*

Anna Gavalda

Après avoir grandi en Eure-et-Loir, Anna Gavalda est envoyée en pension à quatorze ans, à la suite de la séparation de ses parents. Une fois ses études de Lettres à la Sorbonne terminées, de nombreux petits boulots occupent son temps tandis qu'elle souhaite faire du journalisme. Aujourd'hui, elle cumule les métiers de chroniqueuse, de professeur de français, d'assistante vétérinaire et de maman de deux enfants. Cette jeune femme dynamique au style sincère reçoit le *Grand Prix RTL-Lire* pour son premier recueil de nouvelles *Je voudrais que quelqu'un m'attende quelque part*[1] en 1999 – titre qui ne quitte pas les classements des meilleures ventes pendant des mois et est traduit dans une trentaine de langues. Elle s'essaie les années suivantes à de nouveaux styles, écrit son premier roman et un livre pour enfants. C'est durant l'été 2003 qu'elle commence à travailler sur son quatrième titre, *Ensemble, c'est tout.*

Extrait de : http://www.evene.fr/celebre/biographie/anna-gavalda-4228.php (16 février 2006)

1 *ne pas traduire les titres*

Maximum de points : **160**

Lösungsvorschläge

Questions sur le texte

1. *Hinweis: Die Frage bezieht sich auf den ersten Absatz (Zeilen 1–5). Vor allem die unterschiedliche Bindung Camilles an Mutter und Vater, basierend auf deren unterschiedlichen Temperamenten, ist herauszuarbeiten.*

   Les rapports familiaux entre Camille et ses parents ne sont pas simples. Sa mère paraît très sévère, forçant sa fille à prendre des leçons de piano. Quand celle-ci montre son mécontentement en dessinant des doigts sur les touches de l'instrument, la mère réagit d'une façon extrêmement furieuse. Le père par contre se révèle beaucoup plus compréhensif. Il comprend que sa femme souhaite que Camille apprenne à jouer du piano, mais il comprend aussi le refus de sa fille. Dans cette situation, il agit comme médiateur, remplaçant la musique par la peinture, calmant ainsi tout le monde. Evidemment, Camille aime son père pour ce trait de caractère. Par contre elle désapprouve sa mère, ce qui se montre clairement quand, après le décès de son père, elle refuse de parler dans un environnement familial qui lui paraît maintenant hostile.

2. *Hinweis: Die Frage bezieht sich auf die Zeilen 6–12 und soll die Verbindung von Camille und ihrem Zeichenlehrer von beiden Seiten beleuchten. Ihre wortlose Art der Verständigung bildet die Basis ihrer Beziehung und muss entsprechend herausgearbeitet werden.*

   Camille aime son professeur de peinture (l. 6), probablement parce que celui-ci accepte son mutisme sans faire de commentaires. La seule contribution de Camille à la conversation consiste à faire oui ou non de la tête. Pour le reste, elle se contente de suivre en silence les instructions de son professeur et d'imiter ses techniques. De cette façon, elle arrive même à se concentrer plus qu'un élève « normal ». M. Doughton n'en est pas fâché. Il lui enseigne silencieusement les techniques de la peinture et se réjouit du fait que lui, l'Anglais, ne doit pas « chercher ses mots en français » (l. 11/12). Ainsi, le mutisme de Camille les arrange mutuellement.

3. *Hinweis: Im Mittelpunkt dieser Frage stehen die Absicht und besonders die Vorgehensweise M. Doughtons. Dabei sollte auch erwähnt werden, dass die Basis seiner Strategie die Zuneigung und das Vertrauen Camilles darstellt.*

   L'intention de M. Doughton est claire : il adresse la parole à Camille pour lui faire rompre son silence, il veut qu'elle retrouve sa langue. Pour y arriver, il s'attaque au problème de la façon suivante : Il profite de la sympathie de Camille pour lui demander si elle sait à qui elle le fait penser. Puis, il lui apprend qu'une histoire est liée au nom de Chu Ta. Après avoir ainsi éveillé l'intérêt de Camille, il se détourne, feignant de manipuler sa bouilloire. De cette façon, Camille se voit forcée de lui dire en utilisant sa langue qu'elle aimerait écouter cette histoire. M. Doughton est suffisamment sensible pour ne pas montrer de triomphe. Il continue comme si de rien ne s'était passé. La fin tragique de l'histoire de Chu Ta donne l'occasion à M. Doughton de confier sa crainte à Camille, comme une sorte de morale : il a peur qu'on puisse la prendre pour une folle et l'enfermer dans un asile. La réaction de Camille prouve qu'il a gagné, car elle recommence vraiment à parler.

4. *Hinweis: Die Aufgabe verlangt, dass man auf den Text gestützt eine mögliche Begründung anführt, weshalb Camille ihr Schweigen bricht.*

Qu'est-ce qui incite Camille à se remettre à parler ? Je ne pense pas que ce soit la peur de devenir folle, car elle a, malgré son mutisme, toujours des relations sociales qui lui prouvent bien qu'elle est normale. C'est peut-être plutôt la peur de la menace que les autres pourraient la prendre pour une folle et qu'elle pourrait être enfermée avec de vrais fous dans un asile. Cette perspective de perdre sa liberté et de passer ses journées avec des aliénés est à mon avis une raison pour laquelle elle rompt son mutisme.
Une deuxième raison possible pourrait être que Camille ne voudrait pas risquer de devoir renoncer à la peinture qu'elle aime tant. M. Doughton joue avec cette peur quand il l'appelle « la plus douée » des élèves « qu'il ait jamais eus » (l. 52), pour ajouter un peu plus tard que ce serait dommage si personne ne pouvait voir ses beaux dessins quand elle serait à l'asile.

5. *Hinweis: Wichtig bei dieser Frage ist der Hinweis darauf, dass die Stummheit bei Camille und Chu Ta eine gewollte Reaktion auf die äußeren Umstände darstellt – der Tod des Vaters ist dabei eher eine Äußerlichkeit, die natürlich auch erwähnt werden sollte. Die Unterschiede überwiegen dabei gegenüber den Gemeinsamkeiten.*

Le mutisme de Chu Ta ressemble partiellement à celui de Camille. Pour chacun d'eux le mutisme n'est pas de nature pathologique mais une action volontaire et réfléchie après un événement décisif, la mort du père.
Mais il y a aussi des différences importantes. Camille se tait parce que, après la mort de son père, elle doit rester avec sa mère dont elle ne se sent pas comprise. Pour Chu Ta, les motifs sont plus graves. D'abord il était peintre et voyait devant lui un splendide avenir d'artiste qui a été détruit par les Mandchous. Mais la raison la plus importante pour Chu Ta de se taire pour toujours était le dédain qu'il éprouvait envers ses compatriotes qui niaient leur origine et leur passé pour plaire aux envahisseurs. Et une dernière différence, c'est naturellement que Chu Ta a fini par devenir fou à force de se taire tandis que Camille se décide à recommencer à parler.

Commentaire personnel / Rédaction

6. a) *Hinweis: Zu Beginn muss der Satz in seinen verschiedenen Facetten erläutert werden. « Silence » ist dabei in diesem Kontext am ehesten zu übersetzen mit Schweigen. Im Anschluss sollte eine kurze persönliche Stellungnahme erfolgen.*

« Le silence est le dernier refuge de la liberté. » Par cette phrase, l'écrivain suisse Michel Campiche veut dire que, s'il n'est plus possible d'exprimer son opinion librement, il reste toujours la liberté de pensée.
Sous le IIIe Reich par exemple, il était dangereux d'exprimer un avis s'écartant de l'opinion officielle des dirigeants. Beaucoup de gens ont été emprisonnés ou même exécutés pour avoir dit ce qu'ils pensaient. Mais se réfugier en soi-même et se taire, garder le silence ne signifie pas seulement ne plus courir de risque. De plus, cela veut dire en même temps qu'on n'est pas obligé de partager l'opinion officielle. C'est-à-dire qu'on évite de mentir. Alors, on est libre intérieurement.
Je trouve que cette phrase est justifiée en ce qui concerne des situations où la liberté de parole est fortement restreinte. Cependant, dans la vie de tous les jours, un tel mutisme ne serait guère un « refuge de la liberté » mais souvent simplement de la lâcheté. Le courage civique est un élément indispensable dans une démocratie : parfois il faut oser donner son opinion, même si cela peut entraîner quelques inconvénients.

b) *Hinweis: Wichtig ist, dass im Brief einleitend auf den Anlass (gelesener Zeitungsartikel) hingewiesen wird. Da das Thema nicht dialektisch gemeint ist, kann gewählt werden, ob man mit der Abschaffung einverstanden ist oder sie ablehnt. Wesentlich sind eine saubere und nachvollziehbare Argumentation, die aufgrund des emotionellen Themas auch leicht ins Polemische spielen darf, sowie die ordentliche Form des Briefes – sie geht in die Wertung mit ein!*

Tours, le 20 juin 2006

Monsieur,

Dans le dernier numéro de votre journal j'ai lu un article dans lequel on proposait de supprimer les cours de dessin et de musique à l'école. Cela m'a extrêmement étonné. Quand je regarde mon emploi du temps, je vois qu'il est plein de matières « sérieuses » comme maths, français, anglais, S.V.T. – et je ne retrouve que deux heures de musique. Qui oserait dire que cela est trop ? De plus, toutes les autres matières s'adressent en premier lieu à la raison. En musique, par exemple, ce n'est pas pareil : la musique permet aux élèves de déployer leurs talents et avec cela leur personnalité sur un terrain complètement différent. Un autre argument qui plaide pour le maintien de ces matières, c'est que les élèves y élargissent leur horizon en découvrant des peintres et des compositeurs de l'âge classique ou romantique – cela fait partie de la culture de notre pays et de l'Europe ! Et une dernière raison pour ne pas supprimer ces matières à l'école : avec le sport, ces cours sont les seules matières où l'on peut se détendre un peu des autres cours.
Supprimer des matières comme la musique ou le dessin en les déclarant superflues, cela serait s'incliner sans réfléchir devant les exigences des industriels qui ne demandent pas des hommes formés dans tous les aspects de leur personnalité, mais qui désirent des robots dont la seule tâche est de fonctionner.

Salutations distinguées,

M. Blandet

c) *Hinweis: Zuerst geht es darum, das Foto zu beschreiben. In diesem Zusammenhang sind vor allem die Größenverhältnisse, die Haltung und der Blick der beiden Hunde wichtig. Die Verbindung von Bild und Überschrift zusammen mit der Beleidigung durch den kleinen Hund macht deutlich, dass das Ganze stark ironische Züge trägt. Dies müsste im Anschluss erläutert werden.*

La photo montre un tout petit chien qui est assis à gauche sur ses quatre pattes. Il lève la tête vers un chien énorme, qui se dresse devant lui, debout, le surmontant de plusieurs têtes. Le petit semble regarder le grand avec un air goguenard, tandis que le grand le regarde avec une expression mélangée d'étonnement et presque de pitié. Bien que les dimensions soient tellement différentes, c'est le petit qui insulte le grand en le traitant de « connard ». Au-dessus de la photo on peut lire : « Ayez-toujours le courage de dire ce que vous pensez ». A première vue, la photo semble souligner ce message, car le petit chien a le courage de dire au grand ce qu'il pense de lui.
Mais, à mon avis, le tout est ironique : premièrement, vu que le petit chien ne dit pas simplement son opinion : il insulte aussi le grand. Une insulte peut naturellement représenter une opinion personnelle, mais c'est là que la liberté de dire ce qu'on veut bute contre ses limites. Et deuxièmement : qu'on soit courageux ou pas, il vaudrait parfois mieux se taire, face aux suites possibles. (Que fera le grand chien avec le petit ? Va-t-il le dévorer ?) Et au fond, c'est justement ce que la photo souligne. Il y a donc un décalage ironique entre la photo et le texte.

Version

7. *Hinweise: Es empfiehlt sich, im Deutschen wegen der Klarheit bei «Eure-et-Loire» das Wort «Département» hinzuzufügen.*
Vorsicht: Das Wort «pension» (Z. 1) meint im Text ein Internat!
« Une fois » (Z. 2) trägt hier den temporalen Sinn einer sich unmittelbar anschließenden Handlung.
Das Verb « cumuler » (Z. 5) kann man an dieser Stelle schlecht mit „anhäufen" übersetzen, es empfiehlt sich eine adäquate Umschreibung. Auch erweist es sich in diesem Kontext aufgrund der Spannstellung als schwierig, « cumuler les métiers » (Z. 5) mit „einem Beruf nachgehen bzw. ausüben" zu übersetzen. Durch die Wahl von „arbeiten" umgeht man gleichzeitig die sich sonst stellende Problematik des Artikels vor den Berufsbezeichnungen.
Das Adjektiv « sincère » kann im Deutschen sowohl „ernsthaft" als auch „ehrlich, offen" heißen. Im Grunde sind im Text beide Bedeutungen möglich.
Statt « ne quitte pas … » (Z. 9) ist im Deutschen die Wendung „sich halten" gebräuchlicher und stilistisch schöner.

Anna Gavalda

Nachdem sie im Département Eure-et-Loire aufgewachsen ist, wird Anna Gavalda im Alter von vierzehn Jahren aufgrund der Trennung ihrer Eltern auf ein Internat geschickt.
Unmittelbar nach Beendigung ihres Literaturwissenschaftsstudiums an der Sorbonne, füllen zahlreiche kleinere Arbeiten ihre Zeit aus, während sie wünscht, journalistisch tätig zu werden.
Heute arbeitet sie gleichzeitig als Chronistin, Französischlehrerein, tierärztliche Helferin und Mutter von zwei Kindern. Diese junge dynamische Frau mit dem ernsthaften Stil erhält den *Grand Prix RTL-Lire* (den Großen Lesepreis von RTL) für ihre erste Novellensammlung *Je voudrais que quelqu'un m'attende quelque part* – ein Titel, der sich monatelang in den Bestsellerlisten hält und der in etwa dreißig Sprachen übersetzt wird. In den folgenden Jahren versucht sie sich an neuen Schreibstilen, schreibt ihren ersten Roman und ein Kinderbuch. Im Laufe des Sommers 2003 beginnt sie die Arbeit an ihrem vierten Titel, *Ensemble, c'est tout*.

Bayern: Französisch Leistungskurs 2006
Textaufgabe I

Les Français jouent la prudence

Le Coudray-Montceaux, dans l'Essonne, 16 h 30. Une quinzaine de gendarmes investissent un rond-point pour un contrôle d'alcoolémie. Des badauds sortis du bar au bord de la route commentent la scène du coin de l'œil : « Ils viennent se remplir les poches avant Noël. » 17 heures : un whisky et trois verres de vin. Dominique, 45 ans, vient de perdre 6 points de permis et de s'acquitter d'une amende de 90 euros. « Je ne pensais pas être au-dessus du taux autorisé, explique-t-il, penaud, en attendant que sa femme arrive. Ce ne devait pas être mon jour de chance … » Comme si être pris en infraction était une question de chance, ou plutôt de malchance.

On est à mille lieues des discours sur la nécessaire prise de conscience collective des dangers de la route. Pourtant, pour la première fois depuis trente ans le nombre des morts sur la route est passé, en 2003, sous la barre des 6 000, soit une baisse de 23 % en un an. Autre signe : l'Observatoire national interministériel de sécurité routière relève que le taux des grands excès de vitesse (+ 40 kilometres à l'heure) a diminué de moitié en un an. Or la vitesse est la première cause de mortalité sur la route. La prudence est-elle devenue une valeur digne d'intérêt ?

Une chose est sûre : le ton général a changé. Et la justice s'en fait l'écho : un couple de Moselle vient d'être accusé de « non-empêchement d'un crime ou délit contre l'intégrité corporelle ». Ils risquent cinq ans de prison et 75 000 euros d'amende. Leur faute ? Avoir laissé repartir l'un de leurs convives ivre et avoir omis d'avertir les autorités de l'état du conducteur, qui a tué quatre personnes avant de périr dans l'accident. Mais c'est la forme des avertissements, plus percutants, plus stigmatisants, qui a changé. « Refusons d'être des assassins », clame une affiche de la Prévention routière.

Le 12 juin 2003, la loi contre la violence routière est promulguée. L'heure est à la répression : les peines pour homicides et blessures involontaires sont aggravées, l'automatisation du contrôle-sanction est mise en place et un permis probatoire pour les jeunes conducteurs sera créé le 1er mars 2004. « Beaucoup d'automobilistes comptaient sur une certaine tolérance lorsqu'ils étaient contrôlés, explique Rémy Heitz, délégué interministériel à la sécurité routière. Tout cela est terminé et c'est une véritable rupture psychologique. »

Indéniablement, les Français ont été secoués. Problème : ils refusent encore de croire au risque d'être victimes d'un accident, encore moins d'en être les auteurs. Selon une enquête de la Prévention routière, une écrasante majorité des Français adhèrent au principe de la limitation de vitesse, mais ils considèrent que l'ignorer constitue « l'erreur de conduite la moins grave ». En revanche, Nicolas Sarkozy les a assez facilement convaincus qu'ils pouvaient redouter de payer une amende ou de perdre leur permis. La peur du gendarme a rendu les gens bien plus prudents que n'importe quel discours. En tout cas, là où les contrôles sont fréquents.

Tous les Français savent ou peuvent savoir où se trouvent les radars installés depuis la fin d'octobre 2003 sur les routes ou à la périphérie des villes. « Nous avons fait le choix de la transparence pour responsabiliser l'automobiliste, explique-t-on à la Sécurité routière. Il n'est pas question de piéger les gens. »

Reste que la France a un retard considérable. « Changer l'arrogance française sera un travail de longue haleine, prédit Annick Billard, psychologue à la Prévention routière. On n'oublie pas trois décennies de mauvaises habitudes en une année. » D'après un récent sondage de la Prévention routière, 70 % des conducteurs estiment encore que c'est « l'autre » qui est responsable des accidents. Les Français entretiennent un rapport passionné avec la route et l'automobile. Surtout les hommes : « La voiture reste un symbole de puissance et de virilité », souligne Jean-Pascal Assailly, psychologue à l'Inrets[1]. Résultat : 70 % des tués sont de sexe masculin. Il existe aussi des tics culturels. « Le Suédois se sert de sa voiture pour circuler, le Français pour épater la galerie[2] », explique Béatrice Houchard.

L'auteur dénonce « cette maladie de l'individualisme » qui pousse le Français à enfreindre les règlements au nom de « sa » liberté, que ce soit sur les routes, dans les files d'attente, ou sur les lieux non-fumeurs.

Certes, les Français ne sont pas vraiment soutenus par les constructeurs automobiles. « A cause des performances techniques, le conducteur n'a plus l'impression de rouler vite même lorsqu'il est à 160 kilomètres à l'heure, déplore le sociologue David Le Breton. La voiture est perçue comme une sorte d'isolant du monde réel, où rien ne peut arriver. »

Pourtant, la révolution est en marche, affirme le psychologue de l'Inrets : « La politique répressive était nécessaire pour enclencher la mécanique. A plus long terme, la peur du gendarme sera remplacée par la pression de la société. » Une évolution que l'on perçoit dans le domaine de la lutte contre l'alcool au volant. « Qui, aujourd'hui, oserait affirmer que l'alcool au volant n'est pas dangereux ? interroge le chercheur. La vitesse, en revanche, reste l'apanage de l'élite qui possède des voitures puissantes. Et elle n'est pas encore stigmatisée socialement. »

La prudence telle que l'entendaient les Grecs – cette sagesse qui nous pousse à adopter une « conduite » raisonnable et vertueuse – ne semble pas encore du goût des Français.

Extrait de : Marie Cousin, Les Français jouent la prudence,
dans : L'EXPRESS, 8 janvier 2004 (texte abrégé)

Explications :

1 l'Inrets : *l'Institut national de recherche sur les transports et leur sécurité*
2 épater la galerie : impressionner les spectateurs

Devoirs	**Nombre de points**
Questions sur le texte	
Répondez aux questions suivantes en utilisant autant que possible vos propres mots.	**100**
1. « Ce ne devait pas être mon jour de chance … » (l. 6/7) Analysez l'attitude exprimée à travers ces paroles.	(10)
2. Résumez par quelles mesures et avec quels effets le gouvernement français essaie de sensibiliser les Français à la sécurité routière.	(20)
3. Selon le texte, modifier en profondeur les habitudes de l'automobiliste français sera un projet à long terme. Montrez pourquoi en vous référant aux lignes 41 à 57.	(20)
4. La « révolution est en marche » (l. 58). Expliquez.	(15)
5. Examinez quatre procédés qui reflètent le style journalistique du texte et précisez leurs différents effets sur le lecteur.	(20)
6. « La prudence est-elle devenue une valeur digne d'intérêt ? » (l. 14/15) Dites dans quelle mesure le texte et son titre répondent à cette question.	(15)
Commentaire personnel / Rédaction	**50**

7. *Exposez, en 250 à 300 mots environ, vos idées/arguments sur un des sujets suivants.*

   a) « Vivre à toute allure » – fascination ou fléau de notre époque ? Commentez.
   b) Pas de liberté sans responsabilité – qu'en pensez-vous ?

c) Limitation de la vitesse sur les autoroutes dans toute l'Europe ?
Deux membres du Parlement européen de la jeunesse discutent le pour et le contre – imaginez le dialogue.

d) Décrivez l'affiche ci-dessous[1] et commentez son message.

AFFICHE FINALISTE RÉALISÉE PAR LA CLASSE DE 4e 6 DU COLLÈGE JEAN-BAPTISTE DARNET - ST-YRIEIX LA PERCHE (87)

Sécurité pour tous RENAULT

http://www.securite-pour-tous.com/enseignants/concours_coll/finalistes2005.htm (10 décembre 2005)

1 Affiche réalisée par une classe de 4e d'un collège dans le cadre du concours « Tes idées à l'affiche ! », lancé par un constructeur automobile français

Version **50**

8. *Traduisez le texte suivant :*

« Les Accidents ne sont pas une fatalité »

Entretien de Label France, magazine international de l'actualité française, avec Jean-Yves Salaün, délégué général adjoint à la Prévention routière[1]

Label France : Les messages de prévention émanant de votre association se sont peu à peu durcis. Pourquoi ?

Jean-Yves Salaün : C'est en 1999 que les campagnes sont devenues plus dures ou, du moins, plus réalistes. Nous nous sommes alors aperçus que, malgré les messages diffusés, les conducteurs n'avaient pas conscience des dangers liés à la conduite. On imputait la responsabilité des accidents aux autres ou à la fatalité. Enfin, la réprobation sociale face aux comportements dangereux était faible. Nous avons donc compris qu'il fallait changer le ton de nos campagnes pour montrer la réalité des accidents en mettant l'accent sur la responsabilité individuelle.

LF : Quel impact cela a-t-il eu ?

JYS : Nos campagnes ont contribué à une prise de conscience, même si le changement de comportement n'a pas été immédiat. Elles ont aussi incité les médias à parler beaucoup plus du sujet. Enfin, ces actions ont préparé le terrain aux prises de parole des politiques, conduisant, en quelques mois, à un changement très important : non seulement le regard porté sur les comportements dangereux et sur les accidents de la route a évolué, mais le nombre de tués a grandement diminué.

www.diplomatie.gouv.fr/label_France/52/fr/17.html (10 décembre 2005)

Explication :

1 Ne pas traduire le titre ni l'explication en italique

Maximum de points: **200**

Lösungsvorschläge

Questions sur le texte

1. ***Hinweis:*** *Um aus dem vorliegenden Zitat die Einstellung des Sprechers herauslesen zu können, müssen Sie sich mit den zentralen Begriffen Pech bzw. Glück auseinandersetzen. An welchem Ereignis macht der Sprecher sein „Pech" fest und was wäre für ihn dann Glück? Welche Folgen hat dies auf sein Verhalten im Straßenverkehr?*

   En attribuant son amende à la malchance, Dominique signale qu'il pense que ce n'est pas de sa faute, qu'il n'a rien fait d'illégal. Il prétend ne pas savoir que, aux yeux de la loi, un whisky et trois verres de vin le rendent incapable de conduire. On a l'impression qu'il conduit souvent en état d'ivresse ou de semi-ivresse, sans se rendre compte du danger qu'il représente pour les autres. Jusqu'ici, il a toujours eu de la chance : les gendarmes ne l'ont jamais interpellé.

2. ***Hinweis:*** *Die Aufgabe verlangt die Zusammenfassung sowohl der getroffenen Maßnahmen als auch der dadurch erzielten Wirkung. Da nicht jede Maßnahme eine bestimmte Wirkung nach sich gezogen hat, ist es naheliegend, den Aufsatz in zwei Abschnitte zu gliedern: 1. Maßnahmen, 2. Wirkung.*

   S'étant rendu compte qu'il ne suffisait pas de simplement demander aux conducteurs d'être plus prudents, les autorités ont changé de stratégie. Les avertissements donnés sur le bord des routes et dans les médias sont devenus plus drastiques, les contrôles plus fréquents – avec des radars installés à des points fixes et connus pour ne pas trop aliéner les conducteurs – et les peines plus draconiennes. Depuis qu'une nouvelle loi a été votée le 12 juin 2003, ceux qui ne respectent pas les règles ne peuvent plus échapper à une punition et sont plus sévèrement punis qu'avant. La justice va même jusqu'à l'accusation des hôtes qui n'ont pas empêché leurs invités alcoolisés de prendre le volant ! En plus, pour réduire le nombre des accidents causés par de jeunes conducteurs, le permis probatoire a été introduit.
   Toutes ces mesures ont apparemment produit l'effet voulu, en partie au moins. Les Français roulent plus prudemment (ne serait-ce que par peur des gendarmes, des grandes sommes qu'ils leur font payer et de la perte du permis), les limitations de vitesse sont plus souvent respectées (ou presque), moins de gens sont morts dans des accidents de la route. Il semble que les Français commencent à prendre conscience des périls de la route : désormais, plus de gens reconnaissent au moins que l'alcool au volant représente un grand danger.

3. L'effet que les nouvelles mesures du gouvernement français ont produit ne représente qu'un début. Il est impossible de changer d'un moment à l'autre des habitudes acquises au cours de plusieurs décennies.
   Pour les Français, surtout les hommes, leur voiture a toujours été un symbole de leur individualisme (qui se manifeste encore dans beaucoup d'autres domaines) : les règles, c'est pour les autres, la liberté, c'est pour moi, pensent-ils. C'est ainsi que beaucoup de Français pensent qu'eux seuls sont excellents conducteurs, et que, en cas d'accident, c'est l'autre qui a fait une faute.
   Ce sont surtout les hommes qui utilisent leur voiture pour montrer – aux femmes, mais aussi aux autres hommes, leurs rivaux – leur puissance, leur habileté, leur supériorité et qui pensent que la voiture les met à l'abri de tout danger, impression encore renforcée par les progrès des constructeurs d'automobiles. On se sent en sécurité même en roulant à grande vitesse, car la voiture est équipée de toutes sortes de mesures de sécurité et d'une bonne suspension, insonorisée et confortable – un voyage à 160 kilomètres à l'heure est ainsi tout aussi agréable qu'un voyage à 60 kilomètres à l'heure, tout en étant réellement beaucoup plus dangereux.

4. **Hinweis:** *Um die Aussage des zugrunde gelegten Zitats erklären zu können, ist es wichtig, dass Sie sich Gedanken zu folgenden Fragen machen und die Antworten in Ihre Lösung einfließen lassen: Wer hat die « révolution » initiiert und mit welchem Ziel? Mit welchen Mitteln wurde sie in Gang gesetzt? Wie ist der aktuelle Stand und woran lässt er sich festmachen?*

   Avec ses lois nouvelles, le gouvernement a mis en marche une « révolution » dont le but est de faire comprendre à tous les Français qu'il vaut mieux changer complètement d'habitudes et être prudents en conduisant.
   Au moment de la parution de l'article, on est encore au début de ce processus. Certes, de moins en moins de conducteurs dépassent les limites de vitesse, mais seulement parce que les punitions sont plus sévères. Les Français ont peur d'être attrapés par les gendarmes, donc peur de devoir payer une amende pénible ou de perdre leur permis. Mais on est encore loin du but de la « révolution » qui, selon ceux qui l'ont initiée, sera atteint au moment où les conducteurs comprendront vraiment pourquoi il est mieux de conduire plus lentement. Alors ils le feraient de bon gré, et non parce qu'ils craignent les punitions.
   Dans un autre domaine, une étape importante a pourtant déjà été franchie : désormais, une majorité des Français condamne l'alcool au volant.

5. Il est facile de démontrer qu'il s'agit d'un texte journalistique, car l'auteur emploie plusieurs procédés qui sont typiques pour un tel texte.
   Il commence son article en racontant une petite histoire actuelle et poignante. Avec cette entrée dans le vif du sujet, il veut éveiller la curiosité du lecteur.
   Comme l'autre exemple concret du texte (l. 16–20), cette introduction donne de l'authenticité et de l'objectivité au texte. Pour atteindre ce dernier but, l'auteur emploie encore deux autres procédés : d'un côté, il donne des taux, chiffres et dates à travers son article, de l'autre côté, il cite des experts à plusieurs reprises (p. ex. l. 26–28 ; l. 41–50). Comme ils sont unanimes, il arrive à prouver que son raisonnement est juste.
   A cela s'ajoute la référence à la définition classique de la prudence (l. 65/66), moyennant quoi il met en valeur le niveau de sa culture littéraire et philosophique, ce qui rend son argumentation encore plus inattaquable.
   Finalement, le texte est parsemé de phrases courtes (surtout au début des paragraphes, p. ex. l. 1, 19), de phrases elliptiques (l. 18, 46, 47/48) et de questions rhétoriques (l. 14/15, 61/62). Toutes les trois, elles sont des exemples type du style journalistique, surtout de celui des auteurs de l'Express.

6. **Hinweis:** *Die Schwierigkeit dieser Aufgabe besteht darin, die verschiedenen Interpretationsmöglichkeiten des Titels zu erkennen. Mehrdeutigkeit kommt bei Überschriften häufiger vor, so dass es empfehlenswert ist, in solchen Fällen das Wörterbuch heranzuziehen.*

   Dans son article, Marie Cousin se pose la question de savoir si les mesures prises par le gouvernement français en ce qui concerne la sécurité routière ont déjà eu des effets décisifs. Somme toute, elle reste indécise, ce qui se voit dans le titre : « jouer la prudence » peut signifier « être prudent, pratiquer la prudence » et « miser sur la prudence », mais aussi « feindre la prudence ». Il n'est donc pas clair si les Français respectent les règles parce qu'ils en sont convaincus ou s'ils prétendent seulement les respecter. Les exemples du premier paragraphe soutiennent cette dernière thèse, les chiffres donnés dans le deuxième paragraphe semblent plutôt confirmer la première thèse.
   Pourtant, l'auteur remet tout de suite celle-ci en question, en demandant (l. 14/15) si ces chiffres sont vraiment signe d'un changement réel. En lisant le reste du texte, le lecteur se rend compte que les Français ont fait un certain progrès, mais qu'ils ne vont pas encore très loin. Il est révélateur qu'apparemment ceux qui n'enfreignent plus les règles ont simplement peur de la police et des lourdes conséquences (amende et perte du permis) qu'ils devraient alors porter – le regard que la société pourrait porter sur eux ne les inquiète pas.

Commentaire personnel / Rédaction

7. a) ***Hinweis:*** *Wie bei den meisten Themen ist es hier unerlässlich, eine gute Mischung aus Theorie und praktischen Beispielen zu finden. Am Ende sollte eine klare Synthese – « fascination ou fléau » – stehen.*

Il est indéniable que l'âge dans lequel nous vivons est celui de la vitesse. Jamais dans l'histoire de l'humanité les choses n'ont pu se faire à une telle rapidité : les déplacements d'un lieu à l'autre, la communication, la recherche d'informations. Désormais, nous en avons l'habitude dès notre enfance, et nous trouvons cela bien pratique et confortable. Mais nous ne nous rendons pas compte des dangers liés à cette vitesse. Le surplus d'impressions et d'informations qui s'abat sur nous, nous rend de plus en plus insatisfaits, car nous ne pouvons plus y mettre de l'ordre, les hiérarchiser, nous débarrasser de quelques-unes d'entre elles. Comme, en même temps, de plus en plus de possibilités dans tous les domaines de la vie s'offrent à nous, il ne nous reste qu'à jouer le jeu : faire de plus en plus de choses, aussi vite que possible, pour ne devoir renoncer à rien, pour pouvoir dire qu'on a tout fait, tout vu, tout réalisé.
Citons les voyages en exemple. Fini le temps des voyages décontractés, lents et paisibles, dont le but était d'avoir du plaisir, de se détendre, d'entrer en contact avec le pays et la population. Aujourd'hui, il faut prendre l'avion même si on reste dans le pays, pour ne pas perdre de temps en faisant la route, puis on fait un rapide tour guidé pour voir tout ce qu'il faut voir (et pour le photographier pour les amis), et alors c'est déjà le vol de retour. Il manque quelque chose à un tel voyageur : le véritable intérêt pour sa destination, le temps de regarder et de communiquer vraiment, d'utiliser ses sens. Vue sous cet angle, une vie à toute allure – aussi fascinante qu'elle puisse être, car on est toujours plein d'impressions nouvelles – n'est qu'une vie superficielle et peu satisfaisante.

b) Je trouve un peu difficile de parler de liberté et de responsabilité, car j'ai peu d'expériences personnelles dans ces deux domaines. Un élève a-t-il beaucoup de liberté ? Pas vraiment, sauf peut-être, à partir d'un certain âge, la liberté de ne pas faire ses devoirs ou même de sécher sans être vraiment puni – on est soi-même responsable de sa réussite, pense-t-on, mais en vérité on n'a aucune idée des conséquences de ses actes.
A la maison ? Plus j'ai grandi, plus mes parents m'ont donné de responsabilités – ranger et nettoyer ma chambre, monter les boissons de la cave, avoir ma propre clé – mais j'ai eu peu de libertés par contre.
Mais soyons sérieux. La liberté n'est rien d'autre que l'absence de régulation. Quand un jeune obtient certaines libertés, son environnement lui laisse la possibilité de se débrouiller seul, et compte sur lui et sur son sens de la responsabilité. Qu'il s'agisse de l'argent de poche, de l'heure du retour à la maison, des vacances sans les parents : le jeune doit faire preuve de responsabilité, sinon les parents restreindront ces libertés tout de suite. Et ce n'est pas différent pour les adultes : si on les laisse faire, on ne peut jamais être sûr qu'ils seront assez responsables pour ne pas faire de bêtises. La circulation routière en est en effet le meilleur exemple : sans restrictions, bien des conducteurs seraient peu prudents, peu prévenants, peu responsables. Donner aux gens de la liberté implique donc d'être sûr qu'ils profiteront de cette liberté d'une manière responsable – alors il faut réfléchir deux fois avant de le faire.

c) ***Hinweis:*** *Sie haben die freie Entscheidung über die Personen, ihre Herkunft und ihre Meinung zum Thema (verschieden oder auch gleich). Für das Beispiel wurden eine Französin, die gegen Geschwindigkeitsbegrenzung ist, und ein deutscher Befürworter gewählt. Dass sich die beiden am Ende in ihren Standpunkten annähern – wie im folgenden Lösungsvorschlag – ist nicht unbedingt notwendig!*

JULIETTE : Ah, que je vous envie, vous autres Allemands ! Rouler sur vos autoroutes, ça doit être le comble de la liberté !

FRANZ : C'est ce que tu penses ? A mon avis, cette liberté va trop loin. Tu devrais voir les effets de l'absence d'une limitation : sur nos autoroutes, c'est la guerre ! Les conducteurs des grosses voitures qui veulent rouler à 180 ou 200 se sentent dérangés par d'autres voitures sur la voie de gauche qui roulent à 130 ou 140 déjà en dépassant des camions ! J'ai souvent vu des scènes extrêmement dangereuses. Chez vous, en France, on roule beaucoup plus calmement, n'est-ce pas ?

JULIETTE : En théorie, oui. Mais il y a toujours des conducteurs qui dépassent les limites, et alors, ce n'est pas moins dangereux. Quand même, je ne comprends pas ces limitations. Les autoroutes sont là pour qu'on puisse atteindre son but le plus rapidement possible, non ?

FRANZ : Oui, mais plus on roule vite, plus cela devient dangereux. Beaucoup d'études ont montré qu'on court le moins de risque en roulant à 100 kilomètres à l'heure. En plus, la consommation d'essence monte dramatiquement avec une augmentation de la vitesse.

JULIETTE : Quand même : tant que les constructeurs d'automobiles ne limitent pas la performance de leurs voitures, les conducteurs voudront en profiter ! Pourquoi ne pas leur en donner le droit ?

FRANZ : Alors, c'est ça, tout ce qui est faisable et possible doit se faire ? Là, je ne suis pas du tout d'accord. Je pense que la santé des gens et la protection de l'environnement sont beaucoup plus importantes que la liberté individuelle. On ne peut pas se payer le droit de causer de graves accidents ou de polluer !

JULIETTE : Bon, ben, tu as peut-être raison. Il faudrait peut-être vraiment mettre fin au chaos des règlements en Europe sur les limitations de la vitesse et en imposer partout.

FRANZ : Alors là, je suis tout à fait d'accord.

d) ***Hinweis:*** *Zur Beschreibung des Plakats gehört auch das Eingehen auf den Text (und diesem Fall auch auf den gewählten Sprachstil). Die Interpretation erwächst aus dem Zusammenspiel von Bild und Text.*

Les créateurs de l'affiche ont superposé deux photos : d'un côté la vue d'un tunnel que l'on a de l'intérieur d'une voiture, de l'autre côté deux mains qui tiennent la commande d'un jeu vidéo. Cela fait penser aux mains d'un conducteur de voiture qui tient son volant.

Au premier coup d'œil, cette affiche semble faire simplement allusion aux jeux vidéo dans lesquels on « roule » en voiture ; il pourrait même s'agir d'une pub pour un jeu vidéo. Mais en fait, c'est un avertissement aux conducteurs d'être prudents, de faire attention, de conduire consciemment, puisque « La route, c'est pas un jeu vidéo ».

Que veut dire ce slogan ? Sur l'affiche même, on voit presque la différence entre la circulation dans la réalité et celle dans les jeux vidéo : un petit moment d'inattention, et une collision, un accident réel peut être mortel ; dans un jeu vidéo, une erreur ne gêne que peu le joueur : il perd quelques points, doit peut-être recommencer, mais il ne lui arrive rien corporellement. Il a toujours plusieurs tentatives possibles, plusieurs voitures, plusieurs vies. La réalité est moins généreuse : on n'a qu'une vie, comme le dit l'affiche.

Il faut encore ajouter que le texte de l'affiche est en langue populaire : on a utilisé des formes courtes, comme « c'est pas » au lieu de « ce n'est pas » ou « T'as qu'... » pour « Tu n'as qu'... ». Ce choix s'explique facilement. D'une part, cela correspond au niveau de langue des quatrièmes qui ont réalisé cette affiche, et d'autre part, c'est aussi plus parlant : ceux qui voient l'affiche en passant ont l'impression qu'il ne s'agit pas d'un avertissement officiel, gouvernemental, mais plutôt d'un conseil qui vient d'un bon ami. Ainsi, ils sont – espère-t-on – plus prêts à s'intéresser au contenu de l'affiche et peut-être même à le suivre.

Version

8. LABEL FRANCE: Die Aufrufe zur Unfallverhütung aus Ihrer Vereinigung sind mit der Zeit immer drastischer geworden. Warum?

JEAN-YVES SALAÜN: 1999 wurden die Kampagnen drastischer oder zumindest realistischer. Wir haben damals festgestellt, dass sich die Autofahrer trotz der Aufrufe der Gefahren nicht bewusst waren, die mit dem Autofahren verbunden sind. Man gab die Schuld an Unfällen den anderen oder dem Schicksal. Und schließlich galt gefährliches Verhalten in der Gesellschaft weitgehend als Kavaliersdelikt. Wir wurden uns also darüber klar, dass wir den Ton unserer Kampagnen ändern mussten um zu zeigen, wie Unfälle in der Wirklichkeit aussehen, und zwar indem wir die persönliche Verantwortung des Einzelnen betonten.

LABEL FRANCE: Welche Auswirkungen hatte das?

JEAN-YVES SALAÜN: Unsere Kampagnen haben zu einer Bewusstwerdung beigetragen, auch wenn die Verhaltensänderung nicht sofort eintrat. Sie haben außerdem die Medien dazu gebracht, viel mehr über dieses Thema zu sprechen. Und schließlich haben diese Aktionen den Boden für die Stellungnahmen der Politiker bereitet, die innerhalb von wenigen Monaten zu einer sehr deutlichen Änderung geführt haben: nicht nur, dass gefährliches Verhalten und Verkehrsunfälle jetzt anders gesehen werden, nein, auch die Zahl der Verkehrstoten hat sich deutlich verringert.

Moussa en France

Seul enfant mâle, aîné d'une famille nombreuse, Moussa en avait assez de contempler la misère des siens. Depuis qu'il avait quitté le lycée, faute de moyens, l'avenir lui paraissait comme une ravine[1], l'emportant vers un trou noir, car il ne voyait pas quoi mettre à la place du bureau climatisé de fonctionnaire dont il avait tant rêvé. Mais il n'était pas garçon à baisser les bras.

A vingt ans, décidé à aller chercher fortune, il quitta le village pour la ville de M'Bour, sur la Petite Côte sénégalaise, où il se fit engager comme matelot dans l'une de ces grandes pirogues qui pratiquent la pêche artisanale. Ambitieux, le jeune homme frappait à toutes les portes. Trop de gens comptaient sur lui pour manger, il ne pouvait se contenter des rendements hypothétiques de la pêche. Après plusieurs tentatives, il réussit à trouver une place dans l'équipe de football de la même ville. Il fut régulier aux entraînements et se donna de tout son cœur lors des matchs. Très rapidement, il se fit remarquer par Jean-Charles Sauveur, un Français qui se disait chasseur de talents pour le compte d'un grand club français. Qui a dit que le bon Dieu est sourd ?

Le recruteur n'eut aucune peine à convaincre le jeune poulain. Il lui avait suffi d'abattre ses cartes : un billet d'avion payé par le club, un logement garanti dans un centre de formation où on l'entraînerait avec les juniors, avant de le propulser vers la gloire au sein du grand club, et, surtout, la promesse d'un salaire.

Quelques jours plus tard, Moussa tapait un ballon gonflé d'espoir dans un stade français. Ce n'était qu'un entraînement mais, pour lui, c'était le match le plus important de son existence. Pour la première fois de sa vie, il évoluait sur un vrai terrain de football, avec des vestiaires et une pelouse bien verte. Sous l'œil paternel de Jean-Charles Sauveur, Moussa se sentait investi d'une mission sacrée. Il ne devait pas faillir. Sauveur attendait impatiemment qu'il confirme ses talents pour rentabiliser son investissement. Le soir, au centre, en regardant la télé, Moussa s'indignait de ce marchandage de joueurs et finissait par délirer sur les prix faramineux des transferts : le Real Madrid a acheté ce gars à tant de millions de francs français ! La vache ! Combien cela peut-il bien représenter en francs CFA[2] ? Au moins de quoi s'acheter cinq villas avec piscine sur la côte dakaroise[3]. Même s'il s'amusait à calculer en s'imaginant au cœur d'une telle transaction, ce procédé d'esclavagiste ne lui plaisait guère. Mais il n'avait pas le choix, il faisait maintenant partie du bétail sportif à évaluer. Moussa savait qu'à défaut de se faire engager dans le club qui misait sur lui, il devrait lui-même rembourser les frais engagés, billet d'avion, pots-de-vin, frais d'hébergement, de formation etc. Alors, il se donnait à fond.

De la France, il ne connaissait que le centre de formation et les pelouses givrées. Pour le tourisme, il verrait plus tard. Après tout, il n'était pas venu en France pour les châteaux. Bientôt, lorsque ses matchs seraient retransmis à la télé, lorsque les enfants de Niodior[4] pourraient admirer ses exploits et qu'il serait enfin convié à la présidence de la République sénégalaise, il pourrait s'offrir, entre deux championnats, un tour de France en Porsche.

Moussa découvrait la rigueur de l'hiver, les morsures du vent sur sa peau, la rareté du soleil, puis ce rhume prolongé qui l'obligeait, même sur le terrain, à porter souvent la main à son nez. Il découvrait aussi ses compagnons du centre de formation, en majorité des Blancs, pas franchement camarades. Au centre, l'esprit d'équipe, on s'en torchait[5]. Les dents étaient longues, le gibier insuffisant. Les stagiaires savaient qu'ils ne seraient pas tous titularisés. Les quelques places du grand club s'arrachaient à coups de crampons et d'intimidations. Il fallait avoir des nerfs d'acier. Moussa n'avait pas l'habitude d'une telle compétition : là-bas, chez lui, on lui avait appris qu'il ne fallait pas envier, jalouser, ni même rivaliser, que seul Dieu accorde à chacun ce qui lui est dû dans l'existence. Du sport, en dehors de la promesse de réussite, Moussa n'en attendait qu'une franche camaraderie et le respect mutuel. Il ne trouva que calculs sordides et mépris. Sur le terrain, il perdait ses moyens lorsque certains de ses coéquipiers lui hurlaient :

– Hé ! négro ! Tu ne sais pas faire une passe ou quoi ? Allez ! Passe le ballon, ce n'est pas une noix de coco !

Aux vestiaires, il y en avait toujours un pour le ridiculiser devant les autres.

Les mois passèrent. Recruté sur son potentiel d'attaquant, Moussa n'avait jamais inscrit[6] le moindre but, malgré les entraînements intensifs et ses nombreux gris-gris[7].

Longtemps après la fin de la période d'adaptation qu'on lui avait accordée, ses résultats demeuraient décevants. Le centre ne voulait plus de lui. Sauveur, sentant son investissement en péril, prit les devants.

– Ecoute, champion, lui dit-il, j'ai déjà assez dépensé comme ça, et tu ne progresses vraiment pas. On va arrêter les frais. Tu me dois environ cent mille balles. Il faudra que tu bosses pour ça. Comme tu le sais, ta carte de séjour est périmée. Si tu t'étais bien débrouillé, le club aurait tout réglé en vitesse : mon fric, tes papiers, tout, quoi. Mais là, tu n'as ni club ni autre salaire ; le renouvellement de la carte de séjour, faut même pas y songer.

Extrait de : Fatou Diome, Le Ventre de l'Atlantique, *Editions Anne Carrière, Paris 2003 (texte abrégé)*

Explications :

1 la ravine : le ravin
2 francs CFA : monnaie utilisée au Sénégal
3 dakarois/e : de la ville de Dakar (Sénégal)
4 Niodior : une petite île sénégalaise
5 s'en torcher *(vulg.)* : ignorer, ne pas tenir compte de
6 inscrire un but : marquer un but
7 un gri-gri *(fam.)* : une amulette

Devoirs **Nombre de points**

Questions sur le texte

Répondez aux questions suivantes en utilisant autant que possible vos propres mots. **100**

1. Présentez la situation du jeune Moussa et décrivez ses perspectives d'avenir dans son village et ailleurs. Référez-vous aux lignes 1 à 18. (20)
2. Caractérisez l'attitude de Jean-Charles Sauveur envers Moussa. (20)
3. Quelle est la réaction de Moussa face aux excès qu'il constate dans le monde du football ? Référez-vous aux lignes 19 à 33. (10)
4. Malgré ses 20 ans, Moussa fait encore preuve de naïveté : il voit parfois le monde comme un enfant. Démontrez à l'aide de trois exemples par quels moyens le narrateur donne cette impression au lecteur. (20)
5. « Les dents étaient longues, le gibier insuffisant. » (l. 44). Interprétez cette phrase dans son contexte. (10)
6. Résumez et commentez les raisons pour lesquelles Moussa ne réussit pas. (20)

Commentaire personnel / Rédaction **50**

7. *Exposez, en 250 à 300 mots environ, vos idées/arguments sur un des sujets suivants.*

   a) « N'oublie jamais qui tu es et d'où tu viens. » Voilà ce que dit le père de Moussa dans une lettre à son fils. Que pensez-vous de ce principe ?
   b) « Tous ensemble » ou « Chacun pour soi » ? Illustrez votre opinion par des expériences personnelles.
   c) Le sport, machine à intégrer … ou à exclure ? Commentez.
   d) Décrivez et commentez le dessin humoristique de Claude Serre :

© Editions Glénat, « Le Sport » by Claude Serre.

Version **50**

8. *Traduisez le texte suivant :*

La jeune Sénégalaise, Salie, a quitté son île natale de Niodior pour immigrer en France. Son jeune frère, passionné de football, la harcèle au téléphone pour qu'elle l'aide à atteindre lui aussi l'Eldorado français.

Pourquoi y est-elle parvenue, elle, une femme à la naissance peu honorable ? Dès son enfance, elle avait soif de liberté et pour cela elle voulait apprendre à lire et à écrire, à découvrir le monde et ses cultures. Il a fallu l'énergie d'une grand-mère intraitable avec son entourage, « une guerrière, avec des yeux en amande ». Il a fallu la bienveillance d'un instituteur marxiste, Ndétare qui, en dépit de son dévouement pour les enfants et les jeunes de l'île, est plus ou moins méprisé par la population locale. Salie est une rebelle qui a eu la chance de croiser sur son chemin des personnes hors normes lui permettant de concrétiser son émancipation.

Mais s'émanciper de quoi précisément ? Fatou Diome, la romancière, a des paroles très dures pour tout ce qu'ont d'étouffant et d'inhumain certaines traditions de son pays d'origine. *« La communauté traditionnelle est sans doute rassurante mais elle vous happe et vous asphyxie. C'est un rouleau compresseur qui vous écrase pour mieux vous digérer. »*

Samuel Holder, Le Ventre de l'Atlantique de Fatou Diome, *le 20 juin 2004 (texte abrégé) ; tiré de :http://culture.revolution.free.fr/critiques/Fatou_Diome-Le_ventre_de_l_Atlantique.html (10 décembre 2005)*

Maximum de points: **200**

Lösungsvorschläge

Questions sur le texte

1. Moussa est issu d'une famille nombreuse et pauvre qui vit dans un village sénégalais. Cette situation difficile ne l'empêche pas de rêver : il veut se sortir de la misère dans laquelle il vit et devenir fonctionnaire pour bien pouvoir nourrir sa famille. Ce but devant les yeux, il va même au lycée, mais, à défaut d'argent, il ne peut pas terminer ses études. Il continue pourtant à faire des plans, ce qui implique bien sûr qu'il ne peut pas rester dans le village. A vingt ans, son ambition l'emmène à la ville. Comme la pêche artisanale, métier dans lequel il trouve son premier emploi, ne lui rapporte que peu d'argent, il cherche autre chose, car il ne peut pas nourrir le reste de sa famille, resté au village. Finalement, il se fait recruter par l'équipe de foot de la ville. Comme il fait de grands efforts, un chasseur de talents français, M. Sauveur, lui offre de venir en France pour devenir joueur professionnel dans un club en métropole. Moussa voit tout de suite que c'est là sa seule chance : il ne deviendra jamais riche au Sénégal, ni au village ni en ville. Pour avoir un meilleur avenir, il ne lui reste qu'à suivre M. Sauveur en France, où l'attendent – espère-t-il – gloire et richesse.

2. ***Hinweis:*** *Bei einer Charakterisierung ist es unerlässlich, dass Sie alle Aussagen, die Sie treffen, durch den Text belegen können. Vermutungen sollten Sie vermeiden oder eindeutig als solche kennzeichnen.*
   Bei der vorliegenden Aufgabe gibt es im Prinzip zwei Möglichkeiten, den Antworttext zu gliedern: Am nahe liegendsten ist die Variante, die Sie auch im Lösungsvorschlag vorfinden, nämlich das Verhalten Saveurs gegenüber Moussa und seine Veränderung in Etappen nachzuverfolgen. Denkbar wäre aber auch, auf der einen Seite das Verhalten so zu zeigen, wie es Moussa wahrnimmt und auf der anderen Seite das „wahre Gesicht" Sauveurs. Beide Stränge laufen am Schluss des Textes zusammen. Da dies einen hohen Abstraktionsgrad verlangt, ist in der Prüfung von einer solchen Variante abzuraten.

   D'abord Jean-Charles Sauveur fait honneur à son nom : il joue le rôle de protecteur et de bienfaiteur vis-à-vis de Moussa. A cause du grand talent de celui-ci, Sauveur lui fait une offre irrésistible et l'accompagne en France. Au début, il y suit attentivement les progrès de son protégé, le regarde même d'un « œil paternel » (l. 22).
   Mais très vite, l'impatience l'emporte, car il n'attend que le moment où son investissement se rentabilisera (l. 24). Il a parié sur le talent de Moussa, et il veut en tirer le maximum de profit, le plus vite possible, en le revendant à un club. Pour Sauveur, Moussa n'est qu'une marchandise. D'ailleurs, en bon marchand, il a pris des précautions : son contrat avec Moussa prévoit que celui-ci doit rembourser tous ses frais à Sauveur s'il n'arrive pas à satisfaire ses attentes (l. 31–33).
   Lorsque ce moment arrive, Sauveur montre son vrai visage et laisse rapidement tomber Moussa. Il ne l'aide plus financièrement et le force à chercher un emploi pour le rembourser (l. 60–65). En plus, il se moque de lui en l'appelant ironiquement « champion » (l. 60).

3. A l'origine, le foot, pour Moussa, était quelque chose de sacré. Mais en se rendant compte que le foot n'est qu'une affaire comme toutes les autres, et les joueurs des marchandises comme toutes les autres, il se scandalise. Tout cela lui rappelle automatiquement l'esclavage que lui, le Sénégalais, connaît bien de l'histoire de son peuple. Il se révolte contre ces pratiques où seuls les clubs et les agents profitent, et non les joueurs qui sont ainsi exploités. Pourtant, ayant choisi le foot comme son métier, il rêve aussi un peu d'être titularisé un jour, lui aussi, et calcule ce qu'il pourrait acheter au Sénégal avec l'argent payé pour l'acheter. Et il est tout aussi clair pour lui qu'il fait partie de ce jeu désormais, qu'il faut jouer le jeu, quoi qu'il en pense.

4. ***Hinweis:*** *Mit « moyens » sind in erster Linie die Stilmittel gemeint, welche die Autorin verwendet, um Moussas Naivität deutlich zu machen.*

Les rêves puérils et naïfs de Moussa sont évoqués à plusieurs reprises. Cette puérilité et cette naïveté deviennent plus évidentes lorsque le narrateur nous les présente dans un discours indirect libre, par exemple aux lignes 34 à 39. C'est là surtout que le lecteur comprend à quel point Moussa exagère. Un autre exemple d'hyperbole se trouve à la ligne 20/21, où le premier entraînement en France devient pour Moussa « le match le plus important de son existence ».
En plus, le narrateur utilise des métaphores qui montrent clairement au lecteur ce qu'il pense des idées de Moussa : il l'appelle « le jeune poulain » (l. 15), il parle du « ballon gonflé d'espoir » (l. 19) et de « l'œil paternel » de Jean-Charles Sauveur (l. 22).
Finalement, on trouve des allusions quelque peu ironiques aux « valeurs » de Moussa et à sa superstition : d'un côté, il y a l'idée assez naïve que Moussa se fait du foot professionnel (l. 47–50), de l'autre côté, le narrateur mentionne les « nombreux gris-gris » (l. 56) à l'aide desquels Moussa croit pouvoir réussir.

5. ***Hinweis:*** *Der ausgewählte Satz besteht aus einer Metapher. Klären Sie deshalb zunächst, was für ein Bild zugrunde liegt und formulieren Sie schrittweise den Vergleich aus.*

Dans cette phrase, le narrateur utilise une image empruntée à la chasse. Il compare les joueurs pleins d'ambition, avides de succès, à des prédateurs. Le gibier insuffisant représente ici les « quelques places », c'est-à-dire les contrats rares que le club, où Moussa et ses camarades s'entraînent, offre aux jeunes joueurs.
Cette image souligne donc que, pour un grand nombre d'aspirants, il y a un nombre limité de contrats, ce qui incite les joueurs à une compétition acharnée. S'ils veulent gagner le gros lot et décrocher un de ces contrats, la camaraderie et l'esprit d'équipe ne leur servent à rien. Chacun doit lutter pour lui-même, contre tous les autres, et c'est ainsi que l'amitié et la solidarité entre les joueurs font place à l'agressivité, à la moquerie, et aux insultes.

6. ***Hinweis:*** *Wird, wie hier, das Nennen von Gründen gefordert, ist dadurch die Gliederung Ihres Textes in der Regel bereits vorgegeben. Sobald es sich um mehr als nur zwei oder drei Gründe handelt, sollten Sie versuchen, diese zu kategorisieren.*
Natürlich ist es möglich, jeden einzelnen Grund sofort zu kommentieren. Harmonischer und klarer wird aber der Antworttext, wenn Sie Ihren Kommentar an den Schluss stellen, so wie Sie es auch im folgenden Lösungsvorschlag beispielhaft vorgeführt finden.

Dès le premier moment où Moussa se trouve en France, on a l'impression qu'il met trop d'espoir dans sa nouvelle situation. Il veut réussir à tout prix, ce qui le rend de plus en plus nerveux ; à cela s'ajoute l'impatience de son « tuteur », M. Sauveur.
En plus, Moussa est déçu. Il a espéré trouver des camarades, un certain esprit d'équipe, des joueurs pour qui le fair-play est la règle principale du foot. Mais tout ce qu'il rencontre n'est que moquerie, animosité, hostilité même. Dans le camp, ils sont tous à bout de leurs nerfs : les joueurs savent que quelques-uns seulement seront finalement recrutés ; alors, chacun envie leur réussite aux autres et se réjouit de leurs échecs. En plus, ils se montrent ouvertement racistes envers Moussa.
Celui-ci a encore un troisième problème : il ne se sent pas à l'aise en France. Il n'est pas habitué au climat, le soleil lui manque, et en hiver il est constamment enrhumé. Tout cela l'affaiblit physiquement et psychiquement, ce qui le rend incapable d'améliorer sa performance et de montrer tout ce dont il est capable.
Somme toute, le lecteur a l'impression que Moussa n'est pas le joueur excellent qu'il pense être. Son attitude qui consiste à voir le foot comme un jeu noble ne l'a pas préparé à la vie dure qui l'attend pendant l'entraînement, et il n'est pas suffisamment fort – ni physiquement, ni psychiquement – pour ne pas en souffrir au point de jouer de façon peu satisfaisante.

Commentaire personnel / Rédaction

7. a) ***Hinweis:*** *Da sich die Aufgabenstellung an den Text anlehnt, kann im Aufsatz ebenfalls auf den Text Bezug genommen werden. Das Thema ist recht theoretisch, daher sind konkrete Beispiele wichtig.*

Ce conseil du père à son fils, de ne jamais oublier qui il est et d'où il vient, se prête à différentes interprétations ; ainsi on ne peut pas dire de façon générale s'il serait bon pour le jeune Sénégalais ou mauvais de suivre ces propos.
La première partie est incontestablement un excellent conseil. Aujourd'hui, surtout les jeunes ont tendance à faire ce qu'on attend d'eux, à imiter les autres, à cacher leurs propres désirs, idées et pensées, juste pour être mieux acceptés auprès de leurs camarades, pour mieux réussir dans leur métier, pour plaire à leur ami(e). Il vaut certainement mieux rester soi-même et ne pas abandonner tout ce qu'on aime et tout ce qu'on a appris dans sa famille et dans l'environnement social dont on est issu, uniquement pour le bref bonheur d'une réussite personnelle.
J'avoue que j'ai plus de difficultés à commenter le « N'oublie jamais d'où tu viens. » En Europe, nous avons trop longtemps connu la séparation des couches sociales, l'ère où la mobilité sociale comme on la connaît aujourd'hui était impensable : on mourait dans la couche dans laquelle on était né. Interprétée dans ce sens, cette phrase ne peut pas servir de bon précepte pour un jeune, car elle lui dirait alors de ne pas aspirer à une meilleure vie, d'abandonner ses ambitions. Si pourtant le père de Moussa veut simplement dire que ce dernier ne doit pas oublier ses racines, sa famille et les valeurs qu'il a apprises, je suis tout à fait d'accord. Même si la réalité est quelquefois différente et décevante – comme la rivalité entre les joueurs, confrontée, dans le texte, aux idéaux que Moussa a emporté avec lui du Sénégal –, les valeurs acquises durant l'enfance offrent un cadre fixe dans lequel la vie est plus facile à maîtriser.

b) ***Hinweis:*** *Gefragt sind Beispiele aus der persönlichen Erfahrungswelt, die in der Einleitung und im Hauptteil im Mittelpunkt stehen sollen. Das Beispiel im letzten Satz ist weniger persönlich und von daher auch in der « conclusion » akzeptabel. Normalerweise sollten aber im Schlussteil keine neuen Argumente stehen.*

Souvent on entend des gens dire qu'ils auraient mieux réussi la tâche qu'on leur avait donnée – et plus rapidement – si seulement ils avaient eu le droit de s'y mettre seuls. Le travail en équipe, disent-ils, nécessite beaucoup de coordination, d'information mutuelle, de compromis. Moi aussi, j'ai quelquefois l'impression que je pourrais trouver la solution plus vite si j'étais seul, qu'il serait moins stressant de prendre mes décisions sans devoir demander à d'autres personnes. Mais je vois aussi clairement les avantages du travail en équipe. Je ne parle bien sûr pas seulement du sport d'équipe, comme le foot ou le volley, parce qu'il est évident qu'il faut marcher ensemble dans ce domaine-là pour réussir : aussi bon un joueur soit-il individuellement, il lui faut s'intégrer dans l'équipe. C'est là l'expérience que j'ai faite en jouant au basket : si notre équipe a si bien réussi, c'est parce que tous les joueurs étaient toujours prêts à s'adapter aux autres et à jouer ensemble. Maintes fois, à l'école, j'ai vu qu'un travail fait ensemble était vraiment plus que la somme des contributions des participants. En travaillant en groupe, chacun a beaucoup plus d'idées, on peut s'aider et se faire avancer mutuellement. Une présentation préparée par un individu peut être très bonne, mais une présentation préparée par un groupe est certainement plus intéressante, parce qu'elle contient quelque chose pour tous les goûts représentés dans l'auditoire.
Somme toute, je crois que « Chacun pour soi » est une attitude avec laquelle on a peu de chances dans la vie. Aujourd'hui plus encore qu'autrefois, chacun a besoin des autres et de la coopération avec eux. La vie est un peu comme une ascension du Mont Everest : dans chaque groupe qui la tente, il y a un alpiniste qui arrivera au sommet le premier – mais il n'y serait pas sans l'aide du groupe !

c) ***Hinweis:*** *Bei einer derartigen Aufgabenstellung sollten Sie klar Stellung beziehen und diese Ansicht durch eine Vielzahl von passenden Argumenten oder Beispielen untermauern, so wie im Beispielaufsatz geschehen.*

Après avoir remporté la Coupe du Monde en 1998, l'équipe de foot française (celle qui a d'ailleurs été battue en 2002 dans son premier match contre – le Sénégal !) a non seulement été célébrée en tant que championne mais aussi comme modèle d'intégration du type black-blanc-beur : elle représentait, disait-on, la réussite de la France multiculturelle. Les événements de ces derniers mois – les émeutes dans les banlieues – ont pourtant montré que l'équipe des « Bleus » faisait plutôt figure d'exception : huit ans après sa victoire, l'intégration, surtout celle des Maghrébins, n'a pas avancé sans problèmes.
Cette équipe apparaît aujourd'hui plutôt comme un collectif fonctionnel, dans lequel on s'accepte pour atteindre le but commun, mais où on ne devient pas nécessairement amis. D'autres exemples démontrant que le sport ne mène pas à une vraie intégration sont faciles à trouver. Il suffit de regarder la situation des noirs aux Etats-Unis, qui excellent en sport, mais dont des millions restent en marge de la société. Ou encore les coureurs d'Afrique noire, qui remportent depuis des décennies la plupart des courses de fond à niveau international – le continent africain n'en reste pas moins loin d'être intégré dans la communauté internationale.
Que penser des équipes de foot turques, portugaises, italiennes, et j'en passe, qui apparaissent de plus en plus souvent dans les petites ligues allemandes ? Peut-on les interpréter comme signe d'intégration ? Au contraire : les équipes mixtes restent rares.
Et enfin, les handicapés : leurs jeux olympiques – qui se tiennent bien sûr après, non pas en même temps que les Jeux Olympiques – sont incontestablement un grand événement international. Mais : les handicapés sont-ils mieux acceptés dans la société à cause des exploits phénoménaux de quelques-uns d'entre eux ?
Somme toute, je pense que le sport peut bien sûr aider des minorités à sortir de l'exclusion, de la séparation, mais il ne mène pas à leur véritable intégration.

d) ***Hinweis:*** *Die Aussage der Karikatur ist sehr offensichtlich und erfordert nicht allzu viel Interpretationsarbeit. Um die geforderte Wortrichtzahl zu erreichen, sollten Sie das Bild zunächst sehr detailliert beschreiben und dann Ihre Meinung zu dem dargestellten Vorurteil äußern und evtl. mit weiteren Beispielen untermauern.*

Le dessin de Claude Serre sur la couverture de son livre « Le Sport » fait allusion à une idée préconçue apparemment répandue dans le monde entier : les gens musclés, surtout les hommes, auraient leur cerveau dans leurs muscles. On dit donc qu'en allant en salle de musculation, on accumule des muscles, mais on perd son intelligence avec cette activité stupide. Claude Serre a dessiné un homme qui semble très fier de ses muscles ; il montre son biceps impressionnant, mais il ne voit pas ce que le lecteur voit : le muscle a la structure d'un cerveau. L'homme, lui, ne donne pas vraiment l'impression d'être très intelligent.
Il s'agit là, bien sûr, d'un préjugé, répété probablement surtout par ceux qui n'ont pas envie de faire du sport. Mais ils feraient peut-être mieux de s'y mettre ! Les Romains de l'Antiquité ne savaient-ils pas déjà que « mens sana in corpore sano », qu'il faut être sain de corps pour être sain d'esprit ? Aujourd'hui encore, et plus que jamais, les médecins nous assurent qu'intelligence et sportivité vont ensemble. Dans le monde du sport de compétition, on trouve d'ailleurs beaucoup d'exemples de sportifs qui sont devenus, après leur carrière sportive, savants, médecins, et j'en passe.
Pour les passionnés de la musculation il y a pourtant un petit bémol. Dans un sondage récent, une grande majorité de femmes a souligné que les muscles ne sont pas le détail qui les intéresse le plus chez les hommes. Intelligence, charme, émotionalité leur paraissent beaucoup plus importants. Il n'est donc peut-être pas très intelligent de passer

une grande partie de sa vie en salle de musculation ? Si un homme le fait dans l'espoir d'être admiré par les femmes, il sera probablement déçu.
Quoiqu'il en soit, je suis sûr que le contenu du cerveau d'une personne ne diminue pas pendant que cette personne travaille ses muscles : comment tous nos profs de sport auraient-ils réussi leurs examens ?

Version

8. ***Hinweis:*** *Der Ausdruck « immigrer en France » (Z. 1) ist aus der Sicht Frankreichs gewählt. Auf Deutsch würde die wörtliche Übersetzung jedoch ungewöhnlich wirken, weshalb er hier ausnahmsweise mit „nach Frankreich auszuwandern" übersetzt wurde.*
Von « apprendre » (Z. 5) hängt neben « lire » und « écrire » auch noch « découvrir » ab. Da die Verbindung von „entdecken lernen" im Deutschen nicht gut passt, wurde „entdecken" in der Konstruktion parallel zu „lernen" gesetzt.
Statt „beruhigend sein" (« être rassurante », Z. 14) wurde in der Übersetzung die stilistisch schönere Variante „Halt geben" gewählt.

Die junge Senegalesin Salie hat ihre Heimatinsel Niodior verlassen, um nach Frankreich auszuwandern. Ihr jüngerer Bruder, der Fußball über alles liebt, bedrängt sie am Telefon immer wieder, sie solle ihm helfen, dass auch er in das Eldorado Frankreich gelangen könne.
Warum hat sie es geschafft, gerade sie, eine Frau von nicht gerade ehrenwerter Herkunft? Seit ihrer Kindheit hungerte sie nach Freiheit, und deshalb wollte sie Lesen und Schreiben lernen und die Welt und ihre Kulturen entdecken. Es brauchte dazu die Energie einer Großmutter, die mit ihrer Umwelt unnachgiebig umgeht, „einer Kriegerin, mit Mandelaugen". Es brauchte dazu das Wohlwollen eines marxistischen Grundschullehrers, Ndétare, der trotz seiner Hingabe für die Kinder und die Jugendlichen der Insel von der einheimischen Bevölkerung mehr oder weniger verachtet wird. Salie ist eine Rebellin, die das Glück hatte, auf ihrem Lebensweg außergewöhnlichen Menschen zu begegnen, die es ihr ermöglichten, ihre Emanzipation zu verwirklichen.
Aber wovon emanzipierte sie sich genau? Fatou Diome, die Autorin des Romans, hat sehr harte Worte für alles, was an manchen Traditionen ihres Herkunftslandes erstickend und unmenschlich ist. „Die traditionelle Gemeinschaft gibt sicher Halt, aber sie hält einen auch fest und erstickt einen. Sie ist eine Straßenwalze, die einen überfährt, um einen besser verdauen zu können."

Bayern: Französisch Grundkurs 2007
Textaufgabe I

Le service civil volontaire

Premier texte:

Le gouvernement espère 50 000 volontaires en 2007

C'est une idée de Jacques Chirac née dans la tourmente des émeutes dans les banlieues, à l'automne 2005 : le service civil volontaire. Présenté en Conseil des ministres hier matin, le dispositif devrait démarrer dans les prochaines semaines et pourrait accueillir 10 000 jeunes de 16 à 25 ans d'ici à la fin 2006, près de 50 000 en 2007.

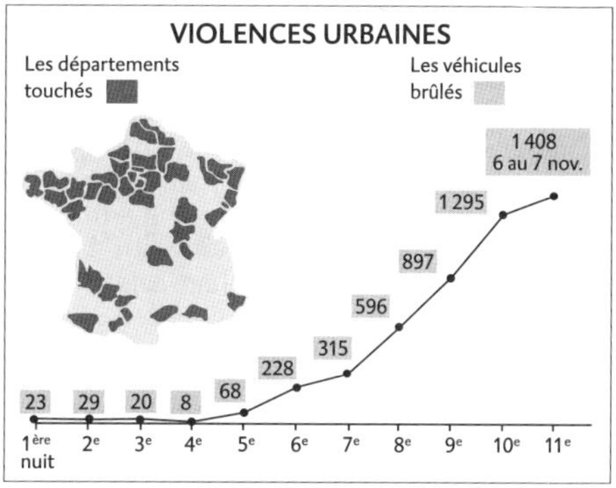

Si le service s'adresse à tous, il vise plus particulièrement « *nos jeunes des quartiers* », a expliqué hier Catherine Vautrin[1]. « *Nous croyons dans leur talent, leur volonté de s'engager. Pour certains, leur parcours au sein d'une association sera comme une deuxième chance, une passerelle vers une formation*[2]. »

Le gouvernement espère attirer des jeunes en difficulté pour une durée de six, neuf ou douze mois. Aidés par un tuteur puis éventuellement épaulés dans leur recherche d'un emploi, ils recevront une allocation pouvant atteindre quelque 600 euros par mois.

Cécilia Gabizon, « Le gouvernement espère 50 000 volontaires en 2007 », © LE FIGARO, le 14 septembre 2006 (texte abrégé)

Second texte:

Ce service civil qui unit jeunes et vieux

Marcel, 70 ans, attend chaque mercredi et samedi Cyril, lycéen de 16 ans, qui se réjouit également de ces après-midi où « l'on se tape[3] des bons délires ». Ensemble, ils refont le monde et partent dans de grandes balades. De quoi rompre l'isolement de Marcel qui, immobilisé dans un fauteuil roulant, est d'autant plus lourdement handicapé qu'il est aussi illettré.

Cette rencontre est le fruit d'une initiative originale de la ville de Gouvieux[4]. Sans attendre que le président de la République, à l'issue de la crise des banlieues, remette au goût du jour l'idée d'un service civil volontaire, Gouvieux a instauré un service civil de solidarité pour ses administrés il y a déjà quatre ans. En le destinant particulièrement aux personnes âgées.

Unique, ce service est assuré par des adolescents volontaires qui sont dans leur seizième année. La lettre de motivation est obligatoire, comme la formation initiale de six heures. Soumis ensuite à une charte, ils doivent donner 70 heures de leur temps à celui qui en a fait la demande à la mairie. En contrepartie, ces jeunes perçoivent un « dédommagement » de 290 euros.

En quatre ans, dans cette petite commune de 9 750 habitants, pas moins de 200 ados ont répondu présent. Et, chaque année, il y a une soixantaine de demandes. « Quand on voit la personne âgée s'illuminer à notre arrivée, ça remplit de joie », explique Cyril, qui souhaiterait voir « étendre cette idée à toute la France car ça permet aux jeunes de se sentir utile, et aux personnes âgées de se sentir prises en compte ». Marcel, d'abord méfiant, ne jure plus que par ces « petits jeunes ».

Ginette qui, à 91 ans, continue de faire ses 10 kilomètres de vélo par jour, n'avait a priori pas besoin de ce service. Mais la pimpante nonagénaire ne « voulait pas mourir idiote » et souhaitait « apprendre l'ordinateur ». Grâce à l'aide de Maryna, Ginette tape désormais ses mémoires sur l'ordinateur hérité de ses arrière-petits-enfants. Une amitié est née et Maryna, qui a terminé son service cet été, continue de venir visiter Ginette chaque mercredi, juste pour le plaisir de bavarder, pour un scrabble ou un goûter.

Tout au long de leur service, un « senior encadrant » veille au bon déroulement des choses. Au besoin, il fait des recadrages[5]. « En deux ans de tutorat, j'ai seulement rappelé à l'ordre deux jeunes pour des absences répétées, souligne Gilbert, un tuteur de 65 ans. Pour le reste, tout se passe à merveille. » Pour lui, ce service fait appel à toute une palette de valeurs qui « apprennent la vie » aux ados.

Un sentiment partagé par le maire, Patrice Marchand, qui a lancé cette initiative dans un but précis. « Je voulais réinvestir la jeune génération dans le domaine public, explique l'élu. Au départ, c'était une action civique pour eux, mais tant mieux si les personnes âgées ont pu en tirer bénéfice. »

Delphine de Mallevoue, « Ce service civil qui unit jeunes et vieux », © LE FIGARO, le 13. septembre 2006 (texte abrégé)

Explications :

1 Catherine Vautrin : ministre déléguée à la Cohésion sociale
2 La mesure est destinée à aider les jeunes à trouver un emploi en leur permettant d'intégrer différents corps de métier (défense, police, environnement, santé, culture, et secteur associatif).
3 se taper qc : *fam.* : s'offrir qc
4 Gouvieux : ville dans l'Oise, près de Chantilly
5 faire des recadrages : *v. l.* 29/30 : rappeler qn à l'ordre

Devoirs — **Nombre de points**

Questions sur les textes — **80**

Lisez d'abord les deux textes. Puis répondez aux questions suivantes en utilisant autant que possible vos propres mots.

Premier texte

1. Exposez brièvement ce qui a amené le Président de la République à créer un nouveau service civil en vous référant à l'infographie accompagnant le texte. (10)
2. Relevez les caractéristiques du service civil en France tel qu'il est présenté dans le texte. (15)

Second texte

3. Caractérisez l'initiative de la ville de Gouvieux en vous référant aux lignes 6 à 15. (20)
4. Examinez de plus près le profit que tirent, respectivement, les jeunes et les personnes âgées de leurs relations mutuelles. (20)

Les deux textes

5. « Service civil volontaire » : une seule et même notion pour deux modèles. Commentez les différences entre intention gouvernementale et objectif municipal. (15)

Commentaire personnel/Rédaction **40**

6. *Exposez, en 150 à 200 mots environ, vos idées/arguments sur un des sujets suivants.*

   a) Le débat autour du service civil porte actuellement sur les questions suivantes : « Faut-il qu'un tel service soit volontaire ou obligatoire ? A qui doit-il s'adresser et, notamment, doit-il inclure les filles autant que les garçons ? » – Donnez votre avis.

   b) « La famille, le système scolaire, le marché du travail, le logement sont évidemment essentiels pour l'intégration des jeunes des banlieues. Mais les loisirs, ce n'est pas rien pour autant. » (Gérard Mauger, sociologue) – Comment peut-on, d'après vous, encadrer les loisirs des jeunes hors famille et hors système scolaire ?

   c) Décrivez et commentez la caricature ci-dessous :

© *Eliby*

Version **40**

7. *Traduisez le texte suivant :*

En banlieue

« On parle de bande, mais en réalité ce sont simplement des potes qui se retrouvent et qui se baladent. Individuellement, ils sont tous très gentils, mais en groupe, sous l'influence d'un ou deux leaders, parfois ça dérape. Du coup, tout est prétexte à embrouilles[1]. Un regard de travers, une histoire de filles. » Voilà quatre ans que Khaled a été embauché pour s'occuper de la sécurité au collège François-Truffaut, en bordure de la cité. « Maintenant les jeunes ne s'identifient plus à une bande, mais à la cité », explique Khaled. A Gonesse[2], les jeunes ont délimité leur territoire. Il y a ceux de la « Fauco », ceux des « Marro », et ceux d'Orly Parc[3]. La rivalité entre les trois cités est à l'origine de la plupart des histoires qui dégénèrent. « La seule fois qu'on a réussi à les mettre ensemble, c'était pour un match de foot contre les policiers », s'amuse un employé de la mairie.

Alexandre Lenoir, « Vie quotidienne – Jour ordinaire en banlieue »,

Explications :

1 l'embrouille, *f.* : la bagarre
2 Gonesse : ville de 25 000 habitants, dans le département Val-d'Oise, à 16 kilomètres au nord de Paris
3 la Fauco(nnière), les Marro(nniers), Orly Parc : trois quartiers de la ville de Gonesse

Maximum de points : **160**

Lösungsvorschläge

Questions sur les textes

1. *Hinweis: Der Text selbst enthält nur den Verweis auf den Grund der Maßnahme – der Rest ist aus der nebenstehenden Statistik zu erschließen.*

   Jacques Chirac, l'ancien président de la République, a été poussé à prendre ces mesures en raison des violences urbaines dans les banlieues en 2005 et de leur gravité croissante : La statistique montre qu'à peu près un tiers de la France a été touché par ce problème et que le nombre des voitures incendiées a connu une très forte montée en très peu de temps : de 23 à 1408 en 11 jours.

2. *Hinweis: Die Reproduktionsfrage hat nicht nur die Organisation des Zivildienstes im Blick, sondern hebt auch auf die betroffenen Jugendlichen ab. Insofern bietet sich bei der Antwort eine Zweiteilung an.*

   Les traits caractéristiques du nouveau service civil sont les suivants : Il n'est pas obligatoire, mais s'adresse à de jeunes volontaires entre 16 et 25 ans, provenant surtout des quartiers sensibles. En leur offrant la possibilité de suivre ensuite une formation, il leur permet de s'intégrer dans le monde du travail.
   Ces jeunes doivent s'engager pour six à douze mois. Comme salaire, ils reçoivent jusqu'à 600 euros par mois. Non seulement ils sont accompagnés par un tuteur pendant leur service, mais en plus on les aide à trouver après un emploi.

3. *Hinweis: Der zeilenmäßig klar umgrenzte Auftrag hat als Gegenstand lediglich die Auflistung der Kennzeichen der Maßnahme von Gouvieux. Es bietet sich als Einstieg an, kurz kontrastiv auf die Initiative Chiracs zu verweisen.*

   Alors que le gouvernement français sous Jacques Chirac réfléchit encore à un service civil volontaire, la commune de Gouvieux applique cette idée depuis quatre ans.
   Ce service civil est également volontaire, mais il s'adresse à de jeunes adolescents de 16 ans et il est destiné à soutenir les personnes d'un âge avancé. Pour obtenir un tel poste, il faut d'abord adresser une lettre de candidature à la mairie. Une « formation initiale de six heures » (l. 12) est indispensable et il faut s'engager pour 70 heures. En compensation, les jeunes touchent 290 euros.

4. *Hinweis: Die Frage hebt klar auf die beiden Zielgruppen der Maßnahmen ab: Im Text sind sowohl für die Alten als auch für die Jungen zwei deutliche Beispiele angeführt. Diese gilt es zu untersuchen und am Ende kurz zusammen zu fassen.*

   Le texte cite, et pour les bénéficiaires âgés et pour les jeunes volontaires, deux exemples. Marcel et Ginette représentent le premier groupe : Marcel souffre de son isolement en tant que handicapé, situation aggravée par son analphabétisme. Grâce à son jeune volontaire, il arrive à sortir de cet isolement, d'autant plus qu'une sorte d'amitié semble entre-temps être née entre les deux. Malgré son grand âge, Ginette peut toujours se débrouiller sans aide dans la vie quotidienne, mais elle voulait « apprendre l'ordinateur » (l. 24). Elle doit le fait de pouvoir maintenant écrire ses mémoires à l'ordinateur à Maryna, la jeune volontaire qui lui est restée fidèle même après le temps du service.
   Les deux jeunes profitent, eux aussi, de leur engagement de volontaire civil. Ils ont le sentiment d'avoir fait quelque chose de bien, d'avoir aidé quelqu'un qui avait vraiment be-

soin d'eux. Et, en plus, le rapport amical qui s'est installé entre les personnes âgées et les jeunes leur fait plaisir.
Il est donc clair que les deux partis profitent mutuellement de ces relations.

5. *Hinweis: Hier wird ein Vergleich verlangt zwischen dem geplanten staatlichen Zivildienst und dem, der in Gouvieux praktiziert wird. Dieser Vergleich liegt nicht auf der organisatorischen Ebene, sondern hebt ab auf die unterschiedlichen Ziele, die mit den Maßnahmen verfolgt werden.*

L'objectif principal de la ville de Gouvieux, dont le service civil est un service civil de solidarité, est tout d'abord de développer le sens civique chez les jeunes, en faisant appel « à toute une palette de valeurs » (second texte l. 31/32). Le fait que les personnes âgées puissent également en profiter et que les liens entre eux et la jeunesse soient renforcés est bien sûr tout à fait escompté.
Le projet du gouvernement vise à un autre but. D'abord, le public à qui l'on s'adresse est différent, ce sont des « jeunes en difficulté » (premier texte l. 14). Le gouvernement veut les aider à s'insérer dans la société en leur offrant à la fin du service la possibilité de suivre une formation et de trouver un emploi. Ainsi, le gouvernement espère aussi éviter de futures émeutes en atténuant la crise des banlieues.

Commentaire personnel / Rédaction

6. a) *Hinweis: Das gestellte Thema ist aufgrund der Fülle inhaltlicher Vorgaben durchaus problematisch. Drei Fragen sind gleichzeitig zu berücksichtigen: (1) Verpflichtender oder freiwilliger Zivildienst? (2) Betroffene? (3) Einbezug von Frauen ebenso wie von Männern? Dass dies bei einer Wortzahlbeschränkung von maximal 200 kaum dialektisch möglich ist, liegt auf der Hand. Am besten ist es, in die argumentative Darlegung der eigenen Meinung eventuelle Gegenargumente zu integrieren.*

Le service civil en Allemagne se présente sous la forme suivante : Pour les objecteurs de conscience, il est obligatoire. Pour les femmes, il est facultatif, et seulement très peu le font.
Instaurer un service civil obligatoire serait donc seulement possible si l'on supprimait le service militaire obligatoire en faveur d'une armée professionnelle, car sinon, cela représenterait une charge supplémentaire excessive pour les hommes.
C'est alors seulement sous ces conditions qu'un service civil obligatoire serait possible. En France, ces conditions existent déjà. Depuis longtemps, beaucoup de jeunes hommes déplorent le fait d'être défavorisés par le service militaire. Il serait donc souhaitable qu'une justice soit établie. Si le service civil est facultatif, cela n'est pas un problème, s'il est obligatoire, il faut que des femmes y participent également, car les arguments pour lesquels elles ne devaient pas faire le service militaire ne valent plus dans ce cas.
Mais qu'est-ce qui plaide pour un service civil obligatoire ? Un des problèmes de notre société est son vieillissement. De plus en plus de personnes âgées ont besoin d'aide, doivent être soignées, sont isolées. Alors, le service civil obligatoire serait un bon instrument, car grâce à lui, un grand nombre de jeunes ayant terminé leur scolarité serait disponible sans que cela occasionne de coûts immenses.
Considérant finalement l'aspect que les jeunes feront ainsi des expériences importantes pour toute leur vie, je suis, somme toute, pour le service civil obligatoire pour les deux sexes.

b) *Hinweis: Das Problem der Aufgabe liegt in den unterschiedlichen Voraussetzungen in Frankreich und Deutschland. Da aber die « banlieues » angesprochen werden, muss das Thema vor allem auf Frankreich bezogen werden. Die Fragestellung ist einfach entwickelnd.*

L'essai du gouvernement français d'instaurer un service civil montre qu'on aborde le problème des jeunes sans perspectives dans les banlieues. Mais le problème ne se pose pas seulement pour ceux ayant terminé l'école et qui restent sans emploi, mais aussi pour ceux qui, à défaut de cohérence de la famille ou de contrôle, ne savent pas quoi faire de leur temps libre, qui traînent dans les rues, forment des bandes et deviennent ainsi un problème pour la sécurité.
Pour éviter cet enchaînement, il faudrait des instruments pour encadrer les jeunes dans leurs loisirs. Une possibilité serait de leur donner les moyens de faire du sport dans le cadre d'un club. Ces clubs devraient être adaptés aux environs (club de foot ou de basket, s'il y a une rivière un club de canoë, etc.) et répondre aux désirs des jeunes, et ils devraient disposer d'un personnel bien formé : des assistants sociaux et des entraîneurs.
Sans contraintes, les jeunes des cités pourraient s'habituer peu à peu à certaines vertus telles que ponctualité et discipline. Et ils auraient une soupape à leurs agressions.
Cela coûterait très cher à l'Etat, bien sûr – mais vu les coûts des émeutes, il serait sûrement mieux et probablement moins cher d'offrir aux jeunes la possibilité de s'occuper, de s'identifier à un club ou un sport et de se défouler sur le sport plutôt que sur des voitures ou des policiers.

c) *Hinweis: Die Karikatur spricht das Problem der „fitten Alten" an – oder hier genauer der Alten, die nicht zugeben wollen, alt zu sein. Wie immer sollte erst das Bild beschrieben werden, wie es sich darstellt, um im Anschluss von der Äußerung den Bogen zur Deutung zu schlagen.*

L'image montre une dame déjà d'un certain âge qui pousse un homme dans un fauteuil roulant. L'homme, qui semble être assez vieux, porte une chemise style Hawaï, décorée de très grandes fleurs, comme le chapeau dont il est coiffé. A la main droite, il tient un appareil photo, à la main gauche un verre, apparemment un drink avec une tranche de citron et une paille. Sur ses genoux, il a quelque chose qui ressemble à une carte à demi dépliée. Il prononce les mots : « Vieux, moi ? Jamais ! »
Cette caricature aborde le sujet de plus en plus fréquent des vieux qui restent actifs et jeunes malgré leur âge – ou qui refusent de devenir vieux. Grâce à l'évolution de la médecine et de la technique, les gens deviennent de plus en plus vieux, tout en restant en forme. De nos jours, on peut voir presque partout des gens âgés pratiquant un sport tel que le roller, le jogging ou le walking. Aussi, ces gens n'ont pas envie de se retirer dans une maison de retraite, mais veulent participer à la société.
C'est donc un fait qu'il faut saluer que l'homme sur la caricature malgré son handicap reste ouvert et sain d'esprit. Mais cela devient presque tragique quand des gens, en dépit du bon sens, nient le fait de devenir vieux – comme lui.

Version

7. *Hinweise: Der Text stellt keine größeren Probleme dar – abgesehen von den zentralen Wörtern « banlieue » und « cité », die beide für die großen Vororte stehen und problematisch zu handhaben sind (s. Anmerkungen). Ansonsten gilt das alte Prinzip, so wörtlich wie möglich am Text zu bleiben und Freiheiten dort zu nehmen, wo Bilder zu vermitteln sind, typische Gallizismen oder Sachverhalte, die es so im Deutschen nicht gibt. Und nicht vergessen: keine Angst vor Fremdwörtern!*

In der Vorstadt[1]
„Man spricht zwar von einer Bande, aber in Wirklichkeit sind es einfach Kumpels, die zusammenkommen, die herumstreifen[2]. Jeder für sich sind alle sehr freundlich, aber in der Gruppe, unter dem Einfluss eines oder zweier Führer, geraten die Dinge[3] schnell außer Kontrolle. Deshalb kann alles als Vorwand zu einer Schlägerei dienen: ein schräger Blick, eine Mädchengeschichte." Vor vier Jahren wurde Khaled angestellt, um sich um die Sicherheit des am Rand der Vorstadt gelegenen[4] Collège[5] François Truffaut zu kümmern. „Jetzt identifizieren sich die Jugendlichen nicht mehr mit einer Bande, sondern mit dem Ort[6]", erklärt Khaled. In Gonesse haben die Jugendlichen ihr Territorium aufgeteilt: Es gibt die von „Fauco", die von „Marro" und die von Orly Parc.[7] Die Rivalität zwischen den drei Orten ist der Ursprung vieler Geschichten, die ausarten. „Das einzige Mal, dass wir es geschafft haben, sie zusammen zu bringen, war anlässlich eines Fußballspiels gegen die Polizei[8]", amüsiert sich ein Rathausangestellter.

Anmerkungen:
1 Gerade in der Überschrift könnte man „banlieue" stehen lassen.
2 Das Verb „se balader" muss im Deutschen etwas dem Stilniveau der „Banden" angepasst werden. Dabei darf man nicht überziehen: „abhängen" etwa wäre zu stark, weil es das Stilniveau des Artikels verfehlte.
3 Problem: Auf was bezieht sich das „ça"? Im Deutschen kann hier schlecht ein neutrales „es" stehen.
4 Die nachgestellte genauere Bestimmung hört sich hier im Deutschen eher unschön an.
5 Nachdem das „collège" so bei uns nicht existiert, sollte man es besser stehen lassen.
6 Wie „banlieue", so ist der Begriff „cité" zu schillernd, um eindeutig wiedergegeben zu werden. Etwas Variation ist folglich erlaubt.
7 Als Eigennamen bleiben die Bezeichnungen selbstverständlich stehen.
8 Die Polizisten sind hier stellvertretend für die Polizei allgemein gemeint – Polizei klingt in diesem Kontext deutlich schöner.

Samedi 14 avril

– Trois ?

– Ben oui.

– Sur dix ?

– Ben non. Sur vingt.

Les profs de maths ne devraient jamais rendre leurs copies un jour de week-end. Le genre de détail hebdomadaire qui met en l'air toute une année scolaire.

– Le devoir était difficile, personne n'y a rien compris.

– Meilleure note ?

– Dix-sept mais…

Ce matin, ma mère a mis ses talons de sortie. D'énormes blocs surélevés qui lui donnent un air de kangourou sans ressort. Elle s'habille comme une poupée de magazine, refuse de grandir. J'ai parfois l'impression qu'elle est jalouse de moi, de mes quinze ans. Je ne sais jamais sur quel pied danser avec elle.

Elle joue parfois à la sœur jumelle, me parle des vedettes à la mode, des derniers tubes qui passent en boucle à la radio, des garçons qui se dandinent dans les séries télé… Mais dès que j'ai un vrai problème, elle change d'attitude et de ton. Finis les clins d'œil complices. Je n'obtiens plus d'elle que des cris de mouette affamée.

C'est le cas ce matin, à cause d'un mauvais contrôle de maths.

– Quand vas-tu t'y mettre ? Tu es toujours à traîner dans la chambre sans rien faire de constructif… Si tu avais tenu la moitié du quart de tes promesses, tes notes ne seraient pas aussi lamentables…

Ce n'est pas vrai. Mes notes ne sont pas minables. J'ai des hauts et des bas. La vie est comme ça, nous ne sommes pas des robots, des machines à produire des vingt sur vingt.

– Tu pourrais répondre. Célia !

Toutes les deux, il faudrait que nous apprenions à nous aimer. J'ai envie de sa confiance. Envie de ses câlins. Je ne sais même pas qui est mon père. Pourquoi refuse-t-elle de m'en parler ? Elle avait mon âge quand je suis née et pendant deux ans elle s'est occupée de moi. Elle vivait encore chez mes grands-parents. Mon lit à barreaux se trouvait dans sa chambre. Il paraît que nous pleurions toutes les nuits. Pas pour les mêmes raisons.

– Tu pourrais répondre au moins ! répète Liliane.

Est-ce que ses parents à elle l'engueulaient comme ça ? Qu'ont-ils dit le jour où elle leur a annoncé qu'elle attendait un bébé ? Je sais qu'elle ne les a pas prévenus de son départ. Un jour, mes grands-parents ont trouvé une lettre sur son oreiller. Quelques lignes griffonnées que j'ai lues des dizaines de fois. Je les connais par cœur, mieux que n'importe quel poème.

La situation ne peut plus durer. Il y a quelqu'un dans ma vie, je m'en vais. Je vous confie Célia, elle sera mieux avec vous. Merci.

Liliane

– Tu pourrais me regarder dans les yeux…

Des yeux maquillés comme des sapins de Noël, les guirlandes électriques en moins. Elle pourrait me regarder dans le cœur.

– Tu as un jour et demi pour rattraper des mois de retard, il n'y a pas de temps à perdre.

– D'accord, Liliane. Mais j'ai un rendez-vous urgent à deux heures. Je ne resterai pas absente très longtemps. Après, je te promets que je travaille comme jamais.

– Tu ne seras pas absente, tu restes ici.

Sa voix a la tendresse d'une chaîne de tronçonneuse électrique. Me rebeller, lui expliquer ce qui traîne dans mon cœur… Un instant, les mots se bousculent sur ma langue, s'assemblent en un mélange d'amour blessé et de tristesse. Mais les phrases restent coincées dans ma gorge. Je devine tant de souffrance en elle. Elle est ma mère. Parfois elle ne le veut pas, parfois elle le veut trop. Un problème d'équilibre. Chercher la bagarre ne sert à rien. Je tourne les talons.

Marc Séassau, « A cloche-père ». Paris : Grasset & Fasquelle 2004

Devoirs **Nombre de points**

Questions sur le texte **80**

Répondez aux questions suivantes en utilisant autant que possible vos propres mots.

1. Résumez ce que le lecteur apprend sur le passé de la mère et de sa fille Célia. (10)
2. Qu'est-ce qui déclenche la dispute entre mère et fille en ce samedi 14 avril ? – Caractérisez leur « dialogue ». (15)
3. Analysez la manière dont la narratrice brosse le portrait de sa mère et donnez au moins quatre exemples précis. (20)
4. Décrivez l'image que la fille se fait d'une mère idéale. (15)
5. Commentez les réactions que montre Célia à la fin du texte en vous référant au dernier paragraphe. (20)

Commentaire personnel/Rédaction **40**

6. *Exposez, en 150 à 200 mots environ, vos idées/arguments sur un des sujets suivants.*
   a) « Pas cool les parents copains ! » – Commentez.
   b) Quel est, à votre avis, « le bon moment » dans la vie pour fonder une famille ?
   c) Jusqu'où va l'autorité parentale ? Décrivez un des trois dessins humoristiques suivants et discutez.

© *Supplément du journal* LE SOIR, *1er juin 2006*

Version **40**

7. *Traduisez le texte suivant :*

A quoi ça sert un père ?

Le rôle traditionnel accordé au père est lié à une conception schématique et dépassée du couple : à l'homme, le monde extérieur et la fonction économique ; à la femme, le foyer et la fonction affective.

Or le couple a évolué. Les femmes ont investi[1] le monde du travail et les pères ont tendance à s'impliquer[2] davantage auprès du jeune enfant. La structure familiale a éclaté pour faire place à une mosaïque de structures différentes (monoparentale, familles recomposées…). Enfin, la vision des rapports au sein de la famille a changé ! La femme n'accepte plus d'être réduite à la maternité. Les hommes sont de plus en plus enclins à renoncer au principe de la puissance paternelle. Ils sont prêts à se reconnaître sensibles, affectueux envers leurs tout jeunes enfants, sans que cela porte atteinte à leur identité masculine. Un nouveau modèle de père s'ébauche aujourd'hui…

Dominique Pir, « A quoi ça sert un père »
www.doctissimo.fr/html/psychologie/mag_2001/mag0615/ps_4180_role _pere.htm (27 janvier 2007)

Explications :

1 investir qc : *ici* : conquérir qc
2 s'impliquer : *ici* : s'engager

Maximum de points : **160**

Lösungsvorschläge

Questions sur le texte

1. *Hinweis: Die Frage entspricht einem « résumé dirigé » – der Text soll unter einem bestimmten Gesichtspunkt zusammengefasst werden.*

   Liliane, la mère, avait quinze ans quand Célia, sa fille, est née. Le père étant absent – Célia ne le connaît pas – , les deux vivaient ensemble chez les parents de Liliane. Un jour, quand Célia avait deux ans, Liliane a quitté son enfant et ses parents sans prévenir personne, seule une lettre indiquait que c'était à cause d'un nouvel homme. Célia a alors probablement été élevée par ses grands-parents. Maintenant, elle vit chez sa mère.

2. *Hinweis: Die Frage zielt auf den Textaufbau und die Textstruktur. Wichtig ist es bei dialogischen Texten, auch die Redeanteile zu berücksichtigen. Hier gibt die Fragestellung freundlicherweise bereits einen Hinweis, wenn «dialogue» in Anführungszeichen steht.*

   L'élément déclencheur de cet entretien entre la mère et la fille est une mauvaise note en mathématiques (trois sur vingt). En analysant le dialogue, il s'avère que la mère a neuf prises de parole tandis que la fille n'en a que cinq. Beaucoup de réponses de la part de la fille se font en monologue intérieur. Par conséquent, ce n'est pas un véritable dialogue.
   La mère critique sa fille à cause de ses notes « lamentables » (l. 21) et exige d'elle de travailler dur le reste du week-end afin de rattraper son retard. Au début, Célia cherche à se défendre contre les accusations, mais finit par se taire. Finalement, elle promet à sa mère de travailler à condition de pouvoir sortir avant de s'y mettre. Quand sa mère refuse, elle ne répond plus rien.

3. *Hinweis: Die Frage ist unter Umständen leicht missverständlich. Sie hebt auf eine knappe Zusammenfassung der Charakterisierung der Mutter ab und verlangt ein Eingehen auf die Stilfiguren, mit denen dies geschieht. Die vier Beispiele sollen dabei aus dem Bereich der Stilfiguren genommen werden. Bitte dabei daran denken, dass die Wirkungen der Stilmittel kurz beschrieben werden!*

   La manière dont la narratrice fait le portrait de sa mère est à la fois analytique et moqueuse. Elle nous présente la mère comme une personnalité déchirée qui, bien qu'elle ait déjà trente ans, se maquille et s'habille comme une jeune fille et qui tantôt se comporte comme une sœur, tantôt comme une mère hystérique. Par conséquent, Célia a du mal à prendre sa mère au sérieux.
   Cela se reflète aussi dans le style du texte, car la narratrice se sert d'un grand nombre de moyens rhétoriques. Elle utilise surtout des comparaisons et des métaphores qui ont en même temps un caractère hyperbolique quand elle décrit sa mère comme « une poupée de magazine » qui, sur ses hauts talons, avait l'air « de kangourou sans ressort » (l. 11), qui poussait des « cris de mouette affamée » (l. 17) et dont les yeux étaient « maquillés comme des sapins de Noël, les guirlandes électriques en moins » (l. 41).
   Il est évident que, par ces moyens, la narratrice voudrait parvenir à un effet humoristique tout en prenant ses distances à l'égard de sa mère.

4. *Hinweis: Diese Frage hängt indirekt mit der vorhergehenden zusammen. Während zuvor die Mutter stark kritisiert wird, zeigt sich darin zugleich implizit ein Gegenentwurf, der teilweise auch explizit geäußert wird. Wichtig ist auch hier der Textbezug!*

Célia n'est pas contente de sa mère. Elle souhaite donc une mère qui n'essaie pas d'échapper à son rôle comme le fait la sienne qui « refuse de grandir » (l. 12). Mère et fille devraient s'aimer : Célia souhaite une mère pleine de tendresse (l. 26) en qui elle pourrait avoir confiance (l. 25/26) et qui soit franche avec elle – pas comme sa mère qui ne lui a jamais dit le nom de son père. Finalement, en pensant « elle pourrait me regarder dans le cœur » (l. 42), elle montre qu'une vraie mère devrait chercher à comprendre sa fille.
Mais malgré tout cela, Célia comprend que sa mère n'est pas heureuse, car elle « devine tant de souffrance en elle » (l. 50), et sait par conséquent que sa mère aimerait bien être tout cela, mais qu'elle ne le peut pas.

5. *Hinweis: Die Frage verlangt, die Motivation und Handlungsweise Célias am Textende zu analysieren. Dazu muss am Anfang kurz die Ausgangssituation (das mütterliche Ausgehverbot) dargelegt werden. Wesentlich ist es zu begreifen, dass Célia ein durchaus ambivalentes Verhältnis zu ihrer Mutter hat, denn trotz allem Ärger liebt und versteht sie sie doch.*

A la fin du texte, Liliane interdit à sa fille de sortir sur un ton presque hystérique – ou, comme le dit sa fille : elle parle avec une voix qui a « la tendresse d'une chaîne de tronçonneuse électrique ». L'espace d'un instant, Célia est prête à se soulever contre l'autorité maternelle. Mais tout de suite, sa rébellion se transforme en un grand besoin de s'expliquer et de confier ses propres problèmes et préoccupations à sa mère. Finalement, elle y renonce et reste muette, sachant bien qu'un conflit n'y changerait rien. De plus, elle comprend que sa mère souffre, elle aussi (l. 50), et qu'elle a toujours du mal à incarner son rôle de mère. Tout en la critiquant, Célia comprend sa mère et elle l'aime en dépit des problèmes qu'elles ont l'une avec l'autre.

Commentaire personnel / Rédaction

6. a) *Hinweis: Die Frage will so verstanden werden, dass Eltern, die sich zu sehr anbiedern, nicht mehr als „cool" anzusehen sind. Das Thema ist nicht explizit dialektisch angelegt, doch bietet es sich an, auf die Vor- und Nachteile von „Kumpeleltern" einzugehen.*

Des parents portant les mêmes vêtements que leurs enfants, utilisant le langage des jeunes et voulant plutôt être des copains que des parents pour leurs rejetons, voilà un phénomène assez répandu.
Bien sûr, d'un côté il est agréable pour les enfants d'avoir des « parents copains ». Ils partagent peut-être les mêmes goûts en ce qui concerne la musique ou les vêtements. Ainsi, ils seront beaucoup plus compréhensifs que d'autres parents quand il est question de répondre aux désirs de leurs enfants, qu'il s'agisse de l'achat d'un nouveau CD, de vêtements de marque ou d'aller à un concert de rock. Et on peut être fier d'avoir une maman ou un papa qui est visiblement resté jeune, au moins dans la tête !
Mais d'un autre côté, les parents doivent quand même assez souvent user de leur autorité parentale, par exemple quand ils doivent interdire une sortie à leurs enfants afin que les devoirs soient faits. C'est ainsi que les « parents copains » sont en contradiction avec le fait que parfois les parents ne peuvent pas être simplement copains mais doivent jouer aux « chefs ». Bien sûr, cette contradiction nuit à l'image de « copain », qui alors est éprouvée comme factice.

Somme toute, c'est un problème pour les parents de trouver un équilibre entre le souhait d'être proches de leurs enfants et le devoir d'être parfois autoritaires.

b) *Hinweis: Die Frage verlangt viel von jemandem, der gerade Abitur macht … Die Beantwortung der Frage wird sicher auch davon abhängen, ob man männlich oder weiblich ist. Eine einheitliche Beantwortung ist schlicht unmöglich. Wichtig bei der Beantwortung ist eine klare Linie und die Begründung der gewählten Planung. Natürlich kann man auch das der Frage innewohnende Problem thematisieren.*

Le bon moment de fonder une famille existe-t-il vraiment ? Et comment peut-on savoir que c'est vraiment le bon moment, qu'il n'y en aura pas de meilleur ?
Pourquoi pas se marier par exemple quand on est encore étudiant, qu'on a trouvé celle ou celui qu'on aime et qu'on ne veut plus attendre ? Ou vaut-il mieux attendre parce qu'on ne sait jamais si on ne rencontrera pas quelqu'un de mieux ? Seule la vie peut en décider.
Mais quand on approche le problème d'une façon neutre, cela dépend aussi de ce qu'on attend de la vie. Afin de pouvoir fonder une famille (c'est-à-dire se marier et avoir des enfants), il faut avoir un emploi et gagner suffisamment d'argent, voilà l'opinion générale. Quand quelqu'un veut faire carrière, le mariage peut même être célébré assez tôt – pour les enfants, on attend d'avoir terminé ses études et trouvé un emploi. Si le partenaire est prêt à rester à la maison pour garder les enfants ou si l'on a la possibilité de les faire garder, on en peut avoir plus tôt.
Somme toute, voilà une question à laquelle on ne peut pas apporter vraiment de réponse.

c) *Hinweis: Der Arbeitsauftrag muss genau gelesen werden: Es ist nur eines der Bilder zu beschreiben! Alle Bilder spiegeln eine bestimmte Einstellung zur elterlichen Autorität wider. Der Auftrag umfasst erst die Bildbeschreibung mit der Bildaussage, wie Autorität hier dargestellt wird. In einem zweiten soll diese Art von Autorität kritisch hinterfragt werden.*
Zu BILD 1: Die Karikatur hebt darauf ab, dass eine Mutter ihre Autorität durch Schreien und heftiges Gestikulieren zur Geltung bringen möchte, aber damit offenkundig scheitert, wie die Reaktion der Tochter zeigt. Die Aussage wäre somit, dass Kinder gegen offen zur Schau getragene und durch nichts Weiteres gestützte Autorität immun sind.
Zu BILD 2: Hier steht offenbar weniger die elterliche Autorität im Mittelpunkt als die Autorität schlechthin. Vor einem Knaben geht eine Dame, die das Heft unter dem Arm und die Aktentasche in der Hand als Lehrerin ausweist. Geschminkt und hochgeschnürt scheint sie die Aufmerksamkeit des ihr gefesselt nachschwebenden Schülers eher durch ihre sexuellen Attribute denn durch Autoriät zu fesseln, wofür auch der starre Blick des Knaben auf ihr Gesäß spricht. Als Aussage ließe sich anführen, dass Autorität durchaus auch indirekt durch sexuelle Reize ausgeübt werden kann.
In der Musterlösung wird BILD 3 genauer analysiert.

La troisième image montre un jeune homme qui, l'air de s'ennuyer, se balance sur une chaise. Il a les jambes croisées avec les pieds sur une table. Devant lui, une femme se trouve sur le sol. Transpirant, à genoux et à quatre pattes, elle lève une tasse fumante vers le jeune, le regardant avec des yeux grands ouverts qui expriment sa peur. Le jeune montre de l'index une place sur la table en disant : « Là ! ».

Évidemment, c'est une scène de famille que représente l'image. La mère a pris cette position humiliante et semble même trembler de peur devant son fils, car elle a totalement pris l'habitude de se considérer comme sa servante. Le fils, par contre, n'y voit pas d'inconvénient, il semble trouver cela normal.
La caricature se moque des parents qui, par un manque total d'autorité, se soumettent à leurs enfants. Elle s'adresse surtout aux mères qui se laissent terroriser et vivent une sorte d'esclavage.
Il est évident que l'image est exagérée. Mais il est assez fréquent que des jeunes vivent à la maison comme à l'hôtel, jouissant du luxe de se laisser servir, sans contribuer aux travaux ménagers. C'est une question d'autorité de la part des parents d'apprendre aux enfants que, dans un foyer, chacun à un rôle bien défini et que tout le monde doit s'entraider.

Version

7. *Hinweise: Der Text stellt inhaltlich keine größeren Ansprüche, hat aber manche Schwierigkeiten im Bereich des Wortschatzes. Hier dürfen einige kleinere Freiheiten genommen werden. Auch gilt: keine Angst vor Fremdwörtern!*

Wozu ist ein Vater gut?
Die dem Vater zugeschriebene traditionelle Rolle ist geknüpft an eine schematische und veraltete Auffassung der Ehe[1]: Dem Mann kommt die Welt außerhalb des Hauses[2] und die wirtschaftliche Funktion zu, der Frau der Haushalt und die Gefühlswelt[3].
Die Ehe hat sich jedoch weiterentwickelt. Die Frauen haben die Arbeitswelt erobert und die Männer haben die Tendenz, sich verstärkt um die Kleinkinder zu kümmern. Die Familienstruktur hat sich aufgelöst[4], um einem Mosaik verschiedener Strukturen Platz zu machen (Alleinerziehende, Patchwork-Familien ...). Schließlich hat sich auch die Vorstellung von den Beziehungen innerhalb der Familie geändert! Die Frau akzeptiert nicht mehr, auf das Mutterdasein reduziert zu werden. Die Männer zeigen sich in zunehmendem Maße geneigt, auf das Prinzip der väterlichen Macht zu verzichten. Sie sind bereit, sich sensibel und liebevoll ihren ganz kleinen Kindern zuzuwenden[5], ohne dass dies ihrer männlichen Identität Abbruch tut. Ein neues Modell des Vaters zeichnet sich heute ab ...

Anmerkungen:
1 „Couple" bedeutet nicht nur Ehepaar, sondern steht auch in vielen Wendungen mit „Ehe".
2 Wörtlich „Außenwelt", was aber merkwürdig klingt. Da im Text der Gegensatz Haushalt/Rest aufgebaut wird, ist obige Übersetzung durchaus angebracht.
3 „Affektive Funktion" kann man im Deutschen kaum sagen, auch wenn man dafür den Parallelismus des Originals aufgeben muss.
4 „Aufgelöst" ist der hier normalerweise verwendete Terminus im Deutschen.
5 „Se reconnaître" ist hier in der Bedeutung von „sich erweisen" verwendet, was aber nicht schön in den Text passt.

Le sport, pas la guerre…

Seule la pluie pourrait les arrêter. Réunis au pied de la tour Montparnasse, ils sont plusieurs milliers à attendre le départ de la grande randonnée à rollers qui se déroule, chaque vendredi soir, à la tombée de la nuit, dans les rues de la capitale. Parmi eux, de nombreux ados, en amoureux, entre copains ou en famille. Ici, pas de ligne de départ, ni d'arrivée. Pas de vainqueur, ni de vaincu. On ne vient pas faire la course, juste savourer une balade dans un *Paris by night* débarrassé de ses voitures. Et on fait du sport, sans en avoir l'air. Bien loin des impératifs de performance et de compétition, les jeunes patineurs veulent prendre du plaisir avant tout, sans nécessairement mettre un adversaire à terre pour y parvenir. Et ils ne sont pas les seuls. Sans forcément reprendre à leur compte le refrain de Coubertin[1], « l'essentiel, c'est de participer », de plus en plus de jeunes sollicitent, depuis quelques années, de nouvelles formes d'activités, où les notions d'arbitrage et de compétition sont jetées aux orties[2] au profit de pratiques alternatives, tournées davantage vers le « fun » et le loisir.

Certes, l'olympisme n'a rien perdu de son lustre et les jeunes n'ont pas totalement déserté les terrains de foot ou les pistes d'athlétisme, hauts lieux de compétition. Mais les ados ne veulent plus des métaphores de leurs aînés. Au sport comme à la guerre, c'est terminé ! En ville ou à la campagne, ils inventent de nouveaux terrains de jeu et élisent les sports qui vont avec. Qualifiés de « sauvages » ou de disciplines « auto-organisées », les activités de glisse sont les plus emblématiques de cette tendance. Apparus dans les années 1970 dans la lignée du surf, le skate et ses dérives comme le roller, le snowboard ou le BMX sont aujourd'hui pratiqués par 40 % des ados, si l'on y ajoute les plus traditionnels glisse sur glace et ski, selon une enquête du ministère de la Jeunesse et des Sports. Avec, pour point commun, un désir d'indépendance, d'émotions fortes et d'appartenance à une « tribu », les adeptes de la glisse se jouent des valeurs sportives traditionnelles en privilégiant le progrès à la performance, la sensation à la prestation. A l'image d'Olivier, 18 ans, qui, du haut de ses patins à roulettes, témoigne : « Le roller, j'en fais pour progresser, pas pour gagner. » Ce que confirme Alain Loret, professeur en management du sport à l'université de Rouen : « L'enjeu ne relève plus seulement de la victoire sur l'autre, car chacun est devenu un champion face à un enjeu personnel, déterminé de manière strictement autonome », analyse-t-il. Pratiquée en pleine nature ou au cœur des villes, la glisse ouvre de nouveaux espaces de liberté, ludiques et festifs, à contre-courant du modèle « spartiate » du club, jugé trop contraignant en termes d'horaires, de lieux et de calendrier. « J'ai arrêté l'équitation l'année dernière. J'en avais marre d'y passer tous mes week-ends. Bonnes notes en cours, bonnes notes aux concours équestres ! » témoigne, agacé, Pierre, 17 ans, « Aujourd'hui, de plus en plus d'adolescents rejettent la culture sportive disciplinaire, poursuit Alain Loret. Un nouvel esprit se développe sous la bannière de la participation, de la connivence et des sensations individuelles. Les jeunes sont des espèces de Peter Pan[3], épris de vertige et de jeu, refusant d'intégrer le modèle adulte. » Plutôt que de rester sur le banc de touche[4], les « glisseurs » ont établi de nouveaux codes, qui pourraient s'apparenter à « où je veux, quand je veux, avec qui je veux ».

Mais la glisse n'est pas seule porteuse de ce mouvement à contre-courant. Les jeunes de 12 à 17 ans pratiquent en moyenne sept activités durant toute l'année. Les adolescents zappent ainsi avec les disciplines presque aussi vite qu'avec les chaînes de télé. « De plus en plus, le sport est envisagé comme un objet de consommation pareil à n'importe quel autre. On y goûte, puis on bifurque vers autre chose si l'activité déplaît », commente

Gaëlle Colomb, psychologue du sport. En tête du palmarès figurent le vélo et la natation. Disciplines hautement compétitives lorsqu'elles sont pratiquées dans le cadre d'un club, elles sont pourtant associées à du loisir. « La moitié des adolescents n'ont pas l'impression de faire du sport en allant à la piscine avec leurs copains », commentent les auteurs de l'enquête du ministère des Sports. Que l'on tape dans le ballon dans un parc ou que l'on se balade à VTT[5] en forêt, l'essentiel est de s'amuser, de se défouler ensemble. Et, souvent, de se faire du bien. Selon l'étude, 75 % des adolescents disent faire du sport pour entretenir leur corps, rester en forme ou maigrir. « Aujourd'hui, on somme[6] les jeunes de se conformer à certaines plastiques de plus en plus tôt, explique William Gasparini, sociologue du sport à l'université Marc-Bloch à Strasbourg. Ce souci narcissique peut conduire à de graves dérives, comme aux Etats-Unis, où le dopage est de plus en plus précoce chez les collégiens américains, qui n'hésitent plus à user de substances du type anabolisants pour modeler leur corps. » En France, les ados rejettent encore en masse ce qu'ils considèrent être de la tricherie. Preuve que, en dépit de leur rapport ambigu à la compétition, ils ne sont pas près de souffler sur[7] la flamme de l'olympisme dont les valeurs semblent toujours les animer.

Extrait de : Catherine Robin, Le sport, pas la guerre…,
dans : L'EXPRESS, 29 août 2005 (texte abrégé)

Explications :

1 Pierre de Coubertin : éducateur français qui a fait renaître les Jeux Olympiques à la fin du 19e siècle
2 jeter qc aux orties : se débarrasser de qc
3 Peter Pan : personnage fictif qui veut rester un enfant pour toujours et éviter les responsabilités de l'âge adulte
4 rester sur le banc de touche : *ici :* être hors-jeu, exclu
5 VTT : vélo tout-terrain
6 sommer qn de faire qc : commander impérativement à qn de faire qc
7 souffler sur qc : *ici :* éteindre (*p. ex.* une bougie)

Devoirs	**Nombre de points**
Questions sur le texte	
Répondez aux questions suivantes en utilisant autant que possible vos propres mots.	**100**
1. Décrivez le caractère du spectacle nocturne à Paris et expliquez ce qui pousse les jeunes à y participer. Référez-vous au premier paragraphe du texte.	(20)
2. Résumez pourquoi les jeunes refusent de faire du sport dans un club et caractérisez ce que l'on entend par le nouveau mouvement à « contre-courant » (l. 31, 41).	(30)
3. « Où je veux, quand je veux, avec qui je veux » (l. 40) – comment le style de cette maxime reflète-t-il la mentalité des jeunes en question ?	(20)
4. Esquissez les attitudes et comportements différents des jeunes sportifs envers leur corps et indiquez les conséquences qui en résultent.	(20)
5. Interprétez et commentez la dernière phrase du texte.	(10)

Commentaire personnel / Rédaction **50**

6. *Exposez, en 250 à 300 mots environ, vos idées/arguments sur un des sujets suivants.*

   a) Les adolescents de nos jours – rien que des zappeurs superficiels ? Rédigez une lettre critique pour le courrier des lecteurs de l'EXPRESS où vous contestez le portrait que Gaëlle Colomb trace des jeunes.
   b) Les ados plébiscitent les vêtements de marque, notamment les marques de sport : Vrai besoin d'intégration ou dictature de l'apparence ? – Imaginez une discussion entre parent(s) et enfant(s).
   c) Pas de sport sans médias – pas de médias sans sport. Commentez.
   d) Décrivez et commentez la caricature ci-dessous :

http:/www.agoravox.fr/ IMG/ renplacant_ ulrich_reduit.jpg (13 novembre 2006)

Version **50**

7. *Traduisez le texte suivant :*

Le sport joue un rôle important dans la vie d'une grande partie de la population. On assiste à une véritable emprise du sport sur toute la société. Le sport n'est plus une simple question de loisirs, mais est lié à de nombreux autres aspects de notre société. Le « virus du sport » ne connaît pas de limites : du sport de haut niveau au sport de loisirs, du fitness d'entreprise aux sports de combat, les médias, l'image des produits…

« Le sport est bon pour le corps et l'esprit », voilà une assertion que personne ne récuse, même si, parallèlement, de nombreux aspects négatifs apparaissent également.

Le sport n'est pas un îlot dans la société, mais fait bien partie intégrante de celle-ci. Les évolutions de la société exercent une grande influence sur la manière dont les gens peuvent ou veulent pratiquer le sport. Ces évolutions ont donc des répercussions sur le sport, lequel s'inscrit au sein de valeurs, de normes et d'habitudes en vigueur dans la société. Aujourd'hui, les questions touchant aux valeurs et aux normes suscitent beaucoup d'intérêt dans différents secteurs de la société et le sport n'échappe pas à ce regain d'intérêt et à ce jugement critique.

Fondation Roi Baudouin, Société & Sport *(« Sport et éthique : valeurs et normes »)*

Maximum de points: **200**

Lösungsvorschläge

Questions sur le texte

1. Tous les vendredis, des milliers de jeunes Parisiens passent une soirée active : ils s'adonnent à une course de rollers en pleine ville. Il s'agit pour eux d'une « grande randonnée », d'une balade nocturne entre amis ou en famille. On y participe parce que c'est un spectacle, pas une compétition, dans une ambiance décontractée, et tout ce qui compte est le seul plaisir de pouvoir faire du sport en plein air. Cette course nocturne est un bon exemple d'une tendance actuelle parmi les jeunes, qui veulent pratiquer un sport sans devoir essayer de battre un adversaire (ou courir le risque d'être battus), et pour qui le côté « fun » est plus important que la notion du « toujours plus haut, toujours plus loin », de la performance à tout prix.

2. ***Hinweis:*** *Die „clubs" werden an mehreren Stellen charakterisiert (Z. 14–16 und 31–35). Bei der Beschreibung der neuen Bewegung kann es zu Überschneidungen mit Fragen 1, 3 und 4 kommen – (wörtliche) Wiederholungen möglichst vermeiden.*

   Beaucoup de jeunes pensent qu'un club restreint trop leur liberté. Dans un club, tout est fixé : il faut aller à l'entraînement régulièrement, toujours le même jour, à la même heure, au même endroit. Très souvent les matchs ou compétitions ont lieu le week-end, ce qui laisse peu de temps libre aux jeunes. A cela s'ajoute l'ambiance quasi-militaire qui règne dans un club : le sportif doit faire ce que l'entraîneur lui dit et ne peut guère agir à sa guise. En plus, le club ressemble trop à l'école, et les jeunes ne sont plus prêts à être traités dans leur temps libre de la même façon qu'à l'école.
   Celui-ci, pour eux, est plutôt le temps de l'autodétermination, quelques heures chaque semaine où ils veulent faire ce qu'ils veulent – ce qui n'exclut pas du tout le sport et l'appartenance à un groupe ! Il importe aux jeunes de pouvoir expérimenter différentes activités, de facilement pouvoir abandonner l'une au profit d'une autre, de faire des sports qui sont différents de ceux de leurs aînés. Cette tendance est en parallèle évident avec leur comportement devant la télé : la multitude des programmes qui leur sont offerts les incite au zapping. Ils sont pourtant prêts à se donner complètement à un sport, mais les sensations qu'ils recherchent ne sont pas celles des générations précédentes : ils veulent se perfectionner sans battre de records ; ils veulent être admirés pour leur prouesse et leur performance sans qu'il y ait ni vainqueur ni vaincu ; ils veulent du spectacle, du « fun » dans le groupe sans les limitations qu'impose le club.

3. ***Hinweis:*** *Die Frage ist nicht ganz klar gestellt: Eigentlich spiegelt die Maxime selbst, nicht ihr Stil, die Einstellung der jungen Menschen wieder. Führen Sie in Ihrer Antwort also die besonderen Stilmerkmale der Maxime auf und stellen Sie eine inhaltliche Verbindung zur Einstellung der Jugend zum Sport und zum Leben ganz allgemein her.*

   L'auteur du texte résume l'attitude des jeunes d'aujourd'hui envers le sport dans la maxime « où je veux, quand je veux, avec qui je veux ». Et d'ajouter que cette maxime reflète très généralement la mentalité de cette génération. Le parallélisme syntaxique, la répétition du « je veux », l'intensification en climax ne font que souligner l'importance que ces jeunes attachent à leur liberté personnelle et leur individualisme, peut-être même à leur égocentrisme. Ils ne veulent pas accepter les contraintes imposées par les anciennes règles des adultes. Ils font leurs propres règles : ils choisissent les sports qui leur conviennent, dans lesquels ils peuvent se mesurer avec d'autres à leur façon, quand et où ça leur plaît. Un peu comme Peter Pan, ils veulent garder leur mentalité enfantine, préférant le « fun » à la compétition.

4. L'auteur du texte a relevé du positif et du négatif. D'un côté, beaucoup de jeunes font du sport avec de bonnes intentions : ils savent que le sport peut contribuer à leur bien-être et les aider à « rester en forme ou maigrir » (l. 53). Mais d'un autre côté, on a toute raison de penser que cette attitude a ses racines dans le modèle de beauté que la société impose aux jeunes. Ainsi s'explique l'attitude malsaine que bon nombre de jeunes ont par rapport à leur corps. Pour être conformes à ce modèle, ils sont prêts à se doper et à prendre des anabolisants. L'abus de ces médicaments est apparemment déjà assez répandu aux Etats-Unis, et les adolescents commencent à en abuser de plus en plus tôt. Heureusement, les jeunes Français ne semblent pas encore en prendre le chemin.

5. L'auteur du texte voit un parallèle entre l'esprit olympique et l'idée que les jeunes se font du sport. Il est vrai, les jeunes décrits dans le texte n'aspirent pas à participer aux jeux olympiques un jour. Pourtant, les valeurs de l'olympisme se retrouvent dans leur façon de pratiquer le sport. D'un côté, il leur importe d'en faire, sans avoir de grandes prétentions – ce qui reflète l'idée du baron de Coubertin qui disait que l'essentiel n'était pas de gagner, mais de participer. De l'autre, les jeunes Français veulent le sport « pur », sans dopage – ce qui correspond au « fair play » exigé de la part des participants aux jeux olympiques.

Commentaire personnel / Rédaction

6. a) ***Hinweis:*** *Der Text sieht die Jugendlichen vielleicht nicht wirklich so negativ wie es in der Themenstellung herauskommt – daher der entsprechende einleitende Satz. Ein Leserbrief von 250 bis 300 Wörtern ist immer problematisch, da Briefe dieser Länge nur dann abgedruckt werden, wenn sie von Anfang bis Ende stichhaltig sind – also viele klare Argumente vorbringen. Die Themenstellung schreibt nicht eindeutig vor, von wem der Brief stammen soll. Sie könnten also auch in die Rolle eines Elternteils, eines Großelternteils, eines Politikers usw. schlüpfen.*

Madame, Monsieur,

En lisant l'article « Le sport, pas la guerre… », paru dans votre numéro du 29 août 2005, on pourrait avoir l'impression que les jeunes d'aujourd'hui ne sont que des gens superficiels, qui ne s'intéressent à rien de façon approfondie. Il est vrai : aujourd'hui, les adolescents ont beaucoup plus de possibilités qu'autrefois, et cela dans tous les domaines. Surtout le grand choix qu'offrent les médias leur rend la vie difficile : comment se décider pour une chose – un programme, un jeu, un sport – sans avoir l'impression de rater beaucoup en même temps ? Quoi d'étonnant alors à ce qu'ils puissent devenir zappeurs, qu'ils soient tentés de ne pas finir ce qu'ils ont commencé et de commencer plutôt quelque chose d'autre ?

Mais de là à en conclure que « les jeunes » sont superficiels, qu'ils manquent tous de persévérance, qu'ils ne font rien jusqu'au bout, cela va trop loin. L'auteur dit elle-même qu'il y en a beaucoup qui font du sport de compétition, et je vous assure que bien des jeunes vivent une vie réfléchie et sont tout à fait conscients du monde qui les entoure. Ils s'engagent en grand nombre pour des causes importantes : le social, l'environnement, la politique, et j'en passe. Dans ma seule famille, il y a trois jeunes de mon âge qui sont très actifs dans notre paroisse. Ils sont membres des scouts et ils organisent régulièrement des activités pour d'autres jeunes. Mon frère aîné a décidé, il y a trois ans, de faire une année de bénévolat après avoir passé son bac, ce qui a largement influencé son choix de métier. Dans notre école, le groupe écolo ne cesse de grandir et prépare de plus en plus d'actions. Plusieurs de mes camarades de classe sont déjà actifs en politique communale. Peut-on alors parler d'une jeunesse oisive, passive, superficielle ?

Salutations distinguées,

Michel Hirou

b) ***Hinweis:*** *Die zu schreibende Diskussion kann mehr oder weniger hitzig ablaufen. Entsprechende Wörter, die in anderen Aufsätzen nicht erlaubt sind, dürfen hier durchaus vorkommen. Überhaupt ist hier eher Umgangssprache (Intonationsfrage, verkürzte Verneinung, entsprechender Wortschatz) gefragt. Idealerweise versuchen Sie, einen Stilunterschied in der Sprache des Elternteils und des Kindes herzustellen.*

Une discussion entre mère et fils.

FILS : Maman, t'as pas deux cents balles ? Il faut absolument que je m'achète de nouvelles chaussures.

MÈRE : Deux cents euros ? Tu ne penses pas que tu exagères quand même un peu, Gilbert ?

FILS : Mais non, maman. Tu sais, les fringues, c'est cher.

MÈRE : Oui, oui, si on n'achète rien que des marques extravagantes, mais normalement…

FILS : Mais maman, tu sais bien que tout le monde achète des marques. T'as déjà vu mes copains en jeans C & A ?

MÈRE : Non, mais ils ont tous des parents beaucoup plus riches. Et nous, on ne peut pas s'offrir tous les luxes avec le peu que ton père nous verse chaque mois…

FILS : Tant pis. Tu dis toujours toi-même que les vêtements et les chaussures plus chers sont de meilleure qualité, et que ça vaut bien la peine de payer un peu plus.

MÈRE : Oui, c'est vrai, mais je ne suis quand même pas prête à payer des prix insensés ! Et puis, toi, en plus, tu veux acheter des baskets, et là, tu connais mon opinion.

FILS : Oui, oui, les baskets, c'est pas des chaussures. Une bonne chaussure est en cuir véritable.

MÈRE : Tu n'as pas besoin de te moquer de moi. C'est tout à fait vrai.

FILS : Pour toi, peut-être. Mais je me sens mieux dans des baskets. Et puis, tu imagines ce que mes copains vont dire si j'arrive en chaussures super-habillées ? Il faut que je m'adapte, quoi.

MÈRE : Oh là là, je vois que ça ne sert à rien de discuter. Mais quand même, tu n'auras pas deux cents euros. Je t'en donne cent, c'est mon dernier mot.

FILS : Eh bien, merci quand même, maman. T'es vraiment pas facile !

c) ***Hinweis:*** *Entscheidend sind bei dieser Themenstellung Beispiele und die Auflistung von Problemen, die aus dem Zusammenspiel von Medien und Sport erwachsen.*

« Panem et circenses », voilà qui était déjà la devise des empereurs romains. Ils savaient que le peuple a besoin de divertissement. A l'époque déjà, les gens préféraient apparemment regarder les jeux plutôt que d'y participer – ce qui n'est pas vraiment différent aujourd'hui, quoique les médias et les jeux aient quelque peu changé. Le sport joue toujours un rôle prépondérant dans ce domaine. Les matchs de foot, le Tour de France, la formule 1, les jeux olympiques – autant d'occasions pour les téléspectateurs du monde entier d'allumer leur poste (ou Internet) pour suivre les sports.

Pour les médias, le sport est essentiel : chaque reportage recueillant une grande audience rapporte de grandes sommes en revenus avec la publicité. Idem pour les clubs et d'autres organisateurs d'événements sportifs. Plus le match ou la course est médiatisé, plus chères les bandes publicitaires se vendent. Beaucoup de spectacles ne pourraient être financés sans les recettes publicitaires qui arrivent grâce aux transmissions à la télé ou à la radio.

Personnellement, je trouve cette évolution déplorable, mais la publicité a une telle emprise sur toute notre société contemporaine qu'il serait très difficile d'y changer quelque chose. Mais ce que je déplore le plus, c'est la tendance actuelle dans les programmes de sport de faire dans le sensationnel. Non seulement on nous montre les performances spectaculaires, mais les responsables des médias n'hésitent pas non plus

à mettre l'accent sur les aspects négatifs : le dopage des cyclistes devient plus important que le Tour de France lui-même, les accidents des conducteurs de formule 1 sont montrés plus longuement (et en détail, c'est-à-dire au ralenti) que la course elle-même, etc.
Ma solution au problème est simple : pour regarder du sport, je n'ai pas besoin des médias, car je vais au stade ou sur le circuit pour profiter de cette atmosphère si spéciale que les médias ne peuvent pas transmettre !

d) Le dessin montre un responsable d'un tour cycliste ; celui-ci ne peut pas commencer faute de cyclistes. Apparemment, ils ont tous été éliminés pour cause de dopage. L'organisateur a tout fait pour trouver des remplaçants, mais sans succès. Le seul cycliste non-dopé qu'il ait pu trouver est un artiste de cirque qui jongle sur un monocycle.
Bien que ce dessin date de 2006 (ou même d'avant), il est d'une actualité étonnante. Depuis quelques semaines, tous les cyclistes célèbres convoquent des conférences de presse à tour de rôle pour admettre qu'ils ont – une seule fois ou pendant toute une période de leur carrière sportive – pris des médicaments pour se doper, pour améliorer leur performance de façon illégale. Suite au scandale autour du Tour de France 2006, dans lequel plusieurs cyclistes de différentes nations sont impliqués, dont Jan Ulrich, le meilleur cycliste allemand, le dessinateur a exprimé son opinion sur cette affaire, avis d'ailleurs partagé par une grande partie du public. Selon lui, tous les cyclistes se sont dopés. Comment venir à bout d'un tel exploit surhumain, comment vaincre sans le soutien des médecins ? Plus généralement, comment est-ce possible qu'il y ait toujours de nouveaux records dans le domaine du cyclisme ou de l'athlétisme si ce n'est à l'aide de médicaments, d'hormones et d'autres moyens qui influent sur le corps du sportif ?
Il est vrai : la tentation est grande de se doper. Le sportif victorieux gagnera gros, le reste du peloton sera vite oublié. Je comprends bien qu'un sportif veuille être récompensé pour les années d'entraînement qu'il a subies. Et tant que les spectateurs veulent toujours plus, toujours de nouveaux records, il sera difficile pour les sportifs de poursuivre le chemin d'un sport « propre ».

Version

7. ***Hinweis:*** *An mehreren Stellen steht im französischen Text ein bestimmter Artikel, der im Deutschen unidiomatisch klingen würde (« le sport », « les valeurs et les normes »). Im Deutschen spricht man davon, dass etwas eine „große Rolle" spielt, keine „wichtige". Vorsicht bei « non seulement… mais »: „nicht nur, sondern auch". Die Nominalphrase « regain de » wird am besten adjektivisch übersetzt: „wieder erwachend".*

Sport spielt im Leben eines weiten Teils der Bevölkerung eine große Rolle. Heute lässt sich ein großer Einfluss auf die ganze Gesellschaft beobachten. Sport ist nicht mehr nur eine einfache Freizeitbeschäftigung, sondern ist mit zahlreichen anderen Aspekten unserer Gesellschaft verbunden. Der „Virus Sport" kennt keine Grenzen: vom Leistungssport zum Breitensport, vom Fitnessprogramm im Betrieb zu den Kampfsportarten, den Medien, dem Produktimage …
„Sport ist gut für Körper und Geist" – dieser Behauptung wird niemand widersprechen, selbst wenn zur gleichen Zeit auch zahlreiche negative Gesichtspunkte zutage treten.
Sport ist kein Inselchen inmitten der Gesellschaft, sondern ist fester Bestandteil von ihr. Gesellschaftliche Entwicklungen üben großen Einfluss darauf aus, auf welche Weise die Menschen Sport ausüben können oder wollen. Diese Entwicklungen haben also Auswirkungen auf den Sport, und dieser fügt sich ein in Werte, Normen und Gewohnheiten, die in der Gesellschaft gelten. Heutzutage wecken Fragen zu Werten und Normen großes Interesse in verschiedenen Bereichen der Gesellschaft, und Sport entgeht diesem wieder erwachenden Interesse und dieser kritischen Betrachtung nicht.

Bayern: Französisch Leistungskurs 2007
Textaufgabe II

Un déjeuner

Devenu orphelin après la mort de sa mère, Olivier Chateauneuf, un garçon de dix ans qui a grandi dans un milieu modeste, rue Labat, à Montmartre, doit aller vivre chez son oncle Henri Desrousseaux, papetier, et sa famille. Un jour, il déjeune seul avec son oncle, sa tante et ses cousins étant partis en vacances.

« Eh bien, à table, mon garçon. C'est le jour du haricot de mouton. Et j'ai demandé : avec beaucoup d'ail !

– Ça va être bon, mon oncle », dit Olivier, tout heureux d'être appelé « mon garçon ».

Il posa sa serviette sur ses cuisses comme on le lui avait appris. Ils commencèrent à manger des œufs durs aux épinards. L'oncle Henri n'était pas vêtu comme habituellement. Il portait un costume en toile, usagé et fripé. Ses cheveux n'étaient pas lissés et deux touffes se relevaient derrière la tête. Il n'était pas rasé et quand il passait sa main sur son menton, cela crissait.

« Il paraît que tu lis beaucoup ? dit l'oncle.

– Oui, mon oncle.

– Tu lisais aussi beaucoup, rue Labat ?

– Non, mon oncle, un tout petit peu.

– Et pourquoi lis-tu davantage ici ? »

Olivier réfléchit. Si ses amis de naguère s'étaient trouvés là, il aurait couru les rues avec eux. Peut-être qu'il n'aurait pas pensé à lire. Il finit par répondre : « Rue Labat, j'avais pas le temps.

– Tu étais donc si occupé. Que faisais-tu ?

– Ben… je jouais », dit Olivier.

Cela le rendit pensif.

« Tu aimes le haricot de mouton ? demanda l'oncle.

– Oui, mon oncle. »

Tandis que Marguerite servait le plat fumant, l'oncle Henri se demandait comment faire pour dégeler l'enfant, pour qu'il oubliât ses « oui, mon oncle » de convenance. Il fit avancer son index vers la poitrine d'Olivier, puis le retira d'un mouvement rapide et comique.

« Chiche qu'à nous deux nous mangeons tout le plat !

– Chiche ! » dit Olivier.

L'oncle fit exprès de prendre des airs gloutons et Olivier pensa qu'il ressemblait à une illustration du *Général Dourakine*[1].

« Il est bien, monsieur, le ragoût de mouton ? demanda Marguerite.

– Il est parfait, Marguerite. Oignon, ail, bouquet garni, tomates, navets, haricots, tout est parfait…

– Merci, monsieur. »

C'était succulent. Olivier se laissa servir une deuxième assiette en pensant : « Si ma tante nous voyait… » A un moment, il faillit s'étouffer.

« Doucement quand même ! » dit l'oncle.

Il ajouta qu'il aimait qu'on eût de l'appétit à sa table. Olivier observa qu'ils « s'en mettaient plein la lampe » et l'oncle ne le reprit pas.

« Encore un peu de hochepot ? Oui, cela s'appelle aussi hochepot.

– Oh ! mon oncle, j'étouffe.

– Pour tout dire, moi aussi, dit l'oncle en s'essuyant délicatement les lèvres, et revenant aux livres, il ajouta : Pourquoi ne te ferais-tu pas inscrire à une bibliothèque ? Tu irais une fois par semaine. Cela te ferait une sortie de plus. Tu aimes bien sortir, je le sais.

– Oh ! merci, merci bien, mon oncle. » Comment connaissait-il tant de choses le concernant ? On avait servi du munster[2] et l'oncle le parfumait de grains de cumin. Il buvait un bourgogne corsé et son teint de blond s'agrémentait de roseurs[3].

« Tu te trouveras bien encore une petite faim pour un gâteau ? Marguerite, le tom-pouce[4] pour mon neveu. Moi je prendrai directement le café. Et mon cognac. »

Que c'était bon ! La partie glacée du gâteau résistait un peu sous la dent, puis la crème au marasquin[5] vous envahissait toute la bouche et on fermait les yeux de plaisir.

– « Que feras-tu quand tu seras grand ?

– Je travaillerai aux Papeteries ?

– Si cela te plaît, bien sûr. Mais tu auras peut-être envie de faire autre chose. Il faut toujours faire ce dont on a envie. Sinon, on le regrette toute sa vie…

– Hmmm, mon oncle, fit vaguement Olivier.

– Et à part la papeterie, qu'est-ce que tu aimerais faire ?

– Plein de choses ! » jeta Olivier.

Tandis qu'il ramassait les dernières miettes du tom-pouce, un cortège se formait dans sa tête, un cortège composé de tous les Olivier Chateauneuf qu'il portait en puissance : Olivier chanteur d'opéra (mais, tu chantes faux, lui disait sa tante), Olivier marin (tant pis pour le mal de mer), Olivier coureur automobile, Olivier boxeur, Olivier montreur de chiens savants, Olivier champion de tennis, et encore médecin, explorateur, cavalier, acteur…

« Plein de choses, mon oncle ! Je voudrais être… tout ! »

« Vois-tu, dit l'oncle, l'ennui c'est de n'avoir qu'une vie. Et comme on passe toujours à côté de quelque chose, vient le moment où il faut choisir. En aveugle.

– Hmmm, Hmmm, fit Olivier.

– Pendant toute une partie de sa vie, on se dit: « Quand je serai grand, je ferai… » ou : « Plus tard, je deviendrai… », et puis, un matin, en se faisant la barbe, on se regarde dans le miroir et apparaît une évidence dictée par le temps : « Quand je serai grand… », mais c'est maintenant que je suis grand, et je suis un marchand de papier, je ne suis pas un acteur, ni un chanteur, ni un auteur de théâtre… Et, si tout va bien pour vous, les autres affirment : « Il a "réussi !" alors qu'on n'a réussi qu'une chose, celle qui vous intéressait le moins, et manqué toutes les autres. »

Et, disant cela, l'oncle Henri paraissait mélancolique. Olivier se sentit gêné. Un peu comme s'il avait écouté aux portes. Alors il se dandinait sur sa chaise, passait le doigt sur la tête ronde des clous dorés retenant le cuir, reconnaissait celui qui bougeait, le retirait, le replaçait…

« Veux-tu un canard[6] ?

– Oui, mon oncle. »

Il reçut dans sa bouche le sucre imbibé de cognac et fit une grimace heureuse.

Trois sucettes à la menthe. *Robert Sabatier,© Editions Albin Michel 1972 (texte abrégé)*

Explications :

1 le Général Dourakine : personnage humoristique d'un roman de la comtesse de Ségur (1799–1874) et d'une bande dessinée basée sur ce roman
2 le munster : un fromage
3 les roseurs, *f.* : légères taches roses sur le visage
4 le tom-pouce : *ici* : nom d'un gâteau
5 le marasquin : liqueur au goût de cerise acide
6 le canard : *ici* : morceau de sucre trempé dans de l'alcool

Devoirs **Nombre de points**

Questions sur le texte

Répondez aux questions suivantes en utilisant autant que possible vos propres mots. **100**

1. Décrivez le milieu social dans lequel vivent les Desrousseaux. (10)
2. Montrez en quoi la vie d'Olivier a changé depuis la mort de sa mère et caractérisez le comportement de celui-ci. (15)
3. Résumez et analysez l'attitude de l'oncle envers Olivier en vous référant aux lignes 1 à 50. (20)
4. Expliquez et interprétez dans son contexte le conseil que l'oncle donne à Olivier : « Il faut toujours faire ce dont on a envie. » (l. 53/54) (20)
5. Etudiez la manière (mode narratif, style) dont le narrateur évoque l'idée que se fait Olivier de son avenir. Référez-vous aux lignes 56 à 64. (20)
6. Expliquez et commentez le comportement d'Olivier envers son oncle à la fin du texte (l. 75–81). (15)

Commentaire personnel/Rédaction **50**

7. *Exposez, en 250 à 300 mots environ, vos idées/arguments sur* un *des sujets suivants.*

   a) D'après l'oncle d'Olivier, on doit toujours faire un choix dans sa vie et cela, « en aveugle » (l. 66). – Commentez.

   b) Le film « Tanguy » illustre le phénomène social récent de la « génération kangourou ». Le protagoniste, Tanguy, refuse de quitter le cocon familial tandis que ses parents n'aspirent qu'à son départ. Imaginez la discussion qui se développe entre eux.

© Cinetext

c) « L'éducation d'un enfant, on le sait, c'est souvent un combat constant entre les valeurs de la famille et celles de son entourage. » (Ginette Quirion) – Qu'en pensez-vous ?

d) Commentez dessins et slogans :

http://www2.ac-rennes.fr/crdp/29/action/2007/lirepartir/lire.jpg.

http://dsalf.ednet.ns.ca/f/litteratie/lire_pour_reussir.htm

Version **50**

8. *Traduisez le texte suivant :*

Robert Sabatier : *Les allumettes suédoises*[1]

Les allumettes suédoises relève de la catégorie des récits de l'enfance, récits dont je suis assez friand car ce qu'on est, ce qu'on devient dans la vie, provient en majeure partie de notre enfance et adolescence, un âge qui s'étend sur une période d'environ dix ans, soit de 7 à 17 ans. Après, quoi qu'on dise, quoi qu'on fasse, on ne fait que suivre le chemin qui a été tracé. Le récit de Robert Sabatier a cependant quelque chose en plus : il se distingue des autres récits de l'enfance en ce qu'il appartient aussi à la catégorie des récits de quartier, c'est-à-dire ces romans qui, à l'instar de ceux de Naguib Mahfouz[2] ou, plus près de nous, de Michel Tremblay[3], considèrent l'espace comme un personnage à part entière.

Robert Sabatier est né à Paris en 1923. Orphelin comme son héros, il sera placé sous la tutelle de son oncle typographe. Il pratique plusieurs métiers avant de devenir journaliste et fera son entrée à l'Académie Goncourt en 1971. Robert Sabatier a publié de nombreux romans et recueils de poèmes. Après *Les allumettes suédoises*, il a écrit une suite à l'histoire d'Olivier qui compte six volumes, le plus récent étant *Olivier 1940* publié en 2003.

Daniel Destrembles, http://www.ecouterlirepenser.com (texte légèrement adapté)

Explications :

1 *ne pas traduire les titres des ouvrages cités*
2 Naguib Mahfouz : (*all.* Nagib Mahfuz) écrivain égyptien contemporain de langue arabe (1911–2006), lauréat du prix Nobel de littérature en 1988
3 Michel Tremblay : écrivain canadien de langue française (*1942)

Maximum de points: **200**

Lösungsvorschläge

Questions sur le texte

1. ***Hinweis:** Aus verschiedenen, im Text verstreuten Details lässt sich auf das soziale Umfeld der Familie schließen.*

   Chez les Desrousseaux, Olivier vit dans un milieu bourgeois, dans une famille de commerçant aisé. Son métier de papetier rapporte suffisamment d'argent à l'oncle d'Olivier pour qu'il puisse s'offrir certains luxes : des vacances pour le reste de la famille, une cuisinière et servante, des repas copieux et exquis, même pour deux personnes seules. M. Desrousseaux est généralement très soigné, et les bonnes manières font partie intégrante de la vie en famille. Finalement, quand Olivier parle de son futur métier à son oncle, il n'y a aucune restriction. Dans une famille plus pauvre, le fils devrait choisir un métier lui permettant de rapidement gagner de l'argent ; dans celle-ci, il a plus de possibilités.

2. Somme toute, Olivier paraît très timide et réservé. La mort de sa mère l'a profondément bouleversé, complètement dépaysé, lui a fait perdre tous ses repères. Il a dû quitter le domicile familial, rue Labat, pour aller vivre dans un milieu tout à fait différent, dans une famille qu'il connaissait à peine. Rien de ce qu'il chérissait tant ne lui reste : ni sa mère, ni ses copains avec qui il passait son temps libre. Sa tante et ses cousins ne peuvent pas les remplacer – et ils ne l'essaient apparemment pas, puisqu'ils partent en vacances sans Olivier et que sa tante est très sévère avec lui. Seul avec son oncle, Olivier se sent mal à l'aise et affiche un comportement très distant. Il est très poli, trop poli peut-être, parle peu, reste plutôt rêveur. Heureusement qu'il y a des livres dans la maison Desrousseaux : la lecture devient alors son refuge.

3. ***Hinweis:** Die guten Absichten, die hinter Oliviers Onkels Fragen stecken, sind klar. Im weiteren Verlauf des Texts – der eigentlich nicht mit in die Antwort einbezogen werden soll – finden sich zusätzliche Hinweise darauf. Stellt sich die Frage nach dem warum: Erinnert Olivier seinen Onkel an dessen eigene Kindheit? Findet das Gespräch gerade an diesem Tag statt, weil Tante und Cousins nicht da sind?*

   Apparemment, M. Desrousseaux a remarqué le malaise qu'Olivier ressent, l'isolement dans lequel son neveu se trouve. Il profite donc de ce moment où ils sont seuls pour essayer d'aider Olivier à mieux s'intégrer, à perdre sa méfiance envers les Desrousseaux, à établir une relation plus personnelle avec lui. Dans ce but, M. Desrousseaux crée une ambiance très conviviale autour d'un dîner copieux à deux ; pour l'occasion, il a même mis des vêtements décontractés. Il essaie de faire sortir Olivier de sa froideur en posant des questions sur ses habitudes, ses goûts et ses activités préférées, bref en montrant de l'intérêt pour lui, ce qui probablement ne se fait pas normalement à ce point dans cette famille. Il l'appelle même « mon garçon » (l. 1) et ne relève pas les quelques écarts de langage d'Olivier afin de ne pas le brusquer. Il se fait de plus le complice d'Olivier en prenant « des airs gloutons » (l. 28), en avalant une partie du repas en gros morceaux, en utilisant des expressions plutôt populaires, par exemple « hochepot » au lieu de « haricot de mouton » (l. 39) et en faisant le clown pour le jeune garçon (l. 28). Celui-ci entre dans le jeu, surtout parce qu'il ressent la singularité de la situation. Il fait la connaissance d'un côté complètement nouveau et inattendu de son oncle, ce qui n'aurait jamais été possible en présence de sa tante (l. 34/35).

4. ***Hinweis:*** *Im Gespräch geht es auf den ersten Blick nur um Oliviers Berufswahl. Im Lauf des Dialogs wird aber bald klar, dass M. Desrousseaux aus Erfahrung spricht: Offenbar hat er nicht den Beruf seiner Träume gewählt.*

   M. Desrousseaux donne à Olivier le conseil de toujours faire ce dont il a envie, après lui avoir demandé quel métier il voulait faire un jour. La première réponse d'Olivier est plutôt vague ; il pense apparemment que son oncle attend de lui qu'il veuille se lancer dans la papeterie à son tour. Mais son oncle s'intéresse à ses véritables désirs ; il veut inciter Olivier à bien réfléchir avant de prendre une décision, et à faire ce qu'il veut réellement faire lui-même, à ne pas écouter les conseils des autres, à ne pas faire ce que les autres veulent qu'il fasse. M. Desrousseaux explique à Olivier qu'on peut bel et bien réussir dans n'importe quel métier, mais qu'on peut seulement être heureux dans un métier qu'on a choisi librement.
   Le lecteur a l'impression que c'est exactement ainsi que l'oncle voit sa vie maintenant. Il a eu beaucoup de succès professionnellement, il gagne gros, on le respecte pour sa réussite, mais son métier ne le rend pas heureux. Il aurait peut-être préféré celui d'artiste. Alors il donne ce conseil à Olivier, conseil que personne ne lui a donné : « Il faut toujours faire ce dont on a envie. »

5. ***Hinweis:*** *Unter « mode narratif » sollen Sie die Erzählweise analysieren. Der Textausschnitt ist weitgehend ein Dialog, der an einzelnen Stellen von Oliviers Reflexionen (« monologue intérieur »/« style indirect libre »/« courant de conscience ») unterbrochen wird. Bei der Untersuchung des « style » sollen Sie die verwendeten Stilmittel aufzählen.*

   Le dialogue entre Olivier et son oncle est brièvement interrompu : la question de M. Desrousseaux fait rêver Olivier. Après qu'il a donné une première réponse rapide (discours direct), ses idées s'enchaînent en monologue intérieur, introduit par une courte phrase de la part du narrateur. Enfin, Olivier reprend la conversation en répétant sa première réponse et en la complétant.
   L'enchaînement désordonné des idées d'Olivier se reflète dans la syntaxe de ce passage. Il s'agit d'une énumération en staccato ; tous les éléments commencent par le même mot (anaphore). Au début et à la fin de l'énumération se trouve un métier d'artiste, qui est donc le point de départ des idées d'Olivier et aussi le point culminant.
   Dans cette énumération, on trouve par ailleurs des parenthèses contenant les commentaires d'Olivier lui-même sur ses propres idées, un peu dans le style du courant de conscience. S'y ajoute le mot « cortège » (l. 58/59), répété dans la même phrase. Son usage est un peu inhabituel, car un cortège est normalement formé de différentes personnes (ou, métaphoriquement, de choses). Ici, les différents membres du cortège sont le même personnage – Olivier –, mais dans des rôles différents. Les commentaires n'accompagnent que les premiers éléments de l'énumération ; après, c'est toujours « Olivier + profession », et à la fin, on trouve les seuls métiers. Cela ajoute à l'impression d'une suite d'idées de plus en plus rapides.

6. ***Hinweis:*** *Olivier weiß nicht recht, wie er auf die Andeutungen seines Onkels reagieren soll. Letztlich ist er noch genauso unsicher wie am Anfang des Textausschnitts, wenn auch vielleicht aus einem anderen Grund. Der Leckerbissen, den ihm sein Onkel anbietet, hilft allerdings ein wenig über die Verlegenheit hinweg .*

   Olivier comprend que son oncle lui a livré un secret, mais il ne se sent pas plus à l'aise là-dessus. Il ne sait pas comment réagir. Dans un environnement dans lequel on ne se confie à personne, où on ne parle pas de sentiments personnels, il est difficile pour lui de trouver les paroles justes pour répondre à son oncle, pour le consoler peut-être. Son embarras se traduit dans ses gestes et mouvements nerveux et dans la réponse mécanique qu'il donne quand son oncle lui offre une sucrerie – dernier signe de complicité d'ailleurs, car il s'agit d'un sucre alcoolisé destiné aux adultes. La grimace d'Olivier à la fin laisse en tout cas entrevoir que l'oncle n'a pas raté son but : après cet entretien, Olivier a davantage confiance en lui et sait maintenant qu'il y a quelqu'un dans la famille qui est capable d'émotions et à qui il peut parler en toute franchise.

Commentaire personnel / Rédaction

7. a) ***Hinweis:*** *Das Thema ist aufgrund der nicht unbedingt leicht zu erfassenden Interpretation des zugrunde liegenden Zitats durchaus problematisch. Für den Onkel ist es bedauerlich, dass man irgendwann gezwungen ist, eine Wahl zwischen all den verlockenden Alternativen zu treffen. Und da die Zukunft nicht einsehbar ist, muss diese Wahl « en aveugle » erfolgen. Im Lösungsvorschlag wird die Aussage in Anlehnung an den Text rein auf die Berufswahl bezogen, natürlich ist auch eine Verallgemeinerung denkbar.*

Quand M. Desrousseaux dit qu'on doit toujours faire un choix « en aveugle », il veut dire par là que la vie est ainsi faite que l'on doit un jour ou l'autre se décider pour un métier quelconque, sans savoir à l'avance de quoi l'avenir sera fait.
A mon avis, cela est d'autant plus vrai aujourd'hui que le nombre et la variété des métiers parmi lesquels les jeunes peuvent choisir ont augmenté. Comment s'informer exactement sur tous ces métiers ? Comment savoir quelque chose sur leur devenir ? Qui peut dire ce qu'il faut faire pour être prêt pour les métiers de demain, qui n'existent pas encore aujourd'hui ? Vu sous cet angle, il est bien compréhensible que si peu de jeunes sachent assez tôt ce qu'ils veulent faire exactement. Le choix du métier est devenu un jeu du hasard : on hésite longtemps, mais il arrive inévitablement un moment où on doit prendre une décision, et on choisit le métier qui paraît le plus attirant à ce moment-là.
Il faut pourtant dire que les conséquences de ce choix sont beaucoup moins graves aujourd'hui qu'autrefois. Il est devenu plus facile de changer de métier, de passer son bac après avoir déjà exercé un métier, de faire des études universitaires à un âge avancé. De plus, les métiers évoluent rapidement, et de nouvelles possibilités s'offrent continuellement. On dit même qu'aujourd'hui le choix d'un métier n'est pas définitif : de moins en moins de gens feront le même travail pendant toute leur vie.
Moi personnellement, je n'ai pas de problème dans ce domaine. Je sais depuis quelques années déjà que je veux devenir vétérinaire, et je n'ai pas pris ce choix en aveugle, car c'est aussi le métier de ma mère et de mon grand-père !

b) ***Hinweis:*** *Wichtig ist, für das Gespräch zwischen Eltern und Sohn eine schlüssige Ausgangssituation zu finden. Denkbar wäre eine zunächst unverfängliche Situation, aus der sich dann Vorwürfe und Wünsche von Seiten der Eltern entwickeln. Im Lösungsvorschlag wurde ein Abendessen gewählt, für das sich der Vater den „Rauswurf" des Sohns vorgenommen hat.*

Un soir, pendant le dîner.

FILS : Maman, tu me sers encore un peu de salade ?
MÈRE : Oui, mon chouchou, bien sûr.
PÈRE : Ah non, mon chouchou, certainement pas. Le saladier est juste devant toi, tu n'as qu'à le prendre. Ta mère est ta servante ou quoi ?
FILS : Ben, non, mais elle m'a toujours servi le repas, pourquoi est-ce qu'elle ne le ferait pas aujourd'hui ?
PÈRE : Parce que ça suffit maintenant. Tu as 28 ans, et tu te comportes comme si tu en avais 14 ! Tu rentres, tu t'installes à la table, tu attends qu'on te serve, et après le repas tu regardes la télé pendant que ta mère et moi, nous faisons tout le travail.
MÈRE : Ne t'énerve pas comme ça, chéri ! Tu sais, ton cœur…

PÈRE : Mais si, je m'énerve. Ecoute, ça me fait de plus en plus mal de voir comment Tanguy nous traite, alors il faut enfin que je lui dise ses quatre vérités !

FILS : Mais papa, tu ne vois pas que je suis fatigué ? Tu sais bien que j'ai travaillé dur pendant toute la journée, j'ai absolument besoin d'un peu de repos.

MÈRE : Moi aussi je travaille toute la journée, et je fais le ménage en plus. Ton père n'a pas tort. Tant que tu vis encore chez nous, tu pourrais au moins nous aider un peu.

PÈRE : Oui, tant qu'il vit chez nous. Pourquoi est-ce que tu ne déménages pas à la fin ? Tu trouves vraiment normal d'habiter encore chez tes parents ? Les autres garçons de ton âge ont tous leur famille, leur appartement ou leur maison…

FILS : Mais je ne sais vraiment pas où aller. Je n'ai pas de petite amie et…

PÈRE : Voilà. Et pourquoi est-ce que tu ne t'en trouves pas une ? C'est parce que tu habites encore chez nous, n'est-ce pas ? Alors, je te donne trois semaines, et puis…

MÈRE : Tu ne peux quand même pas le mettre à la porte !

PÈRE : Mais si, et c'est mon dernier mot !

c) ***Hinweis:*** *Das Thema ist ein klassisches Erörterungsthema. Also: Einleitung – Hauptteil (Beispiele!) – Synthese.*

Tout le monde est d'accord que la socialisation d'un enfant ne se fait pas seulement en famille. L'environnement, lui aussi, joue un très grand rôle. Ces deux influences sont-elles complémentaires ou plutôt oppposées, comme le pense Ginette Quirion ?
Mme Quirion dit qu'il y a un combat entre les valeurs que les parents veulent enseigner à leur enfant et celles qu'il rencontre à l'école, chez ses amis, avec ses pairs, dans les médias, que celles-ci sont donc différentes de celles-là. Pas nécessairement, à mon avis, car il y a quand même des valeurs de base pour lesquelles non seulement les parents luttent, comme les bonnes manières, les règles de ponctualité et de politesse, le courage de dire son opinion, le respect d'autrui, etc. Le fait est pourtant indéniable qu'en avançant en âge, les jeunes se tournent aussi vers d'autres groupes où ces valeurs sont peut-être moins fortes. Le groupe des pairs devient plus important que les parents, les médias plus attirants que l'école ; là, il est bien possible qu'ils subissent des influences plutôt négatives. Tabac, alcool, drogues, jeux, autant de tentations auxquelles il est très difficile de résister. Qu'est-ce qu'on ne ferait pas pour faire partie du groupe, pour être accepté et respecté par ses amis ? Tant pis si la plupart des rites d'initiation ne respectent pas du tout les valeurs traditionnelles ! A cela s'ajoutent les dangers des médias, qui montrent trop souvent un monde qui est plein de fausses idoles, où le manque de respect envers les autres est à la mode, dans lequel on gagne plus en commettant un crime qu'en l'empêchant.
Ainsi, il est d'autant plus important que les valeurs traditionnelles, positives, soient transmises aux enfants, pour qu'ils soient suffisamment forts pour résister aux tentations qu'ils rencontreront sûrement au cours de leur vie. Sinon, les valeurs différentes entrent vraiment en conflit – un conflit dont un des perdants est certainement l'adolescent.

d) Les deux dessins ont bien sûr le même but : ils veulent inciter le public, probablement surtout un public jeune, à lire davantage.
Le premier dessin montre un cycliste qui a l'air assez heureux et qui emporte un tas de livres devant et derrière lui. Le dessinateur a ajouté les mots « Lire c'est partir », auxquels il a ainsi donné un double sens. Evidemment, le cycliste est en train de s'en aller quelque part avec ses livres, et on peut être sûr qu'il les lira. Pourtant, en lisant on part aussi d'une autre manière. La lecture nous fait oublier la réalité, on plonge dans son imagination, on peut rêver de personnages et de lieux lointains et étrangers. Tout cela rend la lecture intéressante et attirante, surtout pour les jeunes.

Le deuxième dessin montre un très grand livre ouvert ; derrière, on entrevoit trois personnages qui sont en train de lire ce livre. Ils semblent être dessinés de différentes couleurs, mais difficile de savoir si le dessinateur veut par là mettre l'accent sur les différences de couleurs de peau, de nationalité ou tout simplement de vêtements. Ce qui est par contre évident, c'est qu'ils sont de « jeunes lecteurs actifs », comme le dit la page du titre du livre, qui lisent « pour réussir ». Le dessin associe donc la réussite (scolaire) des jeunes à la lecture, impliquant que plus un adolescent lit, plus il aura de succès – peu importe l'environnement dont il provient.
Pris ensemble, les deux dessins sont donc porteurs d'un message important aux jeunes : on lit pour le plaisir et pour l'éducation, la lecture fait rêver et est instructive – au moins aussi intéressante donc que la télé ou l'ordinateur.

Version

8. ***Hinweis:*** *« On » kann hier, zumindest im ersten Satz, durchaus mit wir übersetzt werden. Der Relativsatz « qui a été tracé » kann mit einer Partizipialkonstruktion wiedergegeben werden. Vorsicht bei Jahreszahlen: „1923" oder „im Jahr 1923". « Son héros » wurde zum besseren Verständnis erweitert zu „der Held seines Romans". Der zweite Absatz birgt einen Mix von Tempora, die aber alle mit Perfekt übersetzt wurden. Das Futur des Originals wird durch das Adverb „später" ausgedrückt. Die Académie Goncourt vergibt alljährlich einen der bedeutendsten französischen Literaturpreise, den « prix Goncourt ». Der letzte Satz wäre mit einem Komma nach dem Buchtitel eindeutiger.*

„Les allumettes suédoises" gehört zur Gruppe der Kindheitserzählungen, Erzählungen, auf die ich ziemlich versessen bin, denn das, was wir sind und was im Leben aus uns wird, hat zum größten Teil seinen Ursprung in unserer Kindheit und Jugend, einem Alter, das sich über einen Zeitraum von ungefähr zehn Jahren erstreckt, d. h. von 7 bis 17 Jahren. Was man danach auch sagt, was man danach auch tut, man folgt doch nur dem vorgezeichneten Weg. Doch Robert Sabatiers Erzählung enthält noch mehr. Sie unterscheidet sich von [den] anderen Kindheitserzählungen insofern, als sie auch zur Kategorie der Milieuschilderungen (Stadtteilgeschichten) gehört, das heißt zu den Romanen, die – nach dem Beispiel der Romane von Nagib Mahfuz, oder, weniger lang zurückliegend, von Michel Tremblay – das Umfeld der handelnden Personen als vollwertige Romanfigur betrachten.
Robert Sabatier wurde 1923 in Paris geboren. Waise wie der Held seines Romans, wurde er zum Mündel seines Onkels, der Schriftsetzer war. Er übte mehrere Berufe aus, bevor er Journalist wurde und 1971 in die Académie Goncourt aufgenommen wurde. Robert Sabatier hat zahlreiche Romane und Gedichtbände veröffentlicht. Nach „Les allumettes suédoises" schrieb er eine Fortsetzung der Geschichte von Olivier in sechs Bänden, von denen der neueste, der 2003 erschienen ist, den Titel „Olivier 1940" trägt.

Une nouvelle ville commence

Depuis des décennies, les agglomérations cherchaient à s'adapter à la voiture. Avec le maxi-réseau de location de bicyclettes que Paris – après Lyon – va inaugurer, la roue tourne : un vrai mode de transport urbain apparaît. Et l'auto, de plus en plus, n'en sera qu'un parmi d'autres.

La mise en place de *Vélib'*[1], un étonnant service de location de bicyclettes, ne sonne pas seulement l'heure de la revanche pour une petite reine moquée depuis des décennies par la déesse Automobile. Symboliquement, elle marque aussi un nouveau temps dans l'aménagement des villes.

Pourquoi ce mouvement ? Pas seulement parce que la petite reine est écolo – sinon, tout le monde serait cycliste depuis longtemps. Ce qui lui manquait, c'était l'efficacité. Et c'est ce qui est en train de changer. Car il faut bien se rendre compte de ce qui se prépare. A terme, c'est-à-dire au début de 2008, 1 451 sites de location de vélos seront dispersés dans la capitale. A titre de comparaison, le réseau de métro de la RATP – le plus dense du monde – ne compte que… 297 stations dans Paris intra-muros. Où que l'on soit, on aura donc la certitude de trouver une bicyclette à deux pas de son lieu de départ et de son lieu d'arrivée. Sans avoir besoin de la rapporter, sans craindre de se la faire voler et pour un coût modique : 1 euro la journée, 5 euros la semaine, 29 euros par an pour un nombre illimité de trajets de moins d'une demi-heure. Redoutable.

Le petite reine dispose de quelques solides avantages comparatifs : sur la voiture (bouchons, stationnement, coût…) ; le métro (inconfort, changements…) ; le bus (horaires, incertains, encombrements) ou la marche (lenteur). « Si l'on suit l'exemple lyonnais, on devrait passer de 145 000 à 350 000 déplacements quotidiens », calcule Didier Couval, chef de la mission vélo à Paris. Un saut significatif.

Économe, écolo et désormais efficace : le succès de Vélib' est probable. Même s'il faut se garder de tout délire : la bicyclette ne va pas remplacer d'un coup de baguette magique les autres modes de transport. L'automobile, par exemple, continuera d'être la plus performante lorsque l'on est chargé, âgé ou que l'on se déplace loin… « A Paris, la moyenne des trajets s'élève à 10 kilomètres », rappelle Christian Gérondeau, président de la fédération française des automobiles clubs. Selon toute probabilité, c'est sur les courts trajets que *Vélib'* sera le plus compétitif.

Quoique, Xavier, cadre commercial, a déjà fait ses calculs. « Depuis la gare du Nord, près de laquelle j'habite, je prendrai le métro jusqu'à Montparnasse. De là, je terminerai à vélo jusqu'à Vaugirard, où se trouve mon bureau. Ce sera plus rapide et j'éviterai une correspondance pénible. » Judicieusement, d'ailleurs, des stations sont prévues systématiquement ou presque à la sortie des métros et des gares.

Car l'autre avantage du système, c'est sa souplesse. Il fait beau la matin ? Je prends le vélo. Il pleut le soir ? Je rentre en bus. « L'avenir des déplacements dans les grandes agglomérations, c'est la diversité affirme Bertrand Delanoë, maire (PS) de la capitale. Il faut que le citadin puisse choisir. »

Certains vont même plus loin. Selon eux, la multiplication des bicyclettes dans les villes françaises pourrait entraîner un changement des mentalités. « Par son effet massif, *Vélib'* va favoriser une autre manière de vivre la ville : plus libre, plus sereine », espère Delanoë. « Dans une voiture, on est enfermé, replié. C'est la prolongation du domicile individuel, analyse le sociologue Bruno Marzloff, spécialiste de la mobilité. Le vélo, lui, est ouvert : c'est un mode de transport qui incite au contact. »

La multiplication des « vélostations », au même titre que le retour des tramways et la banalisation des zones piétonnes, le montre : la France tourne peu à peu le dos à une période où la voiture et la vitesse étaient considérées comme les objectifs ultimes d'un aménagement urbain réussi. Une période qui garde tout de même de beaux restes : voilà quelques mois, une vieille dame a été verbalisée[2] à Paris parce qu'elle traversait une avenue trop… lentement.

Michel Feltin, « Une nouvelle ville commence », L'Express, 17 juillet 2007 (texte abrégé)

Explications :

1 Vélib' : vélos en libre-service (à Paris)
2 verbaliser qn : faire payer une amende à qn pour ne pas avoir respecté le code de la route

Devoirs **Nombre de points**

Questions sur le texte **80**

Répondez aux questions suivantes en utilisant autant que possible vos propres mots.

1. Expliquez pourquoi le concept *Vélib'* s'annonce très prometteur. (20)
2. Michel Feltin compare l'efficacité de *Vélib'* à celle d'autres moyens de transport. Faites le bilan de cette comparaison. (20)
3. Analysez le style du texte. Quelques aspects caractéristiques suffisent. (15)
4. « Dans une voiture, on est enfermé, replié. C'est la prolongation du domicile individuel » (l. 43/44). Précisez ce que Bruno Marzloff veut dire par cette affirmation. (10)
5. « Déesse Automobile » vs « petite reine » : Expliquez et commentez le changement de mentalité qu'implique cette opposition. (15)

Commentaire personnel / Rédaction **40**

6. *Exposez, en 150 à 200 mots environ, vos idées/arguments sur un des sujets suivants.*
   a) D'après vous, le port du casque devrait-il être obligatoire pour les cyclistes ?
   b) Un week-end à Paris : Choisiriez-vous les sites touristiques classiques ou préféreriez-vous des endroits moins visités ?

c) Décrivez et commentez le dessin ci-dessous :

JM Ucciani

Version **40**

7. *Traduisez le texte suivant :*

A Paris à vélo

Découvrez les situations délicates rencontrées quand on circule à vélo à Paris : sachez comment les éviter ou les aborder en toute vigilance. Jusqu'au 15 décembre, des ateliers[1] de conduite cycliste sont proposés par la Mairie de Paris. Précision : ils s'adressent aux personnes adultes ayant déjà fait du vélo, mais qui n'ont pas assez de pratique en milieu urbain pour se sentir autonome sur l'espace public parisien.
Il existe encore d'autres formules d'apprentissage : plusieurs associations proposent des cours dans des vélos-écoles.
Premier temps : retour sur les bases théoriques !
Rappel des règles du code de la route, conseils de sécurité et de bons comportements à vélo…
Deuxième temps : tous en selle !
Passage à la pratique avec votre vélo ou un Vélib'[2] prêté pour l'occasion.
Cette action est limitée dans le temps : n'attendez pas pour vous inscrire car les places sont limitées !

www.paris.fr/portail/deplacements

Explications :

1 l'atelier : *ici :* le cours (pratique)
2 *ne pas traduire*

Maximum de points : **160**

Lösungsvorschläge

Questions sur le texte

1. *Hinweis: Die schlichte Reproduktionsfrage bezieht sich nur auf die Zeilen 9–18 und verlangt lediglich eine Zusammenfassung des Absatzes unter dem Gesichtspunkt, worin die Gründe für das starke Aufkommen des Vélib liegen. Es bietet sich an, diese Gründe nach ihrer Gewichtigkeit zu ordnen. Vorsicht: Diese Art Frage verführt stark zum Kopieren des Textes – verwenden Sie Ihre eigenen Worte.*

   Le service de location de vélos – Vélib – promet de devenir un grand succès pour de différentes raisons : Tout d'abord, c'est un fait que le vélo est un moyen de transport écologiste. Puis, c'est confortable, car il ne faut pas rendre la bicyclette à la station de départ, on peut la déposer à une des nombreuses stations qui existent partout à Paris. En plus, pas de risque de vol – et le tout pour le prix très modéré d'un euro par jour.
   Mais le vrai point fort de Vélib, c'est sa grande efficacité, car il dispose à Paris d'un réseau de 1451 stations de locations, soit cinq fois plus qu'il y a de stations de métro (297). Un site de Vélib est donc presque toujours à proximité.

2. *Hinweis: Das Problem dieser Frage, die sich zunächst auf die Zeilen 19–23 bezieht, liegt darin, dass die offen liegenden Fakten im Text nur in Stichpunkten aufscheinen, für die Antwort aber ausformuliert werden müssen. Achten Sie auch darauf, dass die gefragte Bilanz nicht nur die Vorteile (Z. 19–23), sondern auch die Nachteile (Z. 27/28) umfasst.*

   Quand on dresse un bilan de Vélib en comparant son efficacité à d'autres moyens de transport, il est vite évident que Vélib dispose d'un côté de grands avantages : on est plus vite qu'à pied, cela paraît assez clair. Mais comparé à la voiture, on évite les embouteillages, on n'a pas de problème à trouver une place de stationnement et c'est beaucoup moins cher. Par rapport au bus, le Vélib a l'avantage d'éviter les horaires peu fiables et les bouchons. Et finalement, le Vélib l'emporte sur le métro car il n'y a pas de changements compliqués à exécuter et on échappe au manque de confort du métro.
   De l'autre côté, le Vélib présente naturellement quelques inconvénients. Premièrement, le déplacement par bicyclette est peu praticable pour les gens âgés. Ensuite, « à Paris, la moyenne des trajets s'élève à 10 kilomètres » (l. 27/28) – une distance qui s'avère normalement trop longue pour la bicyclette. Et enfin, il n'est guère possible de transporter des objets lourds et encombrants sur un vélo.

3. *Hinweis: Fragen nach dem Stil des Textes implizieren immer zwei Aspekte: Zum einen muss die Stilrichtung benannt (im vorliegenden Fall ein journalistischer Text mit entsprechendem Stil) und begründet werden und zum zweiten müssen einige wichtige rhetorische Figuren angeführt werden, die typisch für diesen Stil sind. Bitte denken Sie immer daran, dass rhetorische Figuren nicht nur aufgelistet werden, sondern dass ihre Funktion im Text mit erläutert werden muss.*

   Le texte est un article paru dans l'Express. Ce qui est typique pour le style journalistique, ce sont par exemple les citations d'experts (le chef de la mission vélo à Paris l. 21/22), d'hommes politiques (le maire Delanoë l. 37–39) ou de clients (un cadre commercial l. 31–34) qui, en servant de témoins, créent une atmosphère d'authenticité et de sérieux, de même, l'usage d'exemples concrets et de chiffres comme par exemple aux lignes 12 à 17, où l'auteur énumère le nombre de sites de Vélib et les coûts, ou à la ligne 22 où il mentionne les déplacements quotidiens. Ces chiffres soulignent de plus l'exactitude de la recherche journalistique et rendent ainsi le texte plus convaincant.

On trouve dans le texte un bon nombre de figures de style qui sont également caractéristiques du style journalistique. Le jeu de mots dans le titre (« Une nouvelle ville » au lieu de « une nouvelle vie ») capture l'intérêt du lecteur et doit l'inciter à continuer sa lecture. La question rhétorique « Pourquoi le mouvement ? » à la ligne 9 sert aussi à susciter l'intérêt. Les métaphores comme « la déesse Automobile » (l. 7) ou « la petite reine » (pour le vélo) soulignent le contraste entre voiture et bicyclette et rendent ainsi le texte plus vivant. L'ironie à la fin de l'article – la vieille dame verbalisée pour avoir traversé une rue trop lentement (l. 50/51) – met en relief le changement qui est en train de s'accomplir.

4. *Hinweis: Diese Frage könnte missverständlich sein, denn schließlich ist für die meisten das Zurückgezogensein im Auto und das Zuhause positiv konnotiert. Das Zitat muss im Kontext gelesen werden, damit klar wird, dass auch hier ein Gegensatz aufgebaut wird: das Auto als unsozial und abgeschottet, das Fahrrad als offen und freundlich.*

   Pour Bruno Marzloff, le « domicile individuel » (l. 43/44) a comme caractéristique le fait qu'on y est seul, sans contacts. Ces traits sont appliqués à la voiture : on y est sans contacts, replié sur soi, coupé du monde : L'automobiliste mène alors une vie solitaire, une vie dans l'anonymat, une vie d'un fort individualisme. Le vélo, par contre, est un moyen de transport où l'on reste réceptif aux impressions du monde parce que c'est ouvert – contrairement à la voiture. Ainsi il « incite au contact » (l. 45).

5. *Hinweis: In jeder der beiden Metaphern steckt eine Sichtweise – ihre Gegenüberstellung im Text soll die Veränderung der Wahrnehmung weg vom Auto hin zu einem in vielen Bereichen vorteilhafteren Verkehrsmittel unterstreichen. Diese Änderung gilt es herauszuarbeiten. Dabei muss allerdings zuerst geklärt werden, welche Assoziationen sich mit den beiden Metaphern verknüpfen. Es schadet auch nichts, diese Vorgehensweise kurz zu Beginn zu thematisieren.*

   Avant d'analyser l'opposition de ces deux notions, une analyse de chaque métaphore semble utile. Le fait que la voiture soit traitée de « déesse Automobile » – avec un A majuscule ! – élève la voiture à un personnage céleste. La voiture devient ainsi un objet de culte et d'idolâtrie qu'il faut adorer et qui paraît être bien plus qu'un simple moyen pour se déplacer.
   « La petite reine », le vélo, par contre, bien qu'il appartienne comme « reine » à une sphère élevée, est pour autant de ce monde. Et le diminutif « petite » fait disparaître ce rang élevé en suscitant notre sympathie.
   Dans cette opposition d'un objet d'idolâtrie d'une part et d'un objet sympathique d'autre part s'exprime un changement de mentalité : la voiture et le vélo ont partiellement échangé leurs rôles, car dans des villes encombrées, le culte de la vitesse est peu à peu remplacé par une vue pragmatique, ce qui mène à « une autre manière de vivre la ville » (l. 42).

Commentaire personnel / Rédaction

6. a) *Hinweis: Das Thema kann aufgrund der Sicherheitsdebatte nicht als dialektisch aufgefasst werden, und es kann im Grunde nur eine affirmative Stellungnahme geben. Dass man in diese – je nach Neigung – auch negative Aspekte des Helmtragens einfließen lassen kann, liegt auf der Hand.*

   A mon avis, la réponse à la question ne peut être que oui, bien sûr – le casque devrait être absolument obligatoire pour les cyclistes.

Aller à vélo a toujours été dangereux, car on roule sur deux minces roues sans aucune véritable protection. Mais avec le trafic qui a beaucoup augmenté et avec les bicyclettes modernes où il est normal d'avoir 20 vitesses, le risque est devenu encore plus important.
Une chute peut toujours avoir des suites graves, mais la partie du corps la plus menacée, c'est toujours la tête. La majorité des décès à la suite d'un accident de vélo est due à des blessures à la tête. Une protection peut sauver des vies – toutes les statistiques prouvent que le port de casque réduit fortement ce risque mortel. Que ce soit parfois un peu inconfortable de le porter, que ce soit parfois un peu encombrant d'avoir toujours son casque sur soi – il devrait aller de soi de porter une protection. Et pour ceux qui se sentent gênés de le porter parce qu'ils le trouvent seulement peu chic : Il y a des casques de toutes les couleurs et de formes diverses !

b) *Hinweis: Auch dieses Thema ist einfach entwickelnd und lässt individuellen Neigungen viel Freiraum. Die Themenstellung erfordert eine gewisse Differenzierung: Ist man das erste Mal in Paris, wird man vermutlich vor allem die bekannten Monumente besuchen, beim zweiten oder dritten Mal wird dies vermutlich anders sein. Problematisch daran ist, dass man, um das Thema adäquat bearbeiten zu können, gerade auch das versteckte Paris kennen sollte. Zu bedenken ist auch, dass ein Wochenende zur Verfügung steht: Die Ausführungen sollten also in zwei Tagen realisierbar sein.*

Un week-end à Paris, ce n'est pas beaucoup pour visiter une telle ville. Que faire ? Visiter les sites touristiques classiques ou des endroits plus cachés ?
A mon avis, il faudrait faire une différence entre ceux qui sont pour la première fois à Paris et ceux qui ont déjà visité la ville plusieurs fois.
Quand on est à Paris pour la première fois, c'est normal qu'on veuille voir les monuments dont tout le monde parle, tout d'abord la tour Eiffel, Notre Dame, l'Opéra, l'Arc de Triomphe, Beaubourg et le Louvre (au moins de l'extérieur) et qu'on veuille flâner sur les Champs Élysées et faire une partie de bateau-mouche sur la Seine. Même si l'on fait vite, c'est un programme presque surchargé pour un week-end. Mais je trouve qu'il faut avoir vu ces monuments et que c'est utile de commencer comme cela.
Une deuxième visite permettrait alors d'entrer plus dans les détails, par exemple de visiter quelques musées intéressants comme une partie du Louvre ou le musée d'Orsay ou le Jeu de Paume. En même temps, on pourrait se mettre à la découverte des petits bistrots…
Quand on revient plus souvent, on peut se mettre peu à peu à la recherche des sites un peu plus secrets, comme le musée Rodin ou la maison Balzac…
En résumé, on peut dire qu'une réponse à la question n'est pas facile, vu que chacun a ses goûts et vu l'immense richesse qu'offre la capitale française au visiteur.

c) *Hinweis: Auch die Karikatur ist nicht ganz unproblematisch: Um sie völlig zu verstehen, muss man wissen, dass sie anspielt auf „métro-boulot-dodot" (in Anlehnung an ein Gedicht von Pierre Béarn), was den Rhythmus der Pariser verkörpern soll. Wie immer muss zuerst das Dargestellte beschrieben werden, um davon ausgehend unter Einbezug der Informationen der Sprechblase zu einer Gesamtdeutung zu gelangen.*

La caricature montre un cycliste qui, en costume de sport et fixant son casque, se prépare à monter sur son vélo et qui semble être de très bonne humeur. À côté de lui, les mains sur les hanches, c'est sa femme qui le regarde d'un œil critique en lui disant : « Et tu me dis que tu vas bosser ? » – la bonne humeur de son mari le rend suspect. La

réponse de son mari : « Aujourd'hui, c'est vélo-boulot-dodo chérie ! » est une allusion à un vers d'un poème de Pierre Béarn (« métro-boulot-dodo ») qui exprime le rythme de vie dans les grandes villes.
Mais contrairement à ce mode de vie monotone, le personnage du dessin n'a rien à voir avec ceux qui montent le matin dans le métro, visages gris et fatigués. Il a l'air frais et gai et semble jouir du fait d'aller au travail – c'est bien compréhensible que sa femme ait des soupçons.
C'est évidemment le vélo qui fait la différence. Aller au travail en plein air, en faisant du sport et en évitant le métro encombré et souvent inconfortable semble le rendre heureux. Et voilà le message de la caricature : allez au travail à vélo et vous irez mieux – à un tel point que même votre famille ne comprendra guère votre changement.

Version

7. *Hinweis: Der an sich nicht allzu schwere Text hat seine problematischen Seiten vor allem im Bereich des Wortschatzes, wo man des öfteren etwas freier übersetzen muss. Dabei gilt das alte Prinzip, so wörtlich wie möglich am Text zu bleiben und Freiheiten dort zu nehmen, wo Bilder zu vermitteln sind, typische Gallizismen oder Sachverhalte, die es so im Deutschen nicht gibt. Und wie immer: Keine Angst vor Fremdwörtern!*
Zeile 1: „délicat": Nicht mit „délicieux" verwechseln. „Délicat" bedeutet „schwierig, knifflig" – im Kontext könnte man es auch mit brenzlig übersetzen.
Zeile 1: „rencontrées": Die Übersetzung „begegnen" wäre in diesem Zusammenhang zu blass.
Zeile 2: „sachez": Wollte man den Satz mit „wissen" beginnen, würde das im Deutschen merkwürdig klingen.
Zeile 7: „apprentissage": Eigentlich bedeutet „apprentissage" „Ausbildung". Nachdem aber klar gestellt wurde, dass man bereits Rad fahren kann, scheint „Forbildung" angebrachter.
Zeile 8: „vélos-écoles": Nachdem „Fahrschule" „auto-école" heißt, wäre „Fahrradschule" zu schwach.
Zeile 9: „les places sont limitées": Alternative: „die Anzahl der Plätze ist begrenzt". Die Formulierung „die Plätze sind begrenzt" wäre unschöner und auch missverständlich.

Mit dem Rad in Paris

Entdecken Sie die heiklen Situationen, mit denen man konfrontiert wird, wenn man mit dem Fahrrad in Paris unterwegs sind: Lernen Sie, wie man sie meidet oder sich ihnen mit aller Wachsamkeit stellt. Bis zum 15. Dezember bietet die Stadt Paris Fahrradkurse an. Genauer: Sie richten sich an Erwachsene, die schon Rad fahren können, die aber nicht über genug Praxis im städtischen Milieu verfügen, um sich auf den öffentlichen Wegen in Paris heimisch zu fühlen.
Es gibt auch noch andere Möglichkeiten der Fortbildung: Mehrere Veranstalter bieten Kurse in Fahrrad-Fahrschulen an.
Erster Abschnitt: zurück zu den theoretischen Grundlagen!
Wiederholen der Straßenverkehrsordnung, Ratschläge zur Sicherheit und zum richtigen Verhalten auf dem Fahrrad …
Zweiter Abschnitt: alle in den Sattel!
Übergang zum praktischen Teil mit Ihrem Fahrrad oder einem für diesen Anlass geliehenem Vélib.
Diese Aktion ist zeitlich befristet: Schreiben Sie sich gleich ein, denn es gibt nur begrenzt Plätze!

Le froid de la grande ville

Ça caille dans ce bled, le vent fait pleurer mes yeux et je cavale pour me réchauffer. Je me dis que je ne vis pas au bon endroit, que ce climat-là n'est pas pour moi, parce que, au fond, ce n'est qu'une question de climat, et ce matin, le froid ouf[1] de France me paralyse.

Je m'appelle Ahlème et je marche au milieu des gens, ceux qui courent, se cognent, sont en retard, se disputent, téléphonent, ne sourient pas, et je vois mes frères qui, comme moi, ont très froid. Ceux-là, je les reconnais toujours, ils ont quelque chose dans les yeux qui n'est pas pareil, on dirait qu'ils aimeraient être invisibles, être ailleurs. Mais ils sont ici. […]

Mon rendez-vous à l'agence d'intérim[2] est à 10 h 40. Pas 45. Pas 30. C'est précis, en France, chaque minute compte et je n'arrive pas à m'y faire. Je suis née de l'autre côté de la mer et la minute africaine contient bien plus que soixante secondes.

Sur les indications de M. Miloudi, le conseiller de le mission locale[3] de mon quartier, je me suis adressée à cette nouvelle boîte : Intérim Plus.

Miloudi […] tient la mission locale de la cité de l'Insurrection depuis des années et a dû voir défiler tous les cassos[4] du secteur. Il est plutôt efficace. Lors de mon entretien, il n'avait pas traîné :

« Installe-toi, jeune fille…

– Merci, monsieur.

– Et la prochaine fois, avise-toi de frapper avant d'entrer, s'il te plaît.

– Désolée, monsieur, j'y ai pas pensé.

– C'est pour toi que je dis ça, ça peut te faire échouer à un entretien, ce genre de choses.

– Je m'en souviendrai.

– Bon, allons-y, ne perdons pas de temps, nous n'avons que vingt minutes devant nous. Tu vas remplir le formulaire de compétences qui est devant toi, écris dans les cases en lettres capitales et ne fais pas de fautes d'orthographe. […] Je reviens dans cinq minutes. »

Il […] quitta la pièce, me laissant face à mon destin. Sur le bureau, il y avait des tas de dossiers, de la paperasse à perte de vue, ça prenait tout l'espace. Et surtout, une horloge énorme était accrochée au mur. Chaque mouvement de ses aiguilles produisait un bruit qui retentissait en moi comme si on sonnait le glas. J'avais chaud tout à coup. J'étais bloquée. Les cinq minutes passèrent comme un TGV et je n'avais écrit que mon nom, mon prénom et ma date de naissance.

J'entendis la toux sèche de M. Miloudi dans le couloir, il revenait.

« Alors ? Où en es-tu ? Tu as fini ?

– Non. J'ai pas terminé.

– Mais tu n'as rien rempli ! dit-il en se penchant sur la feuille.

– J'ai pas eu le temps.

– Il y a plein de gens qui attendent des rendez-vous, je dois voir d'autres personnes après toi, tu les as vues dans la salle d'attente. […] Pourquoi tu n'arrives pas à remplir ? C'est pourtant simple.

– Je sais pas quoi mettre dans la case ‹ projet de vie ›…

– Tu as bien un idée ?

– Non.

– Mais sur ton CV, il est indiqué que tu as beaucoup d'expériences professionnelles. […]

– C'étaient des petits jobs de serveuse ou de vendeuse que j'ai faits. C'est pour gagner de l'argent, monsieur, c'est pas mon projet de vie.

– Bon, laisse tomber le formulaire, on n'a pas le temps. Je vais te donner l'adresse d'une agence d'intérim […]. » […]

Johanna, l'employée de bureau d'Intérim Plus, a l'air d'avoir seize ans. […] Elle me demande de remplir un questionnaire. […] La demoiselle porte un jean ultra-moulax qui laisse apparaître tous les écarts de son régime Weight Watchers. Elle m'indique un siège près d'une petite table où je peux m'installer. J'ai du mal à écrire, mes doigts sont gelés, je peine à les desserrer. […]

Je gratte, je remplis leurs cases, je coche, je signe. Tout est minuscule sur leur formulaire et leurs questions sont presque vexantes. Non, je ne suis pas mariée, je n'ai pas d'enfants, je ne suis pas titulaire du permis B, je n'ai pas fait d'études supérieures, […] je ne suis pas française. A la rigueur, où se trouve la case ‹ Ma vie est un échec › ? Comme ça, je coche directement oui, et on n'en parle plus. […]

Faïza Guène, Du rêve pour les oufs, *p. 7–12 © Hachette Littératures, 2006*

Explications :

1 ouf, *adj.* : verlan : fou
2 une agence d'intérim *:* une agence qui organise des travaux temporaires
3 une mission locale : *ici :* une mission locale d'insertion, c'est-à-dire un lieu d'accueil, d'information, d'orientation professionnelle pour des jeunes de 16 à 25 ans peu scolarisés ou en difficulté
4 les cassos, *arg.* : les cas sociaux

Devoirs — **Nombre de points**

Questions sur le texte — **80**

Répondez aux questions suivantes en utilisant autant que possible vos propres mots.

1. Expliquez le choix du titre « Le froid de la grande ville » en vous référant aux lignes 1 à 11. (20)
2. Exposez le cadre de vie d'Ahlème : conditions de logement, situation professionnelle et sociale. (10)
3. Selon la définition, le conseiller d'une mission locale doit *recevoir les jeunes en difficulté en entretien individuel, analyser leur situation, les conseiller, repérer leurs potentialités et les aider à trouver un emploi adapté*. – Analysez dans quelle mesure M. Miloudi satisfait aux exigences de son métier pendant son entretien avec Ahlème. (20)
4. Suite aux expériences à la mission locale et à l'agence d'intérim, l'idée qu'Ahlème se fait d'elle-même change.
   a) Décrivez et commentez ce changement. (20)
   b) Démontrez en quoi le style du dernier paragraphe (l. 53–57) reflète les sentiments et les pensées de la narratrice. (10)

Commentaire personnel / Rédaction **40**

5. *Exposez, en 150 à 200 mots environ, vos idées/arguments sur un des sujets suivants.*

   a) Vous aurez passé votre baccalauréat dans quelques semaines. C'est le moment de faire des projets. Rédigez une lettre à un(e) bon(ne) ami(e) francophone pour parler de votre ‹ projet de vie › et de ce que vous pensez faire pour sa mise en œuvre.

   b) Travailler pour vivre ou pour s'épanouir ? Commentez.

   c) Le mieux pour s'intégrer rapidement quand on est à l'étranger, c'est de parler la langue et de bien connaître la culture du pays. – Développez cette idée en partant d'un pays francophone de votre choix.

Version **40**

6. *Traduisez le texte suivant :*

Et pourquoi ne pas travailler en intérim ?

« L'intérim a été ma chance. Malheureusement, je n'y ai pas pensé tout de suite. » Pour Eric Crosti, cadre de 47 ans, l'intérim était une forme de travail trop précaire et réservée aux métiers pas ou peu qualifiés. « Une fois que je me suis décidé à franchir les portes d'une agence, mon sentiment négatif s'est estompé. Au bout de quelques semaines, une première mission m'a été proposée, qui correspondait à mon profil et qui a duré trois mois. De quoi retrouver une confiance que je croyais perdue à jamais. »

L'intérim se porte bien. La France offre même aux géants du travail temporaire – le suisse *Adecco*, l'américain *Manpower* et le hollandais *Vedior* – un havre de croissance. Longtemps, l'intérim a pâti d'une image négative. Aujourd'hui, les entreprises de travail temporaire ne placent pas seulement des ouvriers spécialisés ou des assistantes débutantes, mais des cadres, des ingénieurs et techniciens, des commerciaux, voire même des patrons.

Albert Zennou, « Et pourquoi ne pas travailler en intérim ? », L'EXPRESS, le 2 mai 2007 (texte abrégé)

Maximum de points : **160**

Lösungsvorschläge

Questions sur les textes

1. *Hinweis: Die Frage bezieht sich rein auf den ersten Absatz, der eine Erklärung des Titels liefert. Achten Sie aber auf die Zweideutigkeit des Titels, die eine konkrete und eine bildliche Deutung notwendig macht.*

   La protagoniste n'est pas d'origine française, elle est « née de l'autre côté de la mer » (l. 10/11). Par conséquent, elle déteste le climat français qui lui semble trop froid et désagréable avec son vent mordant.
   Mais elle a aussi froid au sens figuré, car ce n'est pas seulement le climat qui lui déplaît, c'est la mode de vie en France : Elle ne peut pas s'habituer à la hâte des Français, à la foule anonyme toujours pressée et elle ne comprend pas la dictature du temps dans cette société ou tout est minutieusement réglé. Elle ne se sent pas chez elle et éprouve alors la France et ses habitants comme froid – un sentiment qu'elle partage avec ses compatriotes aux mines desquels elle voit qu'eux aussi se sentent étrangers et qu'eux aussi souffrent de la froideur générale.

2. *Hinweis: Bei dieser reinen Reproduktionsfrage müssen alle wesentlichen Informationen über die Protagonistin aus dem Text zusammengetragen werden, über den sie verteilt sind – einige wichtige Details finden sich ganz am Ende. Eine sinnvolle Gliederung der Fakten ist wünschenswert.*

   On apprend d'Ahlème qu'elle n'est pas Française. Elle est probablement Algérienne parce qu'elle dit qu'elle vient « de l'autre côté de la mer » (l. 10/11). Le texte ne parle pas de son domicile, mais on peut supposer qu'elle habite la banlieue parisienne car sa mission locale se trouve à la cité d'Insurrection, une cité de grands tours.
   Ahlème n'est pas mariée et elle n'a pas d'enfants – et, n'ayant pas fait d'études supérieures, pas d'emploi non plus : elle est au chômage. Elle gagne son argent avec des petits boulots comme par exemple serveuse et elle n'a pas de perspectives d'avenir ce qui se révèle quand elle dit qu'elle n'a pas de « projet de vie » (l. 40) et qu'elle regarde sa vie comme un échec.

3. *Hinweis: Die Frage verlangt eine Interpretation des Verhaltens des Eingliederungsberaters und bezieht sich somit ebenfalls auf einen sehr langen Textabschnitt. Dabei sollte das Augenmerk darauf gelegt werden, wie sich sein anfänglich freundlich-wohlwollendes Verhalten unter dem zunehmenden Zeitdruck ändert.*

   On peut dire que M. Miloudi manque presque complètement aux exigences de son métier – bien que ce ne soit peut-être pas tout à fait de sa faute.
   Au début, il reçoit Ahlème aimablement, il lui parle d'un ton presque paternel et lui donne des conseils qui pourraient lui être utiles. Mais au lieu de l'aider à remplir son questionnaire, comme il le faudrait faire, il la laisse seule pour se plaindre en revenant qu'elle n'a rien écrit. Sous la pression des autres cas qui attendent et le temps qui passe, il lui fait seulement des reproches et ne s'occupe pas vraiment des problèmes de la fille. A la fin, il se débarrasse d'elle sans qu'elle ait rempli le questionnaire en l'envoyant à une agence intérim.
   Ainsi il prive Ahlème de l'orientation individuelle dont elle a absolument besoin et qui serait la tâche principale d'un conseiller d'orientation.

4. a) *Hinweis: Auch diese Frage umfasst wiederum einen großen Teil des Textes. Diesmal steht die Protagonistin und ihre sich unter dem Druck der Umstände veränderte Selbstwahrnehmung im Mittelpunkt. Den Schlüssel für die Veränderung bietet ihre Einstellung zu ihrem „projet de vie".*

A la mission locale, Ahlème est intimidée par la localité et par le questionnaire. Elle n'a pas d'idée sur son projet de vie, mais elle voit clairement la différence entre un projet de vie et ses petits boulots qui ne servent qu'à gagner de l'argent.
Mais déjà en arrivant à l'agence intérim, Ahlème est découragée. Cela commence par Johanna, l'employée de l'agence, et continue avec le questionnaire dont les questions, à cause de leur indiscrétion, paraissent simplement « vexantes » (l. 55) à la protagoniste. Ce sont ces questions qui font naître en Ahlème un sentiment d'insuffisance. Quand elle voit qu'elle ne satisfait à aucune d'elles, à la fin elle se résigne : elle ne voit plus de projet de vie, mais elle considère sa vie tout simplement comme un échec.

b) *Hinweis: Hier wird mit der Frage nach dem Stil an die vorhergehende Frage angeknüpft. Insofern bietet diese bereits eine Art Hilfestellung: Der Stil bzw. die Stilfiguren müssen das erarbeite Gefühl der Wertlosigkeit widerspiegeln. Denken Sie daran, rhetorische Figuren nicht einfach aufzulisten, sondern immer auch ihre Funktionen anzuführen. Die Basis der Frage sind lediglich fünf Zeilen – die Beispiele können also per Definition nicht zahlreich sein!*

A la fin du texte, Ahlème se résigne. Elle éprouve un sentiment d'amertume et d'infériorité qui se reflète dans les moyens stylistiques.
Les parallélismes des phrases très courtes et anaphoriques « je gratte, je remplis leurs cases, je coche, je signe » (l. 54) créent un style saccadé et expriment la hâte et la désespérance de la fille. L'accumulation de négations qui s'ensuit (« je ne suis pas mariée, je n'ai pas d'enfants, je n'ai pas de permis B, je n'ai pas fait d'études supérieures » l. 55/56) avec le point culminant « je ne suis pas française » (l. 56/57) montrent la déception extrême de la protagoniste quand elle reconnaît l'immense décalage entre sa position sociale et les exigences de la société. Cette déception est résumée dans la question rhétorique : « A la rigueur, où se trouve la case : ‹ Ma vie est un échec › ? » (l. 57) qui souligne sa situation désespérée.

Questions sur les textes

5. a) *Hinweis: Hier stehen dem Schreiber erfreulicherweise alle Möglichkeiten offen. Trotzdem sollte auf eine klare Strukturierung der Planung (z. B. unter zeitlichem Aspekt bzw. in der Reihenfolge der Wichtigkeit der angestrebten Ziele) geachtet werden. Auch die Einhaltung der Briefform sollte eine Selbstverständlichkeit sein. Ein solcher Lebensplan könnte vielleicht so aussehen:*

Hersbruck, le 13 mai 2008

Cher Jean-Marc,

Merci de tes félicitations – oui, j'ai réussi mon bac. Ce n'était pas facile, mais c'est fait. Tu m'as demandé dans ta lettre ce que je voulais faire maintenant. J'ai longuement réfléchi et je me suis décidé…
Je vais faire des études de droit, car ces études ouvrent une grande gamme de possibilités. Je pourrais par exemple travailler comme notaire, comme juge ou je pourrais entrer dans un bureau d'avocat ou dans une entreprise. Je choisirai l'emploi qui sera le mieux payé parce que je trouve qu'il est plus important d'avoir assez d'argent à dépenser que de s'épanouir dans son travail.

Une fois que j'aurai mon salaire, je vais essayer de me marier – pas avant, car il faut avoir une position dans la vie pour se marier. Je ne voudrais pas d'enfants, parce qu'à mon avis, les enfants, ne causent que des coûts et ils compliquent inutilement la vie. Ils te font perdre ta liberté et moi, je préfère jouir de mon argent que je dépenserai pour des vêtements, des voitures et des vacances. Il me faudra donc une femme qui en est d'accord avec moi. Je rêve d'avoir une grosse voiture et une grande et belle maison : une vie dans le luxe – voilà ce dont je rêve. Par conséquent, j'essayerai de monter vite dans l'entreprise pour gagner de plus en plus. Je déteste la stagnation.
Et voilà. Je sais que toi, tu vois les choses d'une façon différente. Tu travailles pour t'épanouir, et moi je travaille pour vivre.

A plus, Jean-Marc ! Donne mon bonjour à toute la famille

Roland

b) *Hinweis: Die Themenstellung ist einfach steigernd. Im Grunde berührt sie die vorhergehende: Auch sie beinhaltet eine Art Lebensplan insofern, als sie nach einer grundsätzlichen Einstellung zum Leben fragt: Arbeiten, um zu leben oder um in der Arbeit die Erfüllung zu finden – mit anderen Worten: Ist am Beruf die Tatsache, dass man viel verdient wichtiger, oder dass er Freude bereitet? Hier kann jeder nach seiner Neigung antworten, solange er sie begründet. Man kann aber auch versuchen, etwas differenzierter auf das Thema einzugehen.*

Après le baccalauréat, il faut se décider quoi faire. Il faut aborder des projets qui influencent toute la vie. Quoi faire ? Qu'est-ce qui est important dans la vie : travailler pour vivre ou pour s'épanouir ?
C'est une question fondamentale qui dépend de la personne – ceux qui s'intéressent surtout à un revenu aussi élevé que possible choisiront leurs études et après leur emploi selon le montant du salaire.
Pour moi, c'est plutôt important d'avoir un travail qui me plaît et où j'aurai l'impression de faire quelque chose d'utile. J'adore le travail qui permet d'être en contact avec des gens. Je pourrais alors m'imaginer de travailler comme assistante sociale ou comme professeur. Le sentiment d'aider les autres, de leur apprendre quelque chose et de me voir acceptée me satisfait fortement. Ce serait un travail auquel je me mettrais chaque matin avec joie et dont je reviendrais sûrement contente.
Mais à la fin, il faut ajouter : il se peut que les deux principes coïncident – par exemple un médecin avec un cabinet bien fréquenté qui aime vraiment le contact et qui est pris par son métier. Dans ce cas-là, on travaille pour vivre et, en même temps, on s'épanouit dans son travail.

c) *Hinweis: Dieses Thema eignet sich besonders für Schüler, die bereits einige Zeit im Ausland verbracht haben und von eigenen Erfahrungen berichten können. Ansonsten ist es unschön abstrakt, besonders, da man sich auf ein frankophones Land beziehen soll. Es hilft aber sicher weiter, wenn man sich an die Migrantenproblematik in Deutschland erinnert und wieviel von einer sprachlichen Integration abhängt. Das Thema ist klar steigernd angelegt, eine Wahl der Meinung besteht nicht.*

Quand on vit à l'étranger, il est important de s'intégrer afin d'avoir des contacts et de ne pas rester seul et isolé. Or, la base de l'intégration, c'est toujours la maîtrise de la langue du pays et la connaissance de sa culture et de ses coutumes.
Quand on vit par exemple au Canada, au Québec, c'est une erreur de croire qu'on pourrait se faire comprendre en parlant anglais : Tout d'abord, beaucoup de Québécois

ne savent vraiment pas parler anglais et deuxièmement, ceux qui le savent ne le parlent pas volontiers – on n'est pas vraiment accepté ainsi. Mais le problème est que même si on arrive à articuler ses désirs et ses vœux en anglais, par exemple en faisant les courses, on ne comprend toujours pas ce que les gens disent quand ils parlent entre eux. On ne comprend pas les actualités ou les journaux. On reste donc exclu. Et un véritable contact avec les habitants ne peut pas s'établir. C'est seulement en parlant la langue du pays que les habitants s'ouvrent : alors, on commence à se comprendre mutuellement, on crée des liens et peu à peu, on est, malgré l'accent qu'on garde, regardé un peu comme un des leurs.
Et quand on commence à comprendre les gens, on commence aussi à comprendre leurs coutumes et alors le vaste domaine de la culture du pays devient accessible.

Version

6. *Hinweis: Der Text stellt inhaltlich keine größeren Ansprüche, hat aber gelegentlich kleinere Schwierigkeiten im Bereich des Wortschatzes. Hier dürfen Freiheiten genommen werden. Auch gilt: Keine Angst vor Fremdwörtern!*
Überschrift: „Et pourquoi ne pas travailler en intérim?": Die Infinitivkonstruktion lässt sich im Deutschen schöner nominal übersetzen.
Zeile 3: „et réservée…": Hier bietet es sich eleganterweise an, die Reihung mit „et" relativ zu übersetzen.
Zeile 5: „estompé": Hier frei übersetzen.
Zeile 7: „confiance": Hier im Sinne von „Selbstvertrauen".
Zeile 10: „un havre de croissance": Das Bild des Hafens ist im Deutschen in diesem Zusammenhang unpassend

Und warum keine Zeitarbeit?

„Die Zeitarbeit war meine Chance. Unglücklicherweise habe ich nicht gleich daran gedacht." Für den 47-jährigen leitenden Angestellten Eric Crosti war die Zeitarbeit eine zu unsichere Arbeitsform, die gering- oder nichtqualifizierten Berufen vorbehalten war. „Als ich mich erst einmal entschieden habe, eine Zeitarbeitsfirma zu betreten, war mein ungutes Gefühl wie fortgeblasen. Nach einigen Wochen wurde mir ein erster Einsatz vorgeschlagen, der meinem Profil entsprach und der drei Monate dauerte. Damit habe ich ein Selbstvertrauen wiedergefunden, das ich für immer verloren geglaubt habe."
Der Zeitarbeitsbranche geht es gut. Frankreich bietet selbst den Branchenriesen der Zeitarbeit – der schweizerischen Firma *Adecco*, der amerikanischen Firma *Manpower* und der holländischen Firma *Vedior* – eine gute Wachstumsbasis. Die Zeitarbeit hat lange unter einem Negativimage gelitten. Heute vermitteln Zeitarbeitsfirmen nicht nur Facharbeiter und angehende Assistentinnen, sondern auch leitende Angestellte und Techniker, kaufmännische Angestellte, ja sogar Firmenchefs.

Vie privée. Le grand déballage

C'est l'histoire d'un homme et d'une femme qui se sont aimés, ont fondé une famille, puis se sont séparés. C'est leur histoire, mais c'est aussi celle du premier secrétaire du Parti socialiste et de l'ex-candidate à la présidence de la République. Deux personnages publics dont les relations personnelles ont donné une couleur inédite à la campagne présidentielle.

Où s'arrête leur vie privée, où commence leur vie publique ? Que peut-on dire, que doit-on taire ? L'air du temps serait-il à l'impudeur, au voyeurisme ? L'intimité est devenue l'objet de consommation cathodique[1] et matière première à autobiographies sulfureuses. La technologie elle-même dope cette course à la transparence. Des téléphones mobiles à l'Internet, les images et les mots circulent. Des cartes à puce aux caméras de surveillance, chacun sème derrière lui des petits cailloux, souvent à son insu.

Le XXe siècle, marqué par le triomphe de l'individualisme, a bouleversé notre société. Désormais, la vie se conjugue à la première personne du singulier. À chacun de façonner son existence. D'être soi-même, de se construire, de s'épanouir. De choisir ce qu'il veut dire ou passer sous silence, montrer ou cacher. « Le jardin secret n'est plus calibré[2], délimité par les normes et les conventions sociales, analyse le sociologue Jean-Claude Kaufmann. Des sujets comme le sexe et l'argent ne sont plus tabous. Au fond, chacun donne sa propre définition de sa sphère intime. »

Certains installent des webcams dans leur appartement ou couchent leurs secrets sur le papier. D'autres exhibent leurs bleus[3] à l'âme sous l'œil des caméras de télévision ou les confient à leur blog[4] – version publique du journal intime. « On révèle certaines parties de son intimité à un maximum d'inconnus pour avoir un retour sur soi, pour se découvrir dans les deux sens du terme, explique le psychiatre Serge Tisseron, auteur du livre *L'Intimité surexposée*. Se montrer, c'est se trouver. » Un désir d'« extimité », comme il dit, relayé et amplifié par l'édition et les médias.

Justine Dincher, 18 ans, en sait quelque chose. À 14 ans, cette Dijonnaise a sombré dans l'anorexie. En juillet 2005, elle a ouvert un blog signé « Youstinette ». L'envie de renouer les liens avec le monde. De se sentir moins seule face à la maladie. Très vite, « Youstinette » a trouvé son public. Jusqu'à attirer 40 000 visiteurs par mois et l'attention d' « Oh ! Editions », spécialiste des témoignages. Publié le 22 janvier 2007, le livre de Justine, *Ce matin j'ai décidé d'arrêter de manger*, lui a valu des invitations de « toutes les chaînes hertziennes et la plupart des radios ». Bilan ? « Je crois que j'ai fait bouger les choses. Des filles m'écrivent que je leur ai ouvert les yeux. »

Les médias raffolent tout autant des récits intimistes et leur accordent une large place. La radio a été la pionnière du genre. La télévision fait mieux. Avec elle, fini l'anonymat : on livre désormais ses secrets à des millions de téléspectateurs. Andy Warhol l'avait prédit dès 1968 : « À l'avenir, chacun de nous aura son quart d'heure de célébrité. » Nous y sommes.

Cette curiosité pour la vie des autres n'épargne plus le monde politique. À présent, les Français attendent de ceux qui les dirigent une once d'âme et d'émotion. « Notre société fonctionne à l'empathie, observe Jean-Claude Kaufmann. Nous avons besoin de nous reconnaître, de trouver des repères dans la vie des personnages publics pour que l'adhésion émotionnelle opère. » Cette fois encore, les intéressés ne se font pas (trop) prier : rares sont ceux qui résistent à l'envie de mettre en scène leur vie de famille.

« Un homme politique doit jouer sur deux tableaux : la compétence et la dimension personnelle, estime le sociologue François de Singly. Nicolas Sarkozy l'a parfaitement compris. Hier, il nous a dit : „J'ai des difficultés conjugales, je souffre, donc je suis un être humain.“ Aujourd'hui, il nous dit : „Voyez comment l'énergie que je mets à faire mon jogging, je saurai l'appliquer à mon programme.“ » Pour autant, pas question de laisser les journalistes mettre en doute l'écriture médiatique[5] que les uns et les autres donnent de leur intimité. Comme les stars et autres people, les politiques s'abritent derrière la loi de 1970 sur la protection de la vie privée.

Mais les temps changent. Depuis quelques années, les tribunaux appliquent la loi avec davantage de souplesse, sous l'influence de la Cour européenne des droits de l'homme, attachée à l'équilibre entre respect de la vie privée et liberté d'information. Critère n° 1 : telle information a-t-elle une incidence sur la vie publique ? « La difficulté est de prouver qu'un élément ayant trait à la vie privée a un impact sur l'action publique, remarque Jean-Michel Aphatie, journaliste politique à RTL. On ne le sait généralement qu'a posteriori. »

Plus de limites, de frontières, de « ligne jaune »... « L'application effective de la loi de 1970 touche ses limites sur Internet, reconnaît l'avocat Christophe Bigot. La liberté d'expression y est, de fait, totale, car il n'est pas matériellement possible d'identifier puis d'attaquer tous les responsables lorsqu'une information est reprise de blog en blog. »

La vraie menace sur la vie privée est là, dans ces nouvelles technologies qui font de nous, à notre insu, des insectes livrés à la curiosité de l'entomologiste. Au nom de la sécurité de chacun et du confort de tous.

Serions-nous condamnés à vivre dans un univers à la Big Brother ?

Extrait de : Anne Vidalie, Vie privée. Le grand déballage,
L'EXPRESS, 19 juillet 2007 (texte abrégé)

Explications :

1 cathodique : *ici :* médiatique
2 calibrer : *ici :* circonscrire un espace, en définir les limites
3 le bleu : marque violacée que laisse un coup, un choc sur la peau
4 le blog (ou blogue) : *langage des internautes :* mot composé de web et log
5 l'écriture médiatique : *ici :* image que les hommes politiques fabriquent d'eux-mêmes pour la voir publiée dans les médias

Devoirs	**Nombre de points**
Questions sur le texte	
Répondez aux questions suivantes en utilisant autant que possible vos propres mots.	**100**
1. Décrivez l'individualisme tel qu'il se manifeste, selon l'auteur, à partir du XXe siècle. Référez-vous aux lignes 11 à 17.	(15)
2. Analysez l'influence des médias et des nouvelles technologies sur la conception de l'intimité.	(10)
3. Examinez et discutez, en partant de l'exemple de Justine Dincher, les effets attribués à ce nouveau « désir d'*extimité* » (l. 23).	(20)
4. Expliquez et commentez les différents aspects de l'étalage de la vie privée dans le domaine politique.	(20)
5. Exposez la situation juridique et étudiez jusqu'à quel point les lois en vigueur s'avèrent efficaces.	(15)
6. Caractérisez le style du texte, relevez ses principaux moyens stylistiques et étudiez leur fonction.	(20)

Commentaire personnel / Rédaction **50**

7. *Exposez, en 250 à 300 mots environ, vos idées/arguments sur un des sujets suivants.*

   a) De nos jours, on constate un renouveau du genre autobiographique en littérature. Que pensez-vous de ce mode d'écriture pour rendre publique sa vie privée ? – Commentez en vous référant à une œuvre littéraire de votre choix.
   b) Le virtuel supplée-t-il à un manque de vécu dans le réel ?
   c) « Télétravail, travail à distance, ou à domicile, les termes sont nombreux pour illustrer une nouvelle façon de gagner sa vie… de chez soi. Devenue possible grâce au développement des technologies en général, et d'Internet en particulier, cette formule séduit de plus en plus de personnes en quête d'une meilleure qualité de vie. » (Le Monde Argent, le 24 juin 2007)
   Aimeriez-vous, personnellement, être télétravailleur ? Pesez le pour et le contre.
   d) Décrivez et commentez le dessin humoristique de Sempé :

Sempé-Goscinny, © Paris Match N° 3038, du 9 au 15 août 2007, p. 28

Version **50**

8. *Traduisez le texte suivant :*

Aujourd'hui, chaque Français figure en moyenne dans 300 à 500 fichiers différents, la plupart du temps à son insu. Très souvent, ces informations personnelles, données par exemple en s'abonnant à un site Internet ou en remplissant un formulaire administratif, circulent d'un bout à l'autre de la planète. Passer inaperçu face à l'œil des 400 000 caméras de surveillance installées en France devient illusoire. On est encore loin, cependant, de la Grande-Bretagne. Ce pays est le plus surveillé au monde, avec 4,2 millions d'objectifs braqués sur les rues, les magasins ou les bureaux, dont certains raccordés à des ordinateurs capables de lire à la volée les plaques minéralogiques des voitures, voire de reconnaître les visages de suspects dans la foule. Nicolas Sarkozy, qui se dit « très impressionné par le dispositif anglais », a préconisé récemment l'installation d'un vaste réseau de vidéosurveillance dans les transports en commun français. Selon une étude de la Cnil[1], près de deux tiers des Français ignorent l'ampleur de l'espionnage dont ils font l'objet. Toutes les enquêtes montrent que la majorité des gens sont prêts à abandonner une partie de leur droit à la confidentialité en échange des avantages procurés par les nouvelles technologies.

Extrait de : Gilbert Charles, Quand la technologie se mêle de tout,
L'EXPRESS, 19 juillet 2007 (texte abrégé)

Explication :

1 Cnil *:* Commission nationale de l'informatique et des libertés

Maximum de points: **200**

Lösungsvorschläge

Questions sur les textes

1. *Hinweis: Bei der Paraphrase des Inhalts des dritten Paragraphen sollte besonderes Augenmerk auf die Erläuterung der bildhaften Ausdrücke im Text gelegt werden: „la vie se conjugue à la première personne du singulier“ (Z. 12), „[l]e jardin secret n'est plus calibré“ (Z. 14).*

   Selon l'auteur, l'ego s'est de plus en plus mis au centre de tout au cours du XXe siècle. L'important n'est plus d'être un membre digne de la société, mais de chercher son propre bonheur, de se façonner une existence à son gré. Les égards pour autrui et la considération des autres ont fait place à l'individualisme, à l'autonomie et à la réalisation du soi comme premiers buts dans la vie. En même temps, les tabous et autres contraintes sont tombés : on parle d'argent, de morale, de sexualité avec une franchise jusqu'alors inconnue. Désormais, il n'y a plus rien qui « ne se fait pas » ; c'est à tout un chacun de décider à quel degré il veut dévoiler ses secrets les plus intimes, et pas mal de gens en parlent sans mâcher leurs mots. Bref, aujourd'hui, le sans-gêne est à l'ordre du jour.

2. *Hinweis: Hinweise auf Medien und neue Technologien und ihren Einfluss finden sich vor allem in den Absätzen 2, 4 und 6. Allerdings wird manches, was bei dieser Frage gesagt werden könnte, eher Gegenstand der Fragen 3 und 4 sein. Daher bei Frage 2 nicht zu sehr in die Tiefe gehen – zumal es für sie nur 10 BE gibt! Andererseits sollten die drei entscheidenden Aspekte genannt werden: zunehmender Voyeurismus durch die Medien, zunehmender Exhibitionismus in den Medien, zunehmendes Ausspionieren mittels der Medien.*

   Depuis l'invention des médias dits de masse, le public est de plus en plus avide des histoires les plus intimes. Presse, radio, télé, Internet – de moins en moins de détails restent cachés aux utilisateurs des médias. Le voyeurisme de ces derniers va de pair avec un exhibitionnisme croissant : vu l'argent qu'on leur offre, de plus en plus de gens sont prêts à exposer leur ego intime dans les médias.
   Mais en même temps, en profitant des nouvelles technologies, nous acceptons – sans vraiment le permettre – que de très nombreux détails de notre vie privée soient enregistrés, et cela ne nous profite pas nécessairement : nos déplacements sont enregistrés par les caméras de surveillance, nos habitudes de consommation grâce aux cartes à puce, etc. Rien ne reste plus secret.

3. *Hinweis: Das Beispiel von Justine Dincher dürfte eher die Ausnahme sein: Mit ihrem Blog, ihren Fernsehauftritten und ihrem Buch hilft sie sich und anderen. Neben der Beschreibung ihres Weges darf in der Antwort auch der Kommentar dazu nicht fehlen.*

   Justine Dincher, la jeune femme que l'auteur a choisie pour illustrer l'« extimité » (mot-valise désignant le contraire du besoin d'intimité) dont les utilisateurs des médias font preuve aujourd'hui, est un exemple plutôt positif, car elle a profité elle-même de la révélation de ses problèmes au grand public, et le public pourrait, lui aussi, en tirer profit. Cette jeune femme de 18 ans souffrait d'anorexie depuis environ un an quand elle a pris la décision de décrire le chemin horrible qu'elle a parcouru, sur Internet d'abord, puis dans un livre. S'étant longtemps repliée sur elle-même, son but était de reprendre contact avec le monde extérieur et de montrer à d'autres filles souffrant de cette maladie qu'elles ne sont pas les seules à vivre cette horreur. Apparemment, cela lui a bien réussi : son blog a attiré les filles par milliers, tout comme son livre, et elle est devenue une grande vedette

parmi les téléspectateurs. En revanche, cela a aussi produit un effet positif, quasiment thérapeutique sur Justine : en écrivant, elle a pu se découvrir elle-même, et son succès auprès du public lui a valu des contacts et de la célébrité, mais surtout une nouvelle confiance en elle-même.
L'auteur ne nous dit pas si ces effets positifs persistent. Aussi rassurant que soit le développement décrit, il me paraît bien possible que Justine puisse avoir une rechute une fois le vedettariat passé. Pourtant, il y a certainement des milliers de gens qui ont moins de chance en dévoilant toute leur vie au public.

4. *Hinweis: Auch hier soll das in den Zeilen 1–4 und 38–51 Gesagte nicht nur zusammengefasst, sondern auch kommentiert werden, wobei wieder zwei bis drei Sätze als Äußerung der eigenen Meinung durchaus genügen.*

Les temps changent. Il y a peu de temps encore, il suffisait à un candidat à un poste politique de prouver son talent, sa compétence pour être élu. Aujourd'hui, il lui faut aussi se présenter comme « citoyen ordinaire », étaler sa vie privée jusqu'au point où les électeurs peuvent se reconnaître dans le candidat, s'identifier à lui en tant qu'être humain.
Voilà pourquoi les hommes et femmes politiques jouent en grand nombre la carte du « privé ». Ils acceptent que les médias envahissent leur demeure familiale et les accompagnent même quand ils sont en famille ou font du sport. Ils abandonnent une partie de leur sphère privée parce qu'ils espèrent qu'en montrant leur « vrai » caractère – leurs points forts tout aussi bien que leurs faiblesses – ils seront plus sympathiques, plus dignes de confiance, plus éligibles.
Mais ils exigent en même temps le respect de certaines limites, de certaines lois. C'est à eux de choisir l'image qui sera présentée au public ; c'est leur droit d'empêcher la publication d'informations qui pourraient leur être nuisibles.
A mon avis, il s'agit là d'une évolution déplorable. C'est en faisant de la politique que les hommes politiques devraient prouver leurs compétences, non pas en manipulant les médias et en nous distrayant de leur manque de compétence par l'étalage de leur vie privée dans les médias. Le Président de la République en est le meilleur exemple : pendant qu'on parlait de son divorce et de ses affaires extraconjugales, on parlait peu de sa politique !

5. *Hinweis: Auch ohne detaillierte Kenntnisse der Rechtslage lassen sich aus den Zeilen 50–64 des Texts die für die Beantwortung der Frage nötigen Rückschlüsse ziehen.*

En ce qui concerne la protection de la vie privée des vedettes et autres politiques devant l'intrusion des médias, deux droits fondamentaux sont en conflit : celui de l'individu au respect de sa vie privée d'un côté, manifesté surtout dans la loi de 1970 à laquelle le texte fait allusion, et la liberté d'information, qui est inscrite dans toutes les constitutions démocratiques. Depuis une décision prise par la Cour européenne des droits de l'homme, la loi de 1970 est appliquée avec moins de véhémence. Désormais, les tribunaux se mettent plus souvent du côté des médias, qui disent que telle ou telle information sur la vie privée d'une vedette est importante pour le public. En général, l'application des lois est devenue de plus en plus difficile, surtout grâce à Internet : comment poursuivre en justice un photographe, un auteur, pour infraction à la loi, lorsqu'il peut sans problèmes rester anonyme ?

6. *Hinweis: Achtung: dreiteilige Frage! Neben der allgemeinen Frage nach dem Stil gilt es Stilmittel zu finden und ihren Einsatz zu hinterfragen.*

Le texte, paru dans l'hebdomadaire « L'Express », est un reportage sur un sujet actuel, écrit dans le style journalistique typique de cette publication. Au début, l'auteur éveille la curiosité du lecteur en racontant brièvement, un peu à la manière des contes de fée, l'histoire d'un couple célèbre qui s'est séparé, sans pourtant donner les noms des deux politiques. D'autres exemples concrets qui parsèment le texte, par exemple au cinquième paragraphe, contribuent au but de tous les textes journalistiques : paraître authentiques. L'objectivité et la fiabilité des informations sont garanties par les citations d'experts (par exemple, l. 14–17) et les chiffres et dates que l'auteur mentionne (surtout en parlant de Justine Dincher à titre d'exemple). L'allusion à Big Brother, « personnage » fictif du roman anti-utopique *1984* de George Orwell, à la fin du texte laisse le lecteur peu rassuré et évoque un avenir sinistre de surveillance constante.
A cela s'ajoute l'emploi de nombreuses figures rhétoriques, qui ne va certainement pas de soi dans un texte informatif. Des questions font réfléchir le lecteur (l. 5/6, par exemple), des phrases elliptiques (l. 26/27, 31, par exemple) et paratactiques (l. 12–14, 33/34) accélèrent le rythme du texte. On trouve aussi plusieurs images, telle celle des petits cailloux (l. 10), empruntée aux contes de fée, désignant les traces que nous laissons involontairement en utilisant les nouveaux médias, ou celle des « insectes livrés à la curiosité de l'entomologiste » (l. 63), qui souligne notre impuissance à garder notre vie privée secrète face à la surveillance constante dont nous sommes victimes.

Commentaire personnel / Rédaction

7. a) Dès l'antiquité, les écrivains ont utilisé leurs œuvres pour raconter plus ou moins ouvertement leur propre vie. Certains critiques littéraires considèrent même comme leur tâche suprême de trouver les traces de l'autobiographie de l'auteur dans n'importe quel drame ou roman. Pourtant, en plus de ces œuvres de fiction qui contiennent plus ou moins d'aspects autobiographiques, de plus en plus de vraies autobiographies sont publiées actuellement. Le phénomène n'est pas nouveau, mais aujourd'hui toutes les vedettes de cinéma, de télé, de la chanson, de sport – ou presque – estiment nécessaire de nous faire part de leur développement personnel, de leurs expériences comme enfant, de leur premier amour, et j'en passe.
En général, je trouve que nous pouvons bien nous passer de ces histoires-là ; elles ne sont pas de grand intérêt ni littéraire ni historique. Personnellement, je ne m'intéresse pas vraiment à l'enfance de Zinédine Zidane, à l'adolescence de Michel Drucker ou aux aventures amoureuses du vieux rocker Johnny Hallyday. Mais il y en a aussi d'autres. Tout récemment, j'ai lu un livre très autobiographique de Daniel Pennac, célèbre auteur de « Comme un roman » ou des histoires de Kamo. Dans « Chagrin d'école », il révèle un détail de son enfance auquel le lecteur ne s'attendrait pas : lui, le grand jongleur de mots, le romancier plein d'idées et de connaissances, était un cancre. Mais Pennac n'a pas écrit ce livre pour se plaindre ou pour régler ses comptes avec ses professeurs, au contraire. En dépit des problèmes qu'il avait à l'école jusqu'au bac, il a réussi à devenir professeur lui-même, et c'est ces expériences de professeur qui est toujours là pour ses élèves, qui les aide à venir à bout de leurs difficultés, qu'il raconte surtout. C'est un livre encourageant, à la fois pour les élèves qui sont plutôt mauvais, car ils voient que tout n'est pas perdu, et pour les professeurs, car ils voient qu'ils peuvent aider leurs élèves avec patience et persévérance. C'est pourquoi ce livre autobiographique m'a beaucoup plu.

b) A en croire les spécialistes, un grand nombre de jeunes vit aujourd'hui une socialisation complètement différente des générations précédentes. Les médias, surtout l'ordinateur et avec lui Internet, jouent un rôle prépondérant dans leur vie. Au lieu de rencontrer leurs copains personnellement, ils leur écrivent des courriels ou échangent des idées avec eux via chatroom ; au lieu de se déplacer à la bibliothèque pour se renseigner ou pour préparer un exposé, ils fouillent sur Internet ; au lieu de faire du sport, ils font des jeux vidéo. Beaucoup de parents craignent qu'en vivant ainsi leurs fils et filles ne perdent rapidement le sens du réel, qu'ils s'enferment dans un univers virtuel qui les rende incapables de vivre une vie normale.
Heureusement, aucun de mes camarades de classe n'est arrivé à ce point-là. Je sais que quelques-uns parmi eux passent beaucoup de temps devant leur ordinateur à jouer des jeux de rôles, à créer des sites ou à écrire des blogs, mais ils sont tous conscients du fait que la vraie vie se passe ailleurs. Même les garçons les plus timides de ma classe, mêmes les filles qui se prennent pour trop moches pour trouver un petit ami, tout le monde préfère sortir, faire quelque chose avec les copains plutôt que de se retirer, de s'enfermer dans la maison et de passer tout leur temps devant l'ordinateur. Nous savons tous qu'il faut faire ses expériences dans la réalité, que le virtuel ne nous livre que des connaissances limitées, que les vrais contacts avec des personnes réelles sont absolument irremplaçables.

c) *Hinweis: Der ursprüngliche Gedanke hinter „télétravail" war es, dem Arbeitnehmer durch Online-Verbindung zu ermöglichen von zu Hause aus zu arbeiten, was jedoch nichts mit der klassischen Heimarbeit zu tun hat. Parallel dazu haben sich allerdings auch die Callcenter entwickelt, in denen gerade die Arbeit getan wird, die über „télétravail" besonders gut erledigt werden könnte.*

Depuis plus d'une décennie, il existe des emplois qui sont bien différents des emplois d'usine ou de bureau traditionnels. Grâce à une connexion Internet, les employés peuvent faire leur travail sur l'ordinateur tout en restant à la maison. Ce « télétravail » a longtemps été décrit comme la forme de travail de l'avenir. Bien que les centres d'appel et les communautés de bureaux se soient développés en même temps, et en dépit de bon nombre de désavantages, le télétravail est toujours attirant.
Le grand atout pour le télétravailleur est évidemment le fait qu'il peut travailler à la maison. En fonction du genre de travail qu'il fait, il a même la possibilité de disposer librement de son temps. Cela lui permet d'être là pour sa famille tout en faisant son travail. En plus, personnellement, cela me plairait de ne pas devoir me déplacer pour aller au bureau ou à l'usine. J'ai fait l'expérience des tramways et des bus pendant toute ma scolarité ; je serais content de ne plus voir la circulation à l'heure de pointe ! Le télétravailleur n'économise pas seulement du temps, mais aussi les coûts énormes des transports, et il contribue un peu à la protection de l'environnement, ce qui est un aspect non négligeable à notre époque.
Je ne nie bien sûr pas les inconvénients du télétravail. Le télétravailleur a besoin de place dans son appartement ou sa maison, ce qui peut coûter cher. Il travaille seul, sans aucun collègue autour de lui. En cas de problèmes, il ne lui reste plus qu'a contacter ses collègues par téléphone ou par Internet. Je sais que beaucoup de mes camarades ne seraient pas contents de travailler dans de telles conditions. Moi pourtant, j'aimerais beaucoup mieux travailler seul, mais à la maison, que de travailler en équipe dans une grande usine bruyante ou dans un grand bureau.

d) *Hinweis: Was tun, wenn alles Wesentliche zum Thema in etwas mehr als 200 Wörtern gesagt ist? Dann (und nur dann, denn die korrigierenden Lehrkräfte können sehr wohl zwischen weitschweifigem Gefasel und Beherrschung sprachlicher Feinheiten unterscheiden) hilft nur der Griff in die Trickkiste. Verwenden Sie Adjektive und Adverbien, wann immer es möglich ist; setzen Sie rhetorische Fragen, Parallelismen, Reihungen und andere Stilmittel ein; sprechen Sie den Leser an und beziehen Sie ihn in Ihre Überlegungen mit ein. Im folgenden Lösungsvorschlag sind einige dieser Ratschläge beherzigt.*

La petite scène que Sempé a dessinée a pour lieu une salle de théâtre ancienne. Sur la scène, nous voyons une femme, seule, aux attributs typiques d'une femme de ménage : balai, seau, tablier, foulard, chiffon à poussière. Elle a déposé sa pelle à poussière par terre et a interrompu son travail ; elle profite d'un moment de repos pour réaliser un de ses plus grands rêves : être, pour une seule fois, la vedette – bien que l'auditoire soit complètement vide ! Ou n'est-ce pas plutôt parce qu'elle est toute seule qu'elle ose enfin jouer aux actrices – ou plutôt aux artistes de cirque ? Car, sans doute, elle est bien consciente du fait que son exploit ne relève pas vraiment de l'extraordinaire : elle fait tenir en équilibre son balai sur un seul doigt. Tout de même, elle entend probablement le public l'applaudir et elle se réjouit de ce moment de gloire. On imagine son petit sourire complice après avoir terminé son tour d'adresse, et peut-être qu'elle va se tourner vers le public dans un instant et s'incliner devant les spectateurs imaginaires.
Sempé montre cette femme dans une situation que nous connaissons tous. On est sans témoins et l'on a enfin le courage de faire quelque chose qu'on ne ferait jamais en présence d'autrui – peut-être parce que c'est trop enfantin, parce qu'on a peur de se couvrir de ridicule, ou simplement parce que cela ne se fait pas. Mais au fait, il faudrait oser, comme le dit déjà le proverbe : qui ne risque rien n'a rien. Ceux qui ont osé quelque chose dans la vie savent bien que l'audace rend l'audacieux content, même s'il ne réussit pas complètement. Et qui sait de quoi il est capable s'il n'a jamais essayé ?

Version

8. *Hinweis: Zeile 5: „face à l'œil des 400 000 caméras de surveillance": angesichts der Objektive der 400 000 Überwachungskameras.*

Zurzeit ist jeder Franzose im Durchschnitt in 300 bis 500 verschiedenen Dateien registriert, zumeist gegen seinen Willen. Sehr oft werden diese persönlichen Daten, die man zum Beispiel bei der Anmeldung bei einer gebührenpflichtigen Internetseite oder beim Ausfüllen eines behördlichen Formulars angegeben hat, von einem Ende der Welt zum anderen weitergegeben.
Angesichts der 400 000 neugierigen Überwachungskameras, die in Frankreich installiert sind, ist es mittlerweile praktisch unmöglich unbemerkt zu bleiben. Und trotzdem sind wir noch lange nicht so weit wie in Großbritannien, das das am besten überwachte Land der Welt ist: 4,2 Millionen Kameras sind auf Straßen, Geschäfte oder Büros gerichtet, und einige davon sind direkt mit Computern verbunden, die in der Lage sind, im Vorbeifahren Kfz-Kennzeichen abzulesen oder sogar die Gesichter von gesuchten Personen in der Menge ausfindig zu machen. Nicolas Sarkozy, der sagt, er sei „von den britischen Maßnahmen sehr beeindruckt," hat kürzlich die Einrichtung eines umfangreichen Videoüberwachungsnetzes in den öffentlichen Verkehrsmitteln in Frankreich befürwortet.
Eine Untersuchung der Cnil – der französischen Datenschutz-Kommission – ergab, dass zwei Drittel der Franzosen gar nicht wissen, in welch großem Umfang sie ausspioniert werden. Alle Untersuchungen zeigen, dass die meisten Menschen bereit sind, für die Vorteile, die die neuen Technologien mit sich bringen, einen Teil ihres Rechts auf Privatsphäre aufzugeben.

Un secret

Le narrateur enfant du dernier roman de Philippe Grimbert ignore le secret de sa famille : l'histoire douloureuse de son frère aîné Simon, mort tout jeune. Pourtant, un jour, il s'invente un frère…

Fils unique, j'ai longtemps eu un frère. Il fallait me croire sur parole quand je servais cette fable à mes relations de vacances, à mes amis de passage. J'avais un frère. Plus beau, plus fort. Un frère aîné, glorieux, invisible.

J'étais toujours envieux, en visite chez un camarade, quand s'ouvrait la porte sur un autre qui lui ressemblait quelque peu. Des cheveux en bataille[1], un sourire en coin qu'on me présentait en deux mots : « Mon frère. » Une énigme, cet intrus avec lequel il fallait tout partager, y compris l'amour. Un vrai frère. Un semblable dans le visage duquel on se découvrait pour trait commun une mèche rebelle ou une dent de loup, un compagnon de chambrée dont on savait le plus intime, les humeurs, les goûts, les faiblesses, les odeurs. Une étrangeté pour moi qui régnais seul sur l'empire des quatre pièces de l'appartement familial.

Unique objet d'amour, tendre souci de mes parents, je dormais pourtant mal, agité par de mauvais rêves. Je pleurais sitôt ma lampe éteinte, j'ignorais à qui s'adressaient ces larmes qui traversaient mon oreiller et se perdaient dans la nuit. Honteux sans en connaître la cause, souvent coupable sans raison, je retardais le moment de sombrer dans le sommeil. Ma vie d'enfant me fournissait chaque jour des tristesses et des craintes que j'entretenais dans ma solitude. Ces larmes, il me fallait quelqu'un avec qui les partager.

Un jour enfin je n'ai plus été seul. J'avais tenu à accompagner ma mère dans la chambre de service, où elle voulait faire un peu de rangement. Je découvrais sous les toits cette pièce inconnue, son odeur de renfermé, ses meubles bancals, ses empilements de valises aux serrures rouillées. Elle avait soulevé le couvercle d'une malle dans laquelle elle pensait retrouver les magazines de mode qui publiaient autrefois ses dessins. Elle avait eu un sursaut en y découvrant le petit chien aux yeux de bakélite[2] qui dormait là, couché sur une pile de couvertures. La peluche[3] râpée, le museau poussiéreux, il était vêtu d'un manteau de tricot. Je m'en étais aussitôt emparé et l'avais serré sur ma poitrine, mais j'avais dû renoncer à l'emporter dans ma chambre, sensible au malaise de ma mère qui m'incitait à le remettre à sa place.

La nuit qui a suivi je pressais pour la première fois ma joue mouillé contre la poitrine d'un frère. Il venait de faire son entrée dans ma vie, je n'allais plus le quitter.

De ce jour j'ai marché dans son ombre, flotté dans son empreinte comme dans un costume trop large. Il m'accompagnait au square, à l'école, je parlais de lui à tous ceux que je rencontrais. A la maison j'avais même inventé un jeu qui me permettait de lui faire partager notre existence : je demandais qu'on l'attende avant de passer à table, qu'on le serve avant moi, que l'on prépare ses affaires avant les miennes au moment du départ en vacances. Je m'étais créé un frère derrière lequel j'allais m'effacer, un frère qui allait peser sur moi, de tout son poids. […]

Longtemps mon frère m'a aidé à surmonter mes peurs. Une pression de sa main sur mon bras, ses doigts qui ébouriffaient mes cheveux et je trouvais la force de franchir les obstacles. Sur les bancs de l'école le contact de son épaule contre la mienne me rassurait et souvent, si l'on m'interrogeait, le murmure de sa voix à mon oreille me soufflait la bonne réponse.

Il affichait la fierté des rebelles qui balayaient les obstacles, des héros de cour de récréation suspendus au vol d'un ballon, des conquérants qui escaladaient les grilles. Je les admirais, le dos collé au mur, incapable de rivaliser avec eux, attendant la cloche libératrice pour retrouver enfin mes cahiers. Je m'étais choisi un frère triomphant. Insurpassable, il l'emportait dans toutes les disciplines pendant que je promenais ma fragilité sous le regard de mon père, ignorant l'éclair de déception qui le traversait. […]

Quelque temps après ma découverte dans la chambre de service, j'avais insisté pour y retourner et cette fois ma mère n'avait pu m'empêcher de redescendre avec le petit chien. Le soir même je l'installais sur mon lit.

Quand il m'arrivait de me brouiller avec mon frère je me réfugiais auprès de mon nouveau compagnon, Sim. Où étais-je allé lui chercher ce nom ? Dans l'odeur poussiéreuse de sa peluche ? Au détour des silences de ma mère, dans la tristesse de mon père ? Sim, Sim ! Je promenais mon chien dans l'appartement et je ne voulais rien savoir du trouble de mes parents, lorsqu'ils m'entendaient l'appeler.

Plus j'avançais en âge, plus mes relations avec mon frère devenaient tendues. Je nous inventais des querelles, je me rebellais contre son autorité. Je tentais de le faire fléchir, mais je sortais rarement vainqueur de nos empoignades.

Les années passant, il s'était transformé. De protecteur il était devenu tyrannique, moqueur, parfois méprisant. M'endormant au rythme de sa respiration je continuais cependant de lui confier mes peurs, mes défaites. Il les accueillait sans un mot, mais son regard me réduisait à néant, il détaillait mes imperfections, soulevait les draps et étouffait un rire. Alors la colère m'envahissait, je le saisissais à la gorge. Frère ennemi, faux frère, frère d'ombre, retourne à ta nuit ! Mes doigts dans ses yeux j'appuyais de toutes mes forces sur son visage pour l'enfoncer dans les sables mouvants de l'oreiller. […]

Extrait de : Philippe Grimbert : Un secret. *Paris : Grasset & Fasquelle 2004*

Explications :

1 en bataille : en désordre
2 la bakélite : matière plastique
3 la peluche : tissu doux au toucher dont on fait des jouets d'enfant, représentant généralement des animaux

Devoirs	**Nombre de points**
Questions sur le texte	
Répondez aux questions suivantes en utilisant autant que possible vos propres mots.	**100**
1. Faites le portrait du personnage principal tel qu'il est présenté au début de l'histoire (l. 4–17). N'oubliez pas de prendre en considération les rapports avec ses parents et ses camarades.	(20)
2. Dégagez les traits essentiels du frère idéal que s'invente le protagoniste et caractérisez le rôle qu'il lui attribue dans sa vie.	(20)
3. Analysez la façon dont évoluent les relations du garçon avec son frère imaginaire dans la dernière partie du texte (l. 51–65).	(20)
4. Examinez la fonction du chien en peluche pour l'évolution psychologique du protagoniste et interprétez sa valeur symbolique au cours du récit.	(20)
5. Etudiez la perspective narrative et son effet sur le lecteur.	(10)
6. Relevez et commentez au moins deux passages du texte qui signalent au lecteur qu'il y a un « secret » dans la famille, un tabou.	(10)

Commentaire personnel / Rédaction 50

7. *Exposez, en 250 à 300 mots environ, vos idées/arguments sur un des sujets suivants.*

   a) Avoir un ami, avoir un confident peut être décisif dans la vie. Caractérisez le rôle que joue le confident/la confidente du protagoniste dans une œuvre littéraire de votre connaissance.

   b) « Fais de ta vie un rêve, et d'un rêve, une réalité. » (Antoine de Saint-Exupéry) – Commentez.

   c) D'après les médias, l'exceptionnelle natalité française – taux de fécondité en 2007 : deux enfants par femme – est le résultat de la politique familiale. Commentez cette affirmation en vous référant aussi à la situation démographique en Allemagne.

   d) Décrivez et commentez le dessin humoristique de Sempé :

« Le petit Nicolas a des ennuis » de Jean-Jacques Sempé et René Goscinny
© 1964, by Editions Denoël. Nouvelle edition © 2004

[A la récré, on s'est mis tous autour de Joachim, qui était appuyé contre le mur, avec les mains dans les poches, et on lui a demandé si c'était vrai qu'il avait eu un petit frère.
– Ouais, nous a dit Joachim. Hier matin, Papa m'a réveillé. Il était tout habillé et pas rasé, il rigolait, il m'a embrassé et il m'a dit que, pendant la nuit, j'avais eu un petit frère. Et puis, il m'a dit de m'habiller en vitesse et nous sommes allés dans un hôpital, et là, il y avait Maman ; elle était couchée, mais elle avait l'air aussi contente que Papa, et près de son lit, il y avait mon petit frère.
– Ben j'ai dit, toi t'as pas l'air tellement content !]

Die in eckige Klammern [] gesetzte Textpassage war nicht Gegenstand der Abiturprüfung.

Version 50

8. *Traduisez le texte suivant :*

La jalousie entre frères et sœurs

« Allez-vous cesser de vous battre un jour ? », telle est la question que pose une mère de famille fatiguée par les disputes quotidiennes de ses enfants. Les frères et sœurs, au pire, s'étripent, au mieux se disputent. Au-delà de la Barbie ou de l'Action Man qu'ils s'arrachent, pour eux, c'est l'amour des parents qui est en jeu… Que faire face à ces rivalités ? Y a-t-il des remèdes à cette jalousie ? Faut-il prôner la paix familiale ou laisser les enfants entre eux ?

Que faire quand la maison devient un lieu de hurlements et d'affrontements permanents ? Si certains parents sont tentés d'interdire les querelles à la maison pour préserver la paix à tout prix, d'autres jouent les médiateurs, négocient des accords à l'amiable avec leurs enfants. Mais est-ce vraiment la solution ? Car en fait ces disputes peuvent être bénéfiques. Sentiment nécessaire, la jalousie permet aux enfants d'affirmer leur personnalité et de se socialiser. En se disputant, ils apprennent à régler leurs comptes seuls et testent leurs limites. Cela pousse chacun à développer ses propres compétences. Ils s'apprécieront mieux plus tard en ayant chacun une personnalité et des qualités bien différentes.

Marion Capeyron, tiré de : www.doctissimo.fr (texte abrégé)

Maximum de points: **200**

Lösungsvorschläge

Questions sur les textes

1. *Hinweis: Eine Reihe von Einzelheiten sind im Text explizit angesprochen, anderes steht eher zwischen den Zeilen. Angesichts der doch geringen Zahl von Informationen ist unbedingt Vollständigkeit anzustreben.*

   Le narrateur – et protagoniste – du texte est fils unique de parents qui s'occupent intensément de lui, le gâtent plutôt, le placent au centre de leur affection, et qui essaient de détourner de lui tous les problèmes ; quand, par exemple, la mère retrouve un chien en peluche qui appartenait apparemment à un autre enfant, mort, elle le cache de nouveau, dans le souci d'éviter qu'on parle de cet enfant. La famille habite un appartement de quatre pièces, dans des conditions pas trop modestes donc. Mais tout en étant traité comme un « prince », le garçon se sent seul ; il est souvent triste et fait des cauchemars, il a des difficultés à s'endormir et pleure dans son lit presque chaque soir.
   Le protagoniste est jaloux de ses camarades de classe qui ont des frères. Lui aussi voudrait bien avoir quelqu'un avec qui il pourrait tout partager, quelqu'un dont il pourrait être fier, quelqu'un qui le soutiendrait dans toutes les situations. Il rêve d'avoir un tel frère (aîné) tout en sachant que cela signifierait en même temps qu'il devrait tout partager avec lui, que ce frère lui enlèverait probablement quelques privilèges, que ses parents ne pourraient plus l'entourer d'affection au même degré.

2. *Hinweis: Aus den Details der Beschreibung des imaginären Bruders im Text (vor allem Z. 28–47) lassen sich leicht die Motive für seine „Existenz" ableiten.*

   Le frère aîné imaginé par le protagoniste joue plusieurs rôles. Celui du protecteur, d'abord. Il est là, le soir, dans le lit du garçon pour le consoler et pour l'aider à venir à bout de ses peurs et de tous les problèmes de la vie quotidienne, que ce soit à la maison, dans la rue ou à l'école. Il le protège aussi du surplus d'affection des parents (désormais c'est l'aîné qui sera servi le premier), et il complète la famille, car le protagoniste n'est pas seul à ressentir un certain besoin d'un deuxième enfant dans la famille.
   Le frère est, en plus, quasiment instrumentalisé par le plus petit. Celui-ci veut être envié à son tour, veut impressionner ses copains, veut avoir quelqu'un que les autres respectent. Ce respect, notre garçon l'a lui-même de son frère, car il se crée un frère idéal, un garçon qui a toutes les qualités dont le plus petit ne dispose pas. Il l'admire pour sa beauté et sa force, il le voit comme supérieur à tous, comme invincible « dans toutes les disciplines » (l. 46). Ainsi, ce frère aîné est aussi une consolation pour les parents, qui sont apparemment assez déçus de leur fils faible, fragile et pleurard.

3. *Hinweis: Im Text wird das Verhältnis zum imaginären Bruder wie das zu einem realen Bruder beschrieben. In der Antwort sollte versucht werden, diese besondere Situation mit zu berücksichtigen: jede Reaktion des großen Bruders existiert nur in der Einbildung des Protagonisten!*

   Après un certain temps, le protagoniste du roman se rend compte que son frère imaginaire a assumé un rôle trop important, trop dominant dans sa vie : le frère ami s'est transformé en « [f]rère ennemi » (l. 63). Alors, le cadet commence à s'émanciper de l'aîné, les rapports fraternels se dégradent. Ils se disputent de plus en plus souvent, l'autorité de l'aîné provoque la rébellion du cadet, celui-ci n'est plus prêt à tolérer le mépris et la moquerie de celui-là. Mais l'aîné est plus fort, il gagne toutes les batailles. Ainsi, son comportement (comportement imaginé pourtant !) enrage le protagoniste de plus en plus. Il veut bien continuer à lui confier ses peurs et ses défaites, mais comme le frère n'existe pas vraiment, il ne lui offre pas de vraie consolation, au contraire : les peurs et les défaites ne deviennent que plus évidentes, les problèmes ne disparaissent pas. Pour sortir de l'ombre de ce personnage imaginaire, il ne reste au protagoniste que de le « tuer », d'en finir avec la charade.

4. Le protagoniste du roman trouve le chien en peluche dans une malle qui se trouve dans la chambre de service, sous le toit, chambre jusqu'alors fermée pour lui. Sa mère, évidemment très touchée par la découverte, lui interdit de jouer avec ce chien. Mais instinctivement, le garçon sent qu'il appartenait à un autre garçon, peut-être un frère mort, et la découverte déclenche l'invention du frère aîné. C'est le début de la rébellion du garçon obéissant, de son émancipation, dont la conséquence directe se voit peu après : il n'a plus peur de désobéir et d'aller chercher le chien en dépit des protestations de sa mère. Il donne un nom au chien, et « Sim » devient rapidement son deuxième confident, celui qui écoute silencieusement, qui ne rétorque pas, qui est là pour lui, même si le frère aîné l'a délaissé. Ainsi, Sim est peut-être encore plus important pour le développement du petit garçon que son frère imaginaire : Sim l'aide, plus encore que son frère, à sortir de sa solitude, à devenir autonome. Grâce à lui, il réussit à s'affirmer par rapport à son frère et à se détacher de ses parents.

5. Le texte est écrit à la première personne, du point de vue du petit garçon. Lui seul est capable de nous raconter ses états d'âme, ses sentiments, ses peurs, avec autant d'intensité et d'authenticité. Le narrateur réussit à nous faire vivre les événements avec le garçon, nous pouvons facilement imaginer ses troubles, sa solitude et son besoin de se créer cet ami fraternel. Bien que le narrateur soit déjà détaché de ces événements, car il écrit son récit beaucoup plus tard, étant adulte (le choix des mots et les explications psychologiques en témoignent), ce point de vue nous permet de nous identifier avec lui et avec ses pensées.

6. *Hinweis: Der Ich-Erzähler in Philippe Grimberts autobiographischem Roman enthüllt nach und nach das Geheimnis seiner (jüdischen) Herkunft. Sein Halbbruder wurde auf der Flucht vor den Nazis aufgrund eines tragischen Irrtums seiner Mutter (der ersten Frau von Philippes Vater) verhaftet und starb im KZ.*

Plusieurs détails dans le texte ne laissent aucun doute : il y a un événement quelconque dont on ne parle pas dans la famille, quelque chose de triste dont l'ombre ne quitte pas la vie des parents. Le titre du récit mis à part, cela devient évident dans la scène où la mère découvre le petit chien en peluche : elle a « un sursaut » (l. 23), et son fils accepte de ne pas jouer avec l'animal quand il voit le malaise que sa mère éprouve face à cette trouvaille. Bien des choses restent incompréhensibles pour le garçon : sa propre tristesse et sa honte inexplicable tout aussi bien que le trouble de ses parents. Il ne sait que faire des « silences de [s]a mère » et de « la tristesse de [s]on père » (l. 53). C'est probablement grâce à son frère aîné imaginé que le garçon trouve lentement le courage de poser des questions et de révéler le secret de la famille.

Commentaire personnel / Rédaction

7. a) Voilà un des sujets favoris des auteurs d'œuvres littéraires tout aussi bien que de films : tantôt c'est un enfant qui est délaissé par ses parents et qui cherche quelqu'un en dehors de la famille qui l'aide à s'épanouir ; tantôt c'est un adulte qui trouve enfin

quelqu'un à qui se confier. Le message est clair : pour surmonter des difficultés, pour pouvoir faire notre chemin, nous avons besoin d'amis, de confidents.
Que ce soit Emma Bovary ou Oliver Twist, bon nombre de personnages littéraires sont en quête de la personne qui puisse les tirer de leur misère, mais peu d'entre eux trouvent quelqu'un comme Monsieur Ibrahim, « l'Arabe de la Rue Bleue », qui devient quasiment le deuxième père de Momo, l'adolescent juif qui habite en face de son magasin.
Personnellement, le sort du petit héros d'un roman de François Mauriac, « Le Sagouin », m'a particulièrement touché. Fils unique d'une belle femme ambitieuse, qui a épousé un baron de campagne assez laid pour le seul motif d'avancer dans la vie, Guillou se voit rejeté et mal traité par sa mère : il est aussi laid que son père, et un peu arriéré en plus. Pour ce garçon – appelé « sagouin » par sa propre mère – il n'y a aucun point de repère dans la famille, ce qui s'ajoute à la tristesse de son existence. Un jour, la mère demande à l'instituteur du village de donner des leçons particulières à Guillou. C'est une lueur d'espoir pour celui-ci, car l'instituteur s'intéresse vraiment à lui. Mais la femme de l'instituteur, jalouse, convainc son mari de se décommander auprès de la baronne. Peu après, Guillou et son père, pauvres créatures non aimées par leur entourage, se suicident dans le marais. Cette catastrophe aurait pu être évitée si seulement le garçon avait eu la chance de trouver quelqu'un qui l'aide à sortir de sa misère.

b) *Hinweis: Beim Nachforschen im Internet fällt auf, dass Saint-Exupérys Spruch häufig als Motto für Homepages von Menschen gewählt wurde, die einen Traum verwirklicht, das Unmögliche möglich gemacht und trotz schlechter Voraussetzungen Großes geleistet haben, z. B. eine ganze Reihe von Behindertensportlern. Anders als im Lösungsvorschlag (oder zusätzlich dazu) könnten als Beispiele auch kollektive Traumverwirklichungen genannt werden, von der Französischen Revolution über die deutsche Wiedervereinigung und den Fall von Diktaturen bis hin zum ewigen Weltfrieden.*

A mon avis, les deux parties de la sentence de Saint-Exupéry pourraient être résumées en une seule phrase : les rêves les plus insensés peuvent devenir réalité, pourvu qu'on y croie, pourvu qu'on s'obstine, même si les obstacles paraissent insurmontables.
Je pense que cette idée peut servir de leitmotiv pour la vie des marginaux, des plus démunis, des handicapés de tout genre – les enfants de familles pauvres qui rêvent de leçons de musique, d'un ordinateur, d'études à l'université ; les orphelins qui rêvent d'une famille comme l'ont les autres enfants de leur âge ; les handicapés qui aspirent à une vie « normale » dans laquelle ils ne doivent pas toujours rester à part, dans laquelle ils sont acceptés et respectés pour leurs exploits.
A eux tous, Saint-Exupéry veut dire qu'ils ont bien le droit de rêver, et qu'il y a une chance que leurs rêves se réalisent. Cela peut arriver par hasard, car quelqu'un apparaît soudain pour les aider, mais cela peut tout aussi bien être le résultat d'un travail dur et acharné. Ceux qui poursuivent leurs buts obstinément, sans se laisser décourager par les petits revers qu'on rencontre un peu partout dans la vie, ont une grande chance de réussir. N'y a-t-il pas de nombreuses personnes célèbres qui sont issues d'une famille modeste ou d'une situation personnelle plutôt désespérée ? N'y a-t-il pas de nombreux handicapés qui ont réussi dans les domaines les plus difficiles, qui excellent comme sportifs, artisans et j'en passe ? Ce sont là les gens qui ont continuellement réussi à se motiver, à progresser, et leurs efforts ont été couronnés de succès.

c) *Hinweis: Es wird nicht erwartet, dass Sie über Detailkenntnisse zum französischen und zum deutschen System der staatlichen Hilfen für Familien verfügen. Von der Behandlung des französischen Schulsystems her könnte jedoch bekannt sein, dass es in Frankreich viel mehr Möglichkeiten gibt, Kinder schon sehr zeitig in staatliche Obhut zu geben, und dass es die Ganztagsschule beiden Elternteilen erleichtert ihrem Beruf nachzugehen. Eingebracht werden könnten natürlich auch Erfahrungen, die bei einem Frankreichaustausch in dieser Hinsicht gemacht wurden.*

En général, on constate une natalité décroissante dans les pays industrialisés. La donne a changé : on ne conçoit plus des enfants pour s'assurer sa retraite, les différentes méthodes de contraception permettent aux couples le planning familial, les enfants sont souvent considérés plutôt comme une charge, car ils coûtent cher à leurs parents qui, en plus, ont moins de possibilités de s'épanouir. De plus en plus de femmes ont une excellente formation professionnelle et veulent en profiter pour, elles aussi, faire carrière – les enfants leur sont plutôt un obstacle.
Pourtant, la situation est à peu près pareille dans tous les pays industrialisés ; la France n'y fait pas exception. Quand même, le taux de fécondité des femmes françaises est bien plus élevé qu'ailleurs.
Je pense que la raison principale en est le fait qu'en France moins de femmes sont contraintes d'abandonner leur emploi après la naissance d'un enfant. Il y a un réseau beaucoup plus dense de crèches et de maternelles, qui sont, en plus, subventionnées ou même gratuites. Plus tard, les enfants sont à l'école toute la journée ; ainsi, père et mère peuvent sans problèmes travailler. A cela s'ajoutent des allocations familiales et toutes sortes d'autres aides financières.
Tout cela implique un consensus que la société allemande n'a pas encore atteint. En France, les femmes qui travaillent sont tout aussi bien acceptées que celles qui restent à la maison. Chez nous, la polémique entre « mères dénaturées » et « ménagères popote » a trop longtemps empêché une politique qui accepte les deux opinions : celle des parents qui pensent que l'éducation de leurs enfants est surtout leur propre tâche, et celle des parents qui veulent (ou doivent, pour des raisons économiques) mettre leurs enfants sous la garde de spécialistes et leur donner la possibilité d'avoir des camarades de jeu dès la petite enfance.
Quoiqu'il en soit, l'Etat français soutient les parents fortement, et apparemment c'est là une grande incitation à avoir des enfants.

d) Aujourd'hui, Joachim, copain du petit Nicolas, ne veut pas rentrer de l'école. Il a jeté son cartable par terre ; son visage et ses poings sur ses hanches montrent qu'il est en colère. Il sait ce qui l'attend à la maison : il devra jouer au baby-sitter. Comme ses parents sont apparemment absents, c'est lui qui devra s'occuper de son petit frère, âgé de quelque huit ou neuf mois. Toutes ses pensées se voient dans une bulle au-dessus de sa tête. On y voit aussi pourquoi Nicolas se fâche tant : dehors, ses copains joueront au foot pendant que lui lira une histoire à son frérot.
Il s'agit là d'une réaction bien connue d'un premier enfant après la naissance d'une petite sœur ou d'un petit frère : à la jalousie, à la peur de ne plus être aimé par les parents et au sentiment d'être détrôné se mêle la colère – la colère de ne plus pouvoir passer son temps libre comme on veut, mais en gardant le bébé ou en jouant avec lui.
Mais cela n'est évidemment qu'un côté de la médaille. Il y a bien sûr aussi du positif, même si un enfant ne s'en rend probablement compte que difficilement. Avoir un frère ou une sœur, c'est certainement enrichissant ; c'est un camarade de jeu complètement différent des copains, un complice dans la lutte contre les parents, quelqu'un à qui on peut confier des choses qu'on ne dirait jamais ni aux parents ni aux amis. C'est là l'expérience que j'ai faite moi-même. Après maintes bagarres, mon

petit frère et moi, nous sommes aujourd'hui les meilleurs amis, et je ne voudrais pas me passer du temps que j'ai passé avec lui. J'ai certainement quelquefois eu le même sentiment que le petit Joachim du dessin, mais maintenant je n'en veux absolument plus à mes parents de m'avoir doté d'un petit frère.

Version

8. *Hinweis: Zeile 4: „qu'ils s'arrachent": wörtl. „die sie einander entreißen"*
   Zeile 6: „prôner": wörtl. „empfehlen"
   Zeile11: „nécessaire": wörtl. „notwendig"

   Eifersucht unter Geschwistern

   „Werdet ihr eigentlich irgendwann einmal aufhören euch zu schlagen?" Diese Frage stellt eine mehrfache Mutter, die die täglichen Streitigkeiten ihrer Kinder Leid ist. Im schlimmsten Fall verhauen sich Geschwister gegenseitig, im besten Fall streiten sie miteinander. Unabhängig von der Barbiepuppe oder dem Action Man, um die sie sich streiten, geht es für sie um die Liebe der Eltern. Was soll man angesichts dieser Rivalität tun? Gibt es Heilmittel gegen diese Eifersucht? Soll man den Familienfrieden zum obersten Gebot machen oder die Kinder alleine zurechtkommen lassen?
   Was soll man tun, wenn das Haus zu einem Ort ständigen Geschreis und ständiger Auseinandersetzungen wird? Während manche Eltern am liebsten Streit im Haus verbieten würden, um den Frieden um jeden Preis zu bewahren, spielen andere den Vermittler, handeln mit ihren Kindern eine gütliche Einigung aus. Ist das jedoch wirklich die Lösung? Denn eigentlich können diese Streitigkeiten von Vorteil sein. Die Eifersucht ist ein wichtiges Gefühl; sie ermöglicht es den Kindern, ihre eigene Persönlichkeit unter Beweis zu stellen, und trägt zu ihrer Sozialisation bei. Beim Streiten lernen sie alleine miteinander ins Reine zu kommen und testen ihre Grenzen aus. Dies führt bei jedem zur Entwicklung seiner individuellen Fähigkeiten. Später einmal werden sich Geschwister mehr schätzen, weil jeder seine eigene Persönlichkeit und ganz individuelle Eigenschaften besitzt.

Le bus, moteur de la mixité sociale

[…] Pull vert sur le dos, sa maman en garde du corps, Lucas N'Guessan, 9 ans, attend placidement son bus. Il est 7 h 10 et pour Lucas, c'est une rentrée pas comme les autres. Elève de CE2[1] l'an dernier à Descartes, une école de l'éducation prioritaire[2] dans les quartiers nord d'Asnières (92), il a été choisi, avec onze autres élèves de différents niveaux, pour changer d'établissement. Il va depuis le 2 septembre et pour les années à venir, étudier à Jean d'Ormesson, une petite école située à quelques kilomètres au sud, dans le quartier pavillonnaire Flachat, bien plus favorisé. […] Pour l'emmener, lui et ses camarades, un bus est spécialement affrété. C'est le principe du « busing », l'une des mesures phares du plan Espoir Banlieues[3] […]. Le but : créer de la mixité sociale à la force du moteur.

Dans sa nouvelle école, Lucas est dans la même classe que Nassim, « un vieux copain » de Descartes. C'est pour lui la seule bonne nouvelle. Car si le vice-préfet et le maire PS fraîchement élu, Sébastien Pietrasanta, se félicitent de cette « expérimentation sociale », l'enfant, lui, songe surtout à ce qu'il va perdre : sa petite bande, son frère qui entre justement en CP[4] à Descartes […], les « cages de foot » dans la cour de récré ou le volley-ball du mardi soir, remplacé par l'étude. […]

[…] [S]on quartier des Hauts-d'Asnières, des barres construites dans les années 1960 […] pour loger les ouvriers de Chausson et Peugeot, cumule les handicaps sociaux. Parmi les 560 élèves que compte Descartes, Lucas n'a pas été choisi en raison d'un profil social particulièrement difficile […]. Mais il n'est pas non plus un excellent élève : « On n'allait pas laisser partir nos meilleurs éléments ! », lance Françoise Provost, la directrice de Descartes. […] Il devrait […], pense la maîtresse érigée en casteuse[5], tirer bénéfice d'une scolarité dans un environnement « plus tranquille ».

A défaut de cages de foot dans la cour, Lucas peut respirer chaque matin les effluves de parfum qui enveloppent les mamans sur le perron de Jean d'Ormesson. Cette école a été ouverte voici trois ans pour accueillir les enfants des nouvelles familles asniéroises, souvent des Parisiens aisés tentés par la vie pavillonnaire. A cette rentrée, elle avait du mal à faire le plein et risquait une fermeture de classe. Une bonne raison d'y caser des élèves de Descartes. Au prix, pour ces derniers, d'un sacré effort d'adaptation. […] Une semaine après la rentrée, la greffe n'a pas encore pris. […]

[…] [L]e « busing », pratiqué aux Etats-Unis dans les années 70, consistait à transporter, en bus et au sein d'une même ville, des enfants noirs dans les écoles des quartiers blancs. Et inversement. Le résultat ? Très décevant. « Dans les écoles d'accueil pouvaient se créer des formes de stigmatisation », explique la sociologue Agnès van Zanten. « Les enfants déplacés peuvent vraiment souffrir, à moins qu'ils ne soient de très bons élèves. » […] Autre dommage collatéral observé outre-Atlantique : l'effet repoussoir. « Les parents de classe moyenne des écoles d'accueil mettaient leurs enfants dans le privé ou déménageaient. »

L'expérience asniéroise a été mise en place fin juin dans la précipitation. Trop tôt, donc, pour tirer des conclusions. Mais lorsque le maire clame son ambition d'organiser « le match retour », en faisant venir des enfants de Jean d'Ormesson à Descartes, les dents grincent : « Nous n'irons pas, tranche une maman commerçante […]. Je suis venue dans ce quartier pour offrir une belle vie à mes enfants. » Et ce ne sont pas les projets envisagés pour renforcer l'attractivité de l'école Descartes (mise en place d'une filière allemande, d'un ciné-club…) qui la feront changer d'avis.

« Le bus, moteur de la mixité sociale » de Morgane Bertrand. Paris Observateur, 18 septembre 2008 © Le Nouvel Observateur

Explications :

1 CE2 : cours élémentaire niveau 2, troisième classe de l'école primaire
2 l'éducation prioritaire : programme ayant pour but de lutter contre les inégalités sociales en dotant de moyens supplémentaires certaines écoles de quartiers sensibles
3 le plan Espoir Banlieues : politique en faveur des banlieues, lancée en février 2008 par Nicolas Sarkozy ; secteur clés : égalité des chances, éducation, sécurité, transports, logement social
4. CP : cours préparatoire (première classe de l'école élémentaire)
5 la casteuse : *(anglicisme)* une dame qui s'occupe du casting dans un spectacle

Devoirs **Nombre de points**

Questions sur le texte **80**

Répondez aux questions suivantes en utilisant autant que possible vos propres mots.

1. Présentez le concept du « busing », réalisé dans le cadre du plan Espoir Banlieues. (10)
2. Analysez les différents intérêts en jeu pour les deux écoles concernées. (10)
3. Les hommes politiques locaux « se félicitent de cette ‚expérimentation sociale' » (l. 13). Examinez, à partir de cette position, les effets du plan sur les élèves asniérois. (15)
4. Décrivez la conception et les résultats du « busing » à l'américaine des années 70. (15)
5. « Je suis venue dans ce quartier pour offrir une belle vie à mes enfants. » (l. 43/44) Expliquez cette phrase dans son contexte et commentez-la. (20)
6. Examinez le style du texte. Quelques aspects caractéristiques suffisent. (10)

Commentaire personnel / Rédaction **40**

7. *Exposez, en 150 à 200 mots environ, vos idées/arguments sur un des sujets suivants.*
   a) Le bonheur des enfants n'est pas forcément le bonheur des adultes. – Commentez.
   b) Pensez-vous que l'origine sociale d'une personne soit déterminante pour la vie ?

c) Décrivez et commentez le dessin ci-dessous :

© Vincent (Veesse) Scherrer
www.loupm-news.blogspot.com

Version **40**

8. *Traduisez le texte suivant :*

Le bus qui roule pour la mixité sociale

[…] Les enfants […] semblent avant tout apprécier l'opportunité socialisante du trajet en autobus. Joyeux moment de défoulement dans cette zone de nulle part entre la maison, le quartier et l'école. Le « busing » est suffisamment entré dans les habitudes locales pour qu'ils ne se sentent plus les cobayes de la mixité sociale. […] Cinq ans après sa mise en place, le bilan de l'opération est largement positif, notamment sur les résultats scolaires. […]

Selon le directeur de l'école Marie Curie (école d'accueil) « on a réussi à ce que ces enfants se sentent ici dans leur école […]. » Ce n'était pas gagné. […] Les tensions se sont amenuisées avec le temps. Mais la mixité sociale est une expérience de courte durée pour les enfants […]. A l'entrée en sixième, ils retrouvent leur collège de secteur. Un collège excentré[1], très fortement concurrencé par le privé et fui des familles privilégiées. Le tissu social[2] reprend ses mauvais plis naturels.

Extrait de : Alice Géraud, « Le bus qui roule pour la mixité sociale »,
© LIBÉRATION, 23 septembre 2008, www.liberation.fr/societe/010123270.html

Explications :

1 excentré, e : loin du centre
2 le tissu social : *ici :* la structure sociale

Maximum de points : **160**

Lösungsvorschläge

Questions sur le texte

1. *Hinweis: Die auf das Globalverständnis abzielende Reproduktionsfrage umfasst vor allem die ersten drei Absätze des Textes sowie die Zeilen 31–33. Es geht hier in erster Linie darum, aus den konkret ausgeführten Schilderungen den abstrakten Hintergrund herauszufiltern.*

   Le « busing », un anglicisme, car ce programme recourt à une idée développée aux Etats Unis dans les années 70, a pour but de mêler les élèves provenant de différents milieux sociaux. Pour atteindre cet objectif, on organise dans le cadre du plan Espoir Banlieues le transfert des élèves des quartiers défavorisés dans des écoles des quartiers mieux situés. Cette action ne s'adresse pas en premier lieu aux élèves doués, on choisit des élèves de différents niveaux.

2. *Hinweis: Um diese Reproduktionsfrage zu beantworten, muss man sich vor Augen führen, dass die am Plan Espoir Banlieue Beteiligten divergierende Interessen vertreten: Die Politik möchte eine soziale Durchmischung erreichen, die beiden betroffenen Schulen haben jedoch ihre eigenen Interessen im Blick. Diese gilt es herauszuarbeiten und kurz mit der ursprünglichen politischen Absicht zu kontrastieren.*

   Le plan Espoir Banlieue vise à une « mixité sociale » (l. 9). Contrairement à cette volonté politique, les deux écoles concernées poursuivent cependant leurs propres objectifs : la directrice de l'école élémentaire Descartes veille à ne pas laisser partir ses meilleurs élèves, probablement par crainte que son établissement puisse perdre de niveau. L'école Jean d'Ormesson, par contre, menacée par une réduction de classes à la suite d'un manque d'élèves, tente d'affronter ce danger en participant à ce programme et en accueillant des élèves d'autres écoles.

3. *Hinweis: Die Frage verlangt die negativen Folgen der zum Teil nicht ganz freiwilligen Verbringung der Kinder – hier v. a. am Beispiel von Lucas – den stolzen Äußerungen der Politik gegenüberzustellen. Damit beinhaltet die Frage unausgesprochen auch eine leichte Wertung, womit sie bereits etwas über eine reine Reproduktion hinausgeht und deshalb auch etwas höher bepunktet wird.*

   Les hommes politiques locaux, c'est-à-dire le vice-préfet et le maire, sont évidemment très fiers de ce programme et de ses résultats, tout en oubliant ceux qui sont premièrement concernés : les enfants qui se voient confrontés à un « sacré effort d'adaptation » (l. 29). Le texte montre les suites en examinant Lucas qui a du mal à s'adapter face à un environnement et un milieu inconnu (l. 29/30) et qui craint d'être privé de ses liens sociaux, avant tout de ses copains et de son frère. De plus, Lucas redoute de devoir échanger ses activités sportives contre du travail scolaire.

4. *Hinweis: Auch diese Frage enthält eine implizite Wertung, denn hier sollen neben der Konzeption des amerikanischen Vorbildes vor allem dessen negative Erfahrungen erläutert werden. Somit bezieht sich die Frage auf die Zeilen 31–37.*

   Le « busing » des années 70 aux Etats-Unis visait surtout à réduire partiellement la ségrégation des races en transportant en bus des enfants noirs des milieux défavorisés dans des écoles de blancs mieux pourvus – et vice versa.

Mais cet essai a échoué : Excepté les élèves très performants, les enfants étaient souvent marginalisés, voire discriminés, ce qui leur causait souvent des souffrances (l. 35). Un autre résultat négatif a été que les familles blanches préféraient inscrire leurs enfants dans des écoles privées ou bien déménager plutôt que d'accepter que leurs enfants soient scolarisés avec des noirs.

5. *Hinweis: Eine typische Textkommentarfrage (auch ersichtlich an der Punktzahl!): An eine Erläuterung bzw. Interpretation einer Textpassage bzw. eines Zitats schließt sich eine kurzgefasste eigene Stellungnahme.*
Bei der Erläuterung des Zitats soll laut Fragestellung der Kontext beachtet werden; das bedeutet, dass es sich auf die Tatsache bezieht, dass Schüler aus unterprivilegierten Vororten jetzt die Schulen der Bessergestellten besuchen. Ob man die Einstellung, die dem Zitat zugrunde liegt, gutheißt, nachvollziehen kann oder verwerflich findet, ist Ansichtssache. Doch muss diese Ansicht argumentativ klar nachvollziehbar sein.

La mère qui parle ici est évidemment une femme issue de la bourgeoisie et fière que la famille puisse s'offrir une résidence dans ce quartier privilégié. En s'installant dans ce quartier, les parents voulaient offrir à leurs enfants les meilleures chances. Ils n'ont rien contre que des élèves venant d'autres écoles fréquentent l'école de leurs enfants, mais ils refusent catégoriquement que leurs enfants participent à leur tour à cet échange envisagé par le maire.
Moi, je trouve ce refus bien compréhensible : Quelqu'un qui s'est installé dans un endroit pour que les enfants puissent aller dans une certaine école, peut-être située assez proche du domicile, ne souhaite pas que ses enfants doivent se déplacer et faire un long trajet chaque matin pour aller à l'école. Et si vient s'ajouter la crainte que les enfants puissent se retrouver dans une école de banlieue mal équipée, avec des élèves à problèmes (de par leur origine) – un fait qu'on avait justement voulu éviter en s'installant dans un certain quartier – il faut bien comprendre cette attitude.

6. *Hinweis: Die Frage nach dem Stil impliziert oft auch die Frage nach der Textsorte. Hier handelt es sich um einen Zeitungstext, genauer gesagt um eine Art Reportage. Dieser Textsorte sind bestimmte Merkmale zu eigen. Es wird nicht Vollständigkeit erwartet, sondern die Erwähnung der auffälligsten Kennzeichen. Es sei daran zu erinnern erlaubt, dass einerseits die bloße Erwähnung der stilistischen Kennzeichen nicht genügt, sondern dass immer auch die Wirkung mit erläutert werden sollte; andererseits sollte auch stilistisch der Charakter einer bloßen Aufzählung vermieden werden.*

Il s'agit d'un texte journalistique qui porte les signes du style de reportage : En décrivant Lucas, l'auteur entre tout de suite dans le vif du sujet, en créant ainsi une atmosphère authentique et intéressante. Avec des exemples et beaucoup de citations, il rend son texte authentique et objectif. Avec l'ironie, qui se trouve souvent dans le texte, par exemple dans le titre contenant le jeu de mots « Le bus, moteur de la mixité sociale » (ou bien : la directrice qui apparaît comme « érigée en casteuse » (l. 22), l'expression « faire le plein » (l. 28) dans le contexte de l'école), l'auteur veut rendre son article amusant. Des métaphores (« la greffe n'a pas encore pris » (l. 30) ou « les dents grincent » (l. 41/42)) servent à souligner les problèmes du plan Espoir banlieues, ignorés par la politique.

Commentaire personnel / Rédaction

7. a) *Hinweis: Ein klassisches Kommentarthema. Das „Wir wollen doch nur dein Bestes" ist sicher vielen Schülern ebenso vertraut wie die Tatsache, dass dieses Ansinnen der Eltern oft heftig abgelehnt wird. Im Grunde können die meisten hier aus ihrer Erfahrung schöpfen ... Warum aber wollen die Eltern das Beste? Weil sie wollen, dass die Kinder glücklich werden. Und warum das? Weil sie glücklich sind, wenn es das Kind ist. Nur liegt dabei oft eine sehr eigene Konzeption des Begriffs zugrunde, sodass es durchaus passieren kann, dass die Kinder ihr eigenes Glück finden, das den Vorstellungen der Eltern zuwider läuft.*
Diese Verschränkung gilt es hier zu erkennen, und das macht das Thema inhaltlich nicht ganz einfach. Achten Sie darauf, nicht zu abstrakt zu bleiben! Gerade bei einem solchen Thema sind Beispiele die notwendige Würze.

« Le bonheur des enfants n'est pas forcément le bonheur des adultes » – mais qui peut douter que les parents souhaitent autre chose pour leurs rejetons que d'être heureux ?
Le problème est que l'idée du bonheur dans la tête des parents est un bonheur qui prend sa source dans leurs idées, leur passé ou leur socialisation et qui par conséquent peut s'écarter fortement des idées du bonheur de l'enfant. En un mot : c'est souvent une simple question de génération.
Les parents ont par exemple une idée assez précise de ce que leur enfant devrait exercer comme métier : un métier qui rapporte, qui garantit l'aisance – dentiste, par exemple… Mais ce qui peut facilement arriver, c'est que l'enfant se fiche de l'argent et choisit un métier genre assistant social, un métier qui peut le satisfaire sans offrir un salaire élevé – un fait que les parents ne comprendront guère.
Ou imaginons un cas extrême : que l'enfant soit homosexuel et vive avec un partenaire du même sexe. Il est certain que, bien que l'enfant soit heureux, beaucoup de parents, tout en voyant le bonheur de leur enfant, ne sont pas capables de s'en réjouir.
Quoi faire ? Souvent, on ne peut rien y changer : Il faut accepter que les adultes ne comprennent ce qui fait le bonheur de l'autre génération – ou bien s'ils y arrivent qu'ils en souffrent quand même. Les jeunes ont à vivre leur propre vie et c'est leur bonheur qui compte.

b) *Hinweis: Ein eher unerfreuliches typisches Sowohl-als-auch-Thema. Jeder kennt die Statistiken, nach denen Kinder aus unterprivilegierten Elternhäusern seltener studieren. Andererseits ist die Geschichte voll von Leuten, die trotzdem Karriere machten, auch gibt es heute viel mehr Möglichkeiten des sozialen Aufstiegs.*
Das heißt: Das Thema muss dialektisch angegangen werden. Versuchen Sie möglichst, es mit Beispielen auszugestalten.

Beaucoup de statistiques le démontrent nettement : les enfants issus d'une famille de la classe ouvrière ou bien de chômeurs ont moins de possibilités de promotion sociale. Mais est-ce définitif ? Un tel enfant est-il prédestiné ?
Que quelqu'un qui grandit au sein d'une famille moins privilégiée ait moins de chances dans la vie semble clair. Cela commence avec l'acquisition du langage : un enfant négligé linguistiquement apprend beaucoup moins bien la langue qu'un enfant dans une famille cultivée. Ainsi, sa carrière scolaire est déjà partiellement figée, car l'école n'arrive pas toujours à combler les lacunes causées par la famille. Et cela se perpétue.
Un autre exemple : quelqu'un qui vit dans la banlieue et qui en plus est d'origine arabe, a très peu de chances de sortir de la banlieue. Son origine sociale le condamne presque à rester dans le ghetto pour le reste de sa vie.
Mais cela n'est pas toujours vrai : On peut les voir partout, les gens qui ont franchi la barrière de leur descendance et qui ont fait carrière, dans l'économie, dans les scien-

ces, dans la politique – par exemple l'ancien ministre des affaires étrangères de l'Allemagne Joschka Fischer ou bien l'ancien chancelier Schröder, les deux ayant grandi dans une famille plutôt modeste.
Statistiquement il est probable que l'origine sociale détermine la vie pour la plupart des gens – mais il y a quand même bien de gens qui arrivent dans la vie grâce à leur volonté, leur énergie et peut-être aussi parce qu'ils ont eu un peu de chance.

c) *Hinweis: Die Karikatur ist recht leicht verständlich, bezieht sie sich doch inhaltlich auf das im Text implizit angesprochene Problem.*
Wie immer muss zuerst das Dargestellte beschrieben werden (was in vorliegendem Fall schnell geht), um davon ausgehend über die Interpretation der Schrift zu einer Gesamtdeutung zu gelangen.
Zusätzlich verlangt der Arbeitsauftrag jedoch eine persönliche Stellungnahme – die dürfte jedoch nicht schwer fallen, da die Zustände der banlieues in fast allen Oberstufenkursen eine feste Größe bilden.

Le dessin montre un panneau de signalisation : le panneau « impasse ». Dans la barre horizontale se trouve une petite croix, accompagnée des mots « Vous êtes ici ». Le titre en haut et en bas du dessin explique qu'il ne s'agit pas, comme on devrait croire, d'un panneau, mais d'un plan : le « plan banlieue ».
Le dessinateur considère alors la banlieue comme une impasse. Une fois qu'on s'y trouve, il est impossible d'en sortir. La croix rend ce fait encore plus poignant : On est prisonnier – impasse, pas de moyen de s'en tirer.
Le dessin reflète le destin de beaucoup de gens, surtout des familles des immigrés d'origine arabe qui vivent en France pour la troisième génération et qui ne réussissent toujours pas à sortir du ghetto. Souvent, c'est un cercle vicieux : Il faut avoir un emploi et de l'argent pour pouvoir sortir de la banlieue, mais dès qu'un patron entend que quelqu'un vient de la banlieue, il refuse de l'embaucher. Beaucoup de jeunes banlieusards, ayant alors perdu l'espoir, sèchent l'école, forment des bandes, s'abandonnent à la drogue, le crime, la violence – et perdent ainsi toute possibilité de quitter leur prison.
Après avoir traité les habitants des banlieues de « racaille », Sarkozy, devenu Président, a lancé son projet Espoir Banlieue en 2008, qui, jusqu'à présent, n'a pas changé grand chose. Mais on peut toujours espérer.

Version

8. *Hinweis: Der auf den ersten Blick nicht allzu schwere Text hat durchaus seine Tücken: Diese liegen fast ausschließlich im lexikalischen Bereich, wo man des öfteren freier bzw. leicht interpretierend übersetzen muss. Dabei gilt das alte Prinzip, so wörtlich wie möglich am Text zu bleiben und Freiheiten dort zu nehmen, wo Bilder zu vermitteln sind, typische Gallizismen oder Sachverhalte, die es so im Deutschen nicht gibt. Und wie immer: Keine Angst vor Fremdwörtern! Wichtig ist, dass der Text am Ende deutsch klingt.*

Der Bus, der für die soziale Durchmischung fährt

Am meisten scheinen die Kinder die gemeinschaftsfördernde[1] Gelegenheit der Busfahrt zu schätzen: Den[2] fröhlichen Augenblick, in dem sie sich im Nirgendwo[3] zwischen dem Zuhause, dem Viertel und der Schule gehen lassen[4] können. Das „Busing" ist weit genug in die lokalen Gepflogenheiten eingedrungen, dass sie[5] sich nicht mehr wie die Versuchskaninchen der sozialen Durchmischung vorkommen. Fünf Jahre nach der Einführung des Projekts ist die Bilanz im Wesentlichen positiv, besonders hinsichtlich der schulischen Leistungen.

Laut dem Direktor der Marie-Curie-Schule (Empfängerschule) „ist es uns gelungen, dass die Kinder sich in dieser Schule als an ihrer Schule fühlen."[6] Das war nicht von vornherein klar.[7] Mit der Zeit schwächten sich die Spannungen ab. Aber die soziale Durchmischung ist nur eine kurze Erfahrung[8] für die Kinder. Mit Eintritt in die sechste Klasse[9] finden sie sich wieder im Collège[10] ihres Stadtteils. In einem weit außerhalb liegenden Collège, das einer starken privaten Konkurrenz ausgesetzt ist und das von bessergestellten Familien gemieden wird. Das soziale Geflecht nimmt wieder seine schlechten natürlichen Verwerfungen an[11].

Explications :

1 Das Adjektiv „socialisante" kann hier nur relativ frei übersetzt werden.

2 Im Deutschen ist hier der Artikel notwendig.

3 „Zone de nulle part" – der Ausdruck zielt auf die Tatsache, dass hier die Kinder frei und unüberwacht sind. Möglich wären sicher auch „Irgendwo" (das aber das negative „nulle" nicht wiedergäbe) oder, relativ frei, „freier Raum".

4 „Défoulement" bedeutet eigentlich eher „Abreagieren", was aber für den Kontext zu stark wäre. Am schönsten passt zu dem unkontrollierten „zone de nulle part" „gehen lassen" – im Deutschen klingt die Verbalkonstruktion hier sicher stilistisch schöner als der Nominalstil.

5 Im Text evtl. missverständlich: Das „ils" bezieht sich auf „les enfants".

6 Wörtlich: „sich hier als in ihrer Schule fühlen" – so könnte man es stehen lassen, doch klingt es etwas blass.

7 „C'est gagné !" bedeutet so viel wie „Volltreffer!" oder „Toll geklappt!" Im verneinenden Kontext bezieht es sich jedoch auf die Vergangenheit des Anpassungsprozesses, muss also frei übersetzt werden.

8 Eigentlich: „Eine Erfahrung von kurzer Dauer" – was stilistisch eher ungelenk klingt.

9 Nachdem die „sixième" mit der sechsten Klasse in Deutschland identisch ist, erübrigt sich eine Erläuterung.

10 Man darf hier ruhig das französische Wort stehen lassen: Der Korrektor kennt das Wort, und hier ist eine Übersetzung gefragt, keine interkulturelle Erläuterung.

11 „Tissu" ist eigentlich der Stoff und „pli" die Falte. Es bietet sich an, nach einem halbwegs passenden Bild zu suchen.

Noir destin pour plastique blanc

– Un plastique, siouplaît, madame.

D'un geste totalement automatique, la vendeuse tendit au client une poignée de sacs de caisse. Jérémy en prit deux, rangea dans le premier un chapelet de paquets de chips et dans le second une bouteille de boisson à bulles. Il fourra le tout dans son sac à dos et s'éloigna en sifflotant dans la galerie marchande. Aujourd'hui, c'était son grand jour. Dans moins d'une heure, il retrouverait la bande pour monter pique-niquer sur les coteaux de la Garonne. Et sur son VTT noir, il y aurait Mélodie. Ses boucles de sirène, ses yeux tels ceux d'un chat qui aurait de l'humour, son parfum à la mandarine, ses dents blanches à croquer, ses lèvres… Depuis le début de l'année, pour capter l'attention de Mélodie, il s'était ruiné en poèmes SMS. Il avait même bossé son anglais pour qu'elle puisse copier sur lui… Aujourd'hui, c'est sûr, il serait récompensé. Là, quand la nuit tomberait, il prendrait sa main. Il l'éloignerait des autres pour marcher le long de la falaise et regarder la Garonne dérouler ses méandres en contrebas, et alors il…

Le plan de Jérémy se déroula à la perfection jusqu'au pique-nique où, pour une histoire débile de sac en plastoc[2], tout s'écroula.

Jérémy s'était évidemment assis à côté de Mélodie.

– J'ai des chips et du Pepsbulles saveur cactus ! proclama-t-il.

Mélodie fronça un sourcil à la vue des sachets de chips émergeant du sac en plastique.

– T'as plutôt un sac de sacs…

– Faut bien que je les porte, bafouilla-t-il, pris au dépourvu.

– Tu les portes déjà dans ton sac à dos, observa Mélodie froidement. En plus, t'en as pris un autre pour la bouteille !

– Ben… oui ! Mais ils les donnent gratos[2], ajouta-t-il en se méprenant sur l'intention de la remarque.

– Tu rêves ta vie, toi ! cingla[3] Mélodie. Tu t'imagines que les gentils hypermarchés font des cadeaux aux braves hyperconsommateurs qui remplissent leurs hypercaddies ? Les sacs sont gratuits… et tout le reste un peu plus cher !

Jérémy ouvrit sa bouteille de Pepsbulles et la tendit à Mélodie en guise de calumet de la paix.

– Un peu de cactus, ma douce ? proposa-t-il en rigolant.

La jolie fille s'envoya une goulée de bulles et revint à la charge.

– Ces trucs en polypropylène, c'est l'horreur ! Du pétrole en forme de sacs, avec des tas de cochonneries chimiques dedans ! Et rien qu'en France, on en distribue dix-huit milliards par an, cinq cent soixante-dix sacs par seconde, soixante-douze mille tonnes de déchets à la sortie !

Jérémy resta abasourdi par cette avalanche de chiffres. Il s'était préparé à beaucoup de choses, mais pas à ferrailler avec une éco-guerrière. Il chercha précipitamment dans sa mémoire quelques moyens de défense.

– Il paraît qu'en les brûlant on peut chauffer des quartiers entiers.

– Super, persifla Mélodie, en même temps on envoie dans l'air un bon coup de gaz à effet de serre et de dioxines cancérigènes.

– Ouais, bon, grommela Jérémy, j'suis pas responsable des malheurs du monde !

– C'est ça, je pollue tranquillement dans mon petit coin et après moi le déluge !

Jérémy se rebiffa et commit LA grosse erreur.

– Tu me prends le chou[4] avec ce plastoc, alors, on le balance et on n'en parle plus !

Il froissa le sac dans son poing et le jeta derrière lui. Aussitôt, le vent s'en empara, le gonfla en une blanche montgolfière et l'emporta, direction la Garonne.

– Mais t'es un nain, toi… murmura Mélodie, atterrée.

– Oh, j'en ai ras la frange[5] du plan « Sauvons l'Herbe Verte et les Petits Oiseaux » !

– C'est toujours mieux que jouer le Schtroumpf Cradoc[6] ! rétorqua Mélodie, les joues pourpres. Dans quatre cents ans, ce sac-là, il nous gâchera encore le paysage.

– On s'en fout. On sera morts !

Mélodie lui jeta un regard capable d'incinérer un déchet ménager et lui tourna le dos définitivement.

Florence Thinard : « Nouvelles vertes – Noir destin pour plastique blanc »,

Explications :

1 le plastoc : *fam.* : le plastique
2. gratos *(adv.)* : *fam.* : gratuitement
3. cingler : *ici :* atteindre, critiquer par des mots blessants
4. prendre le chou à qn : *fam. :* énerver qn
5. en avoir ras la frange : *fam. :* en avoir ras le bol
6. Cradoc : *nom propre (néologisme), dérivé de l'adjectif cradoque :* sale, crasseux dégueulasse

Devoirs	**Nombre de points**
Questions sur le texte	**80**

Répondez aux questions suivantes en utilisant autant que possible vos propres mots.

1. Exposez ce qu'on apprend sur Jérémy dans le premier paragraphe du texte. (15)
2. Relevez le conflit fondamental entre les deux protagonistes. (10)
3. Décrivez le comportement de Jérémy face à ce conflit, inattendu pour lui. (20)
4. Analysez les réactions de Mélodie telles qu'elles sont présentées par le narrateur. (20)
5. Etudiez les différents niveaux de langue qui caractérisent les deux protagonistes en donnant quelques exemples précis. (15)

Commentaire personnel / Rédaction **40**

6. *Exposez, en 150 à 200 mots environ, vos idées/arguments sur un des sujets suivants.*
   a) *Les contraires s'attirent. – Qui se ressemble s'assemble.* Discutez ces deux proverbes.
   b) Consommer moins pour vivre mieux ? Commentez.

c) Décrivez et commentez l'image ci-dessous.

© *Haddad – Iconovox*

Version **40**

7. *Traduisez le texte suivant :*

Le problème des déchets

Plus moderne et plus dynamique – plus individualiste aussi – la France change de visage à partir des années 1960.

Les évolutions démographiques et les progrès technologiques influencent le mode de vie des Français et engendrent des habitudes de consommation différentes et une progression très nette des déchets ménagers. […]

[…] Grâce au baby-boom et grâce à l'allongement de l'espérance de vie, la population de la France bondit et le profil des familles évolue considérablement. […] Les industriels de l'agro-alimentaire s'adaptent […]. Le petit épicier de quartier est délaissé au profit des grandes surfaces. Après l'ère du lait, du beurre, des œufs ou du vin vendus en vrac par le commerçant, voici celle des produits […] pré-pesés et pré-emballés. Aujourd'hui, 72 % des produits de consommation courante se vendent […] en libre-service. […]

La modernisation rapide de la France […] connaît un corollaire moins plaisant : l'augmentation continue de la production de ses déchets ménagers. […]

www.ecoemballages.fr/le-tri-des-emballages/
(30 octobre 2008, texte abrégé et légèrement adapté)

Maximum de points : **160**

Lösungsvorschläge

Questions sur les textes

1. *Hinweis: Diese Reproduktionsfrage bezieht sich rein auf den ersten Textabschnitt. Dabei sollte die Tatsache, dass Jérémy einkauft, sicherheitshalber miterwähnt werden, im Mittelpunkt steht jedoch sein Verhältnis zu Mélodie und seine Vorfreude auf das Kommende.*

   Jérémy, apparemment un collégien, s'approvisionne au supermarché pour une soirée avec les copains. Sans attacher de l'importance à l'écologie, il achète des produits peu sains et prend deux sacs en plastique. Il est rêveur, car il compte retrouver la fille dont il est amoureux, Mélodie. Depuis longtemps, il tente de l'impressionner en lui envoyant des poèmes SMS et même en travaillant pour l'école afin que la fille puisse copier sur lui au cours d'anglais. Il se perd dans une rêverie dans laquelle il s'imagine le début de sa romance avec Mélodie.

2. *Hinweis: Die Frage verlangt, den verbal ausgetragenen Konflikt zwischen Mélodie und Jérémy auf seine Grundstruktur zurückzuführen: aufgebrachte Umweltschützerin trifft auf verliebten aber unreflektierten und unbedarften Umweltsünder. Dabei verfolgt jeder seine eigenen Ziele und erkennt nicht, worum es dem Gegenüber geht.*

   Dans le texte, un garçon amoureux et romantique mais complètement insoucieux en ce qui concerne l'environnement est confronté à une guerrière écologiste qui, dans son fanatisme, n'est pas capable de comprendre les sentiments de l'autre.
   Jérémy a seulement pour but de passer une soirée romantique avec Mélodie, une soirée qui peut-être sera le début d'une relation entre eux. C'est pourquoi il s'avère extrêmement naïf à l'égard des problèmes de l'environnement abordés par Mélodie. Il ne comprend pas pourquoi la fille n'arrête pas de parler des sacs en plastique. La fille, à son tour, est complètement indifférente aux sentiments de Jérémy. Elle ignore ses attentes et ses efforts pour la calmer.

3. *Hinweis: Diese Frage, eine Art „résumée dirigé" knüpft inhaltlich unmittelbar an die vorhergehende an und verlangt nun, das Verhalten Jérémys im Textverlauf zu verfolgen. Implizit erfordert dies auch ein knappes Eingehen auf Mélodie, da Jérémy ja auf deren Verhalten reagiert. Versuchen Sie aber eine Dopplung mit der folgenden Frage weitgehend zu meiden.*

   Le conflit est complètement inattendu pour Jérémy, c'est pourquoi il ne sait comment réagir. Quand la fille l'attaque à cause des sacs, il essaie d'abord de se justifier en disant qu'il avait eu besoin des sacs pour porter ses achats. Comme la fille continue de lui faire la morale, il lui offre à boire, un geste qui vise à la calmer – mais sans succès. Alors Jérémy commence à argumenter sans s'y connaître dans la matière, ce qui provoque l'ironie de Mélodie, le rendant ainsi ridicule. Alors, il croit pouvoir finir la discussion en jetant le sac, provoquant ainsi la colère de Mélodie. Par la suite, Jérémy, manquant d'arguments, finit par se fâcher à son tour.

4. *Hinweis: Aufpassen: Die Frage unterscheidet sich von der vorhergehenden insofern, als vorher nur* wiedergegeben *werden sollte. Jetzt geht es darum zu analysieren. Ansonsten ist der Blickpunkt jetzt der umgekehrte. Der Hinweis „telles qu'elles sont présentées par le narrateur" verlangt auch ein ansatzweises Eingehen auf die Erzähltechnik, das heißt hier insbesondere die Wortwahl Mélodies. Wichtig ist, die Steigerung im Vernichtungsfeldzug des Mädchens nachzuzeichnen.*

   Mélodie, loin d'être conciliante, cherche la confrontation avec Jérémy. Elle le critique et l'attaque sans cesse d'une façon de plus en plus agressive, tout en ignorant ses efforts pour la calmer et mettre fin à la discussion.
   Elle est présentée par le narrateur comme une écologiste fanatique qui ne quitte pas sa victime pour autant. Son agressivité croissante se manifeste dans son langage corporel et dans sa façon de parler : en voyant les plastiques, elle « fronça un sourcil » (l. 18), puis elle répond « froidement » (l. 21) et ensuite elle « cingla » (l. 25). Après, elle « revint à la charge » (l. 31). Avec son argumentation, elle tente d'écraser Jérémy, par exemple en le couvrant d'un « avalanche de chiffres » (l. 36). Elle arrive au comble en se moquant de lui (l. 40) et en utilisant une ironie blessante (l. 40). A la fin, elle insulte Jérémy ouvertement (« t'es un nain » l. 48) et lui montre tout son dédain en lui jetant « un regard capable d'incinérer un déchet ménager » (l. 53) et en lui tournant le dos (l. 53).

5. *Hinweis: Eine Frage mit sprachanalytischem Inhalt darf im Abitur nicht fehlen. Bereits in der vorhergehenden Frage klang dies mit an, nun steht die Sprachanalyse, geschickt verpackt, im Vordergrund. Es geht vor allem um die sprachlichen Register, deren sich die beiden bedienen. Jérémy, offenbar geistig eher biederen Zuschnitts, bedient sich sprachlich eines eher niedrigeren Registers, entsprechend dem Ungeschick seiner Argumentation. Mélodie ist auch hier das Gegenteil.*

   Jérémy se sert, sans pouvoir changer de niveau de langue, de la langue parlée avec ses caractéristiques. Aussi dit-il « siouplaît » (l. 1) ou « faut bien que » (l. 20), ou bien il parle le langage des jeunes qui se manifeste surtout dans son vocabulaire quand il dit : « gratos » (l. 23), « tu me prends le chou avec ce plastoc » (l. 45) ou « j'en ai ras la frange » (l. 49).
   Mélodie, par contre, garde un langage relevé, ce qui apparaît dans les termes techniques dont elle se sert au cours de son argumentation (« polypropylène », l. 32). Ce n'est que quand elle se met à attaquer Jérémy personnellement, qu'elle s'abaisse à son niveau et utilise le langage familier quand elle dit « t'es un nain, toi. » (l. 48).

Commentaire personnel / rédaction :

6. a) *Hinweis: Auch im Deutschen kennen wir die beiden Sprichwörter: „Gegensätze ziehen sich an" und „Gleich und Gleich gesellt sich gern". Interessanterweise widersprechen sich die beiden Sprichwörter diametral. Dies gilt es als erstes zu erkennen, und entsprechend muss jede der beiden Redewendungen im Anschluss erläutert werden. Der Kommentar sollte abschließend eine knappe Stellungnahme beinhalten, ob die beiden Sprichwörter schlussendlich tatsächlich einen Gegensatz darstellen oder nicht.*

   « Les contraires s'attirent. – Ce qui se ressemble s'assemble. » Voilà deux proverbes assez similaires mais qui expriment justement le contraire et qui semblent ainsi prouver le premier : que les contraires s'attirent. Mais ils prouvent aussi le deuxième en se ressemblant dans le fait de traiter la question de l'attrait mutuel. Alors, lequel est vrai ?

Dans la vie quotidienne, ces proverbes sont cités pour expliquer la relation entre couples. « Les contraires s'attirent » exprime alors le fait qu'on retrouve bien souvent des partenaires d'un tempérament très différent ayant des intérêts qui divergent complètement. Dans ces cas, c'est évidemment le contraste qui rend la relation intéressante. Les deux sont complémentaires et se complètent. Une telle relation peut être compliquée et non pas sans tensions, mais elle ne sera guère ennuyeuse.
Dans le cas où « ce qui se ressemble s'assemble », les partenaires sont épris du fait qu'ils se miroitent dans le partenaire. On a beaucoup de sujets de discussion et pas mal de loisirs communs. Ce sera alors une vie conjugale plutôt harmonieuse, mais pour ainsi dire pas toujours excitante.
Par conséquent, on peut dire que les deux proverbes ne se contredisent qu'au premier abord. Vu de plus près, ils se complètent, car ni l'un ni l'autre dit toute la vérité.

b) *Hinweis: Der scheinbare Widerspruch des Themas sollte eingangs kurz thematisiert werden. Ansonsten hebt die Frage darauf ab, dass unsere Konsumgewohnheiten in vielen Bereichen negative Auswirkungen zeitigen: Wir schädigen vor allem unsere Gesundheit und unsere Umwelt. Allen Aspekten dieses Themenbereiches können Sie im Rahmen eines Kommentars natürlich nicht gerecht werden. Es genügt eine logische Auswahl.*

Pour beaucoup d'entre nous, cela semble être un paradoxe : consommer moins pour vivre mieux. Car c'est la consommation qui, dans la tête de la plupart des gens, est déterminante de notre bien-être : avoir une grande maison, avoir deux voitures, pouvoir manger des fruits exotiques venus des quatre coins du monde, pouvoir se goinfrer à cœur joie de viande tous les jours…
Mais justement en ce qui concerne la consommation courante, il est vrai qu'un renoncement à une partie des habitudes qui nous sont devenues chères pourrait améliorer notre bien-être. Tout d'abord, trop d'alcool ou trop de viande est nuisible. C'est un simple fait bien connu. Consommer moins serait alors bon pour la santé.
Mais il y a un autre aspect plus important. Afin que chacun de nous puisse par exemple s'offrir de la viande tous les jours, le secteur agroalimentaire est devenu une vraie industrie au détriment de la nature, de l'environnement, des animaux – et avec cela au détriment aussi de la qualité de notre nourriture.
Il ne faut pas forcément consommer moins, mais de façon plus réfléchie : en achetant des produits de la région, en achetant des vivres issus de l'agriculture et de l'élevage biologique et en renonçant à consommer trop de viande, on vivrait sûrement mieux, car on aurait une bonne conscience, un environnement mieux protégé et une meilleure santé.

c) *Hinweis: Die Umweltproblematik ist Teil des Lehrplans der Oberstufe. Sie sollten daher im Bereich des Wortschatzes über das Rüstzeug verfügen, sich an die Bildbeschreibung zu wagen. Die Interpretation erhält ihre Richtung durch die Aussage des Mannes, die eine Anspielung auf Eltern ist, die ihren Kindern stolz die kommende Hinterlassenschaft präsentieren. Durch diesen Zusammenhang erhält die Karikatur einen stark ironisch-bitteren Zug.*

L'image montre au premier plan un tuyau d'où se jette un liquide probablement nauséabond dans une mer empestée : une marée noire où nagent des poissons morts et des déchets, comme des tonneaux par exemple, s'étend jusqu'au second plan où on peut voir couler le navire qui semble avoir causé cette marée noire. Au centre de l'image, loin à l'horizon, s'élève le spectre de notre civilisation, un champignon ato-

mique, devant un ciel invisible à cause des fumées qui s'échappent d'une usine à droite de l'image. Au premier plan s'élève une falaise sur laquelle se trouvent père et fils, munis de masques à gaz. Le fils, effrayé, cherche à se cacher derrière son papa qui, d'une large geste, étend ses bras en disant « Un jour, mon fils, tout ça sera à toi! » L'image montre d'une façon brutale et exagérée la destruction de la nature par l'homme. Mais le message ne se dévoile qu'avec les propos du père qui font allusion aux paroles de ces parents qui montrent fièrement à leurs enfants leur futur héritage, propos qui ouvrent ainsi un important décalage entre geste et promesse d'un côté et ce que le père va laisser à son fils de l'autre côté. Le message de la caricature est clair : Si nous continuons à détruire notre planète à cette vitesse, la génération suivante déjà devra payer les suites de notre conduite sous la forme d'un monde inhabitable.
Un slogan du mouvement écologiste disait que nous avions la terre seulement loué de nos enfants. Songeons-y : chacun peut contribuer à conserver la nature en ne gaspillant pas les ressources et en prenant soin de l'environnement.

Version

7. *Hinweis: Der Text ist im Wortschatzbereich nicht ganz einfach zu übersetzen, obwohl er im Grunde leicht zu verstehen ist. Einige Freiheiten müssen genommen werden, damit die Übersetzung am Ende auch deutsch klingt. Und wie immer: Keine Angst vor Fremdwörtern! Besonders wenn es sich um Fachausdrücke handelt.*

Das Müllproblem

Moderner und dynamischer – zugleich auch individueller: Frankreich ändert seit den 60er-Jahren sein Aussehen.
Die demographische Entwicklung[1] und der technische Fortschritt[2] beeinflussen den Lebensstil der Franzosen und erzeugen andere[3] Verbrauchergewohnheiten und einen sehr klaren Anstieg der Haushaltsabfälle. Dank des Baby-Booms und dank der steigenden Lebenserwartung[4] wächst die Bevölkerung Frankreichs sprunghaft[5] an und das Erscheinungsbild der Familien[6] ändert sich stark. Die Lebensmittelindustrie[7] passt sich an. Der kleine Lebensmittelhändler im Viertel wird zugunsten der Supermärkte vernachlässigt. Nach dem Zeitalter, in dem Milch, Butter, Eier oder Wein von den Händlern offen verkauft wurden, herrscht jetzt das des Vorgewogenen und Vorverpackten. Heute werden 72 % der Alltagsartikel in Selbstbedienung verkauft.
Die schnelle Modernisierung Frankreichs kennt eine weniger erfreuliche Folge: den fortschreitenden Anstieg der Produktion von Hausmüll.

Explications :

1 Im Deutschen eher im Singular gebräuchlich. Keine Angst vor den Fachterminus!
2 Ebenfalls eher im Singular verwendet. Der Plural würde hier etwas merkwürdig anmuten.
3 Dran denken: „différent" nachgestellt bedeutet „unterschiedlich" – im Kontext passt „andere" besser.
4 Der übliche Begriff ist im Deutschen „steigende Lebenserwartung", nicht „verlängerte".
5 „bondir" hat die Grundbedeutung „springen" und muss hier etwas freier gehandhabt werden.
6 Nicht leicht zu übersetzen! Gemeint ist hier das Gesamtbild, wie sich Familien darbieten, ihre veränderte Zusammensetzung etc.
7 Auch hier im Deutschen eher Singular.

La fracture morale

Entre aspiration à la laïcité et renouveau du conservatisme religieux, la société marocaine balance. Au cœur de cet affrontement : la presse, à travers Ahmed Reda Benchemsi (TelQuel) *et Rachid Niny* (Al-Massae).

Comme chaque année, ils vont enflammer la nuit casablancaise. Electro, metal, rap ou rock, toutes les musiques alternatives seront, du 19 au 22 juin, au rendez-vous de la 10e édition du festival Boulevard des jeunes musiciens – « l'Boulevard » pour les initiés.

Cette nouvelle scène, qui fait vibrer la jeunesse dorée[1] comme celle des quartiers populaires, suscite un débat dans la presse. Car elle est régulièrement critiquée par les islamistes et les tenants de l'ordre moral. Et sur les sites conservateurs ou islamistes, le plus souvent arabophones, les internautes mettent en garde contre la « débauche », la drogue et l'alcool, qui y seraient « en libre circulation », voire la présence de « femmes esclaves de l'argent ». Ceux de l'autre camp défendent un « mouvement vers l'avant, énergique et positif », ou encore une « bouffée de liberté exceptionnelle ».

Longtemps privée de parole, la société marocaine est aujourd'hui traversée par deux grands courants. Le premier, selon le mot du directeur de la rédaction de l'hebdomadaire *TelQuel*, Ahmed Reda Benchemsi, est « laïque sans le savoir ». Il est individualiste, citadin, branché. L'autre est conservateur et moralisateur. Le plus souvent, aussi, arabophone.

Entre les deux, le débat, ou plus exactement le dialogue de sourds, se focalise sur quelques thèmes qui, tous, se situent sur le terrain des mœurs : les nouvelles musiques et les formes d'expression, vestimentaires notamment, qui les accompagnent ; la consommation d'alcool ; le féminisme et, depuis peu, l'homosexualité.

Deux hommes de presse incarnent, un peu à leur corps défendant, ces deux sensibilités : Ahmed Reda Benchemsi, patron de *TelQuel*, premier hebdomadaire francophone du pays, et Rachid Niny, dont le quotidien en langue arabe *Al-Massae* est devenu en quelques mois le plus lu des journaux marocains, en grande partie grâce à sa chronique journalière, *« Chouf' tchouf »*. Le premier a 34 ans, le second, 38.

« Il y a dans ce pays, déplore Benchemsi, une islamisation des esprits. » En 2003, déjà, son journal avait été à la pointe du combat contre la condamnation de 14 musiciens de hard rock accusés de satanisme à cause de leurs tee-shirts noirs, et finalement graciés par le roi. En mars 2007, il consacrait sa Une au « nouvel ordre moral » pour en dénoncer les dangers.

« Nous avons, dit encore le jeune patron de *TelQuel*, introduit au Maroc le débat sur la laïcité. Je considère que nous sommes, dans les faits, une société laïque, même si nous ne sommes qu'une minorité à revendiquer un concept qui fait encore peur, car il reste largement incompris. Concrètement, chacun ici pratique la religion comme il l'entend et, pour schématiser, les mosquées coexistent pacifiquement avec les bars ! ».

« Fier d'être musulman », Rachid Niny estime, lui, que « le débat, ce n'est pas la laïcité, mais la démocratie ». Sa chronique satirique, dans laquelle il dénonce tous les maux du royaume – à commencer par les frasques des puissants et la corruption de la justice –, séduit la rue marocaine.

De toute évidence, son public se retrouve dans ce qu'il écrit. Il y fustige les abus de l'Etat, le népotisme et l'incivisme[2]. « Je n'épargne personne, proclame-t-il, pas même le peuple ! » Il n'épargne pas non plus cette nouvelle vague libertaire qui choque tant ses lecteurs. Les enquêtes publiées par *Al-Massae* et les photos qui les accompagnent ne sont pas neutres. Niny prône une augmentation des taxes sur l'alcool, s'insurge contre ceux qui proposent de dépénaliser le cannabis et prend fait et cause pour les riverains du « l'Boulevard » dérangés dans leur sommeil. L'an dernier, *Al-Massae* était parti en guerre contre les dérives du festival casablancais, avec des photos chocs montrant des spectateurs abrutis d'alcool ou sous l'emprise de la drogue, des chevelures punk. L'article parlait aussi du haschisch en vente libre, évoquait la présence de « lesbiennes »... Niny reconnaît aujourd'hui avoir été, dans ce cas particulier, instrumentalisé par les islamistes. Le patron de *TelQuel* l'accuse de jeter « une allumette enflammée par jour », alors que le « Maroc d'aujourd'hui est une poudrière » ; lui se voit en Robin des bois[3] des exclus et en porte-parole de la majorité silencieuse.

L'affaire qui a mis le feu aux poudres entre *TelQuel* et *Al-Massae* est celle de Ksar el-Kebir. Au départ, il ne s'agissait que d'une fête un peu arrosée donnée dans cette petite ville, le 18 novembre 2007, par un marchand d'alcool, sans doute plus ou moins protégé par la police.

Le 23 novembre, *Al-Massae* publiait à la Une un reportage décrivant la fête comme un « mariage gay ». L'article était illustré d'une photo représentant un homme travesti en femme. Trois jours plus tard, six des fêtards étaient inculpés pour homosexualité, puis condamnés.

Depuis cette affaire, Niny et Benchemsi se sont rapprochés. Ils sont toujours aussi opposés idéologiquement. Mais Niny a été très lourdement condamné par la justice marocaine. Il a écopé d'une amende de 6 millions de dirhams (540 000 euros) pour avoir affirmé, sans le nommer, qu'un procureur du roi de Ksar el-Kebir faisait partie d'un réseau gay... ce qui a conduit les quatre procureurs de la petite ville à porter plainte. Niny, qui a fait appel, a obtenu le soutien de la profession, à commencer par celui de *TelQuel*. Au nom de la liberté d'expression.

Dominique Lagarde/Myriem Khrouz, La fracture morale. © L'express, 5 juin 2008

Explications :

1 la jeunesse dorée : jeunes gens riches, élégants et oisifs
2 l'incivisme (m.) : *ici :* manque d'esprit civique et de respect pour les règles de la société
3 Robin des bois : *angl. :* Robin Hood ; selon la légende, hors-la-loi au grand cœur, défenseur des pauvres et des opprimés

Devoirs	**Nombre de points**
Questions sur le texte	
Répondez aux questions suivantes en utilisant autant que possible vos propres mots.	**100**
1. Décrivez le caractère du festival de musique à Casablanca et sa perception dans la société marocaine.	(15)
2. Analysez ce qu'on pourrait appeler le phénomène des deux Maroc. Pourquoi, dans ce contexte, l'auteur parle-t-elle d'un « dialogue de sourds » (l. 15) ?	(20)
3. Examinez les rôles opposés des deux journaux mentionnés dans le texte et les différents points de vue de leurs responsables.	(20)
4. Selon l'auteur, le Maroc de nos jours est une « poudrière » (l. 50). – Analysez ce moyen de style en vous référant à son contexte.	(10)
5. Expliquez et commentez les points en commun des deux journalistes et l'évolution dans leurs rapports.	(25)
6. Caractérisez genre et style du texte en donnant des exemples précis.	(10)

Commentaire personnel / Rédaction **50**

7. *Exposez, en 250 à 300 mots environ, vos idées/arguments sur un des sujets suivants.*

   a) « L'ennemi de mon ennemi est mon ami. » – Discutez ce paradoxe en donnant des exemples précis de votre choix.
   b) Un véritable but de la culture jeune est de choquer les adultes. Est-ce encore possible dans notre société permissive ?
   c) « Quand la vérité n'est pas libre, la liberté n'est pas vraie. » (Jacques Prévert) – Commentez.
   d) Décrivez et commentez le dessin humoristique ci dessous :

© Chappatte dans « Le Temps » (Genève) – www.globecartoon.com

Version **50**

8. *Traduisez le texte suivant :*

Epouser un « passeport rouge »[1]

Près de 3 millions de Marocains vivent à l'étranger et la période estivale coïncide avec le retour d'une grande partie d'entre eux au « bled » pour quelques semaines de soleil. Et, comme chaque année, les filles d'ici attendent avec impatience les vacanciers. Plus que leurs euros, ce sont leurs « passeports rouges » qui les rendent irrésistibles : ces fils d'émigrés sont des citoyens de l'Union européenne. Les épouser, c'est avoir l'assurance de pouvoir, demain, partir à son tour, et vivre dans cet ailleurs où tout paraît tellement plus facile. Les fils d'émigrés sont également nombreux à souhaiter épouser une « fille du bled ». Souvent pour répondre aux attentes de leurs familles.

A l'heure d'Internet, certains n'attendent plus l'été. Les premières rencontres sont alors virtuelles. Des forums ont fait leur apparition sur la Toile[2], des sites de rencontres aussi, souvent payants. Ces sites s'adressent explicitement aux Marocains – ou plus généralement aux Maghrébins – résidant en Europe ou aux Etats-Unis et désireux d'épouser une fille du pays. Espérant dénicher l'oiseau rare qui leur fera traverser la Méditerranée, ou peut-être l'Atlantique, les jeunes femmes s'y inscrivent en masse. Au risque de se faire rouler.

Myriem Khrouz, Epouser un passeport rouge.

Explications :

1 *ne pas traduire le titre*
2 la Toile *:* le réseau Internet

Maximum de points: **200**

Lösungsvorschläge

Questions sur les textes

1. *Hinweis: Die Beschreibung des Festivals findet sich im Wesentlichen im ersten Absatz, die Reaktionen in der Öffentlichkeit im zweiten. Da die beiden unterschiedlichen Wertvorstellungen, die die Meinungen zum Festival prägen, Gegenstand der Frage 2 sind, sollte in der Antwort auf Frage 1 nicht alles vorweg genommen werden.*

Le festival à Casablanca est un festival de musique moderne. Les jeunes du pays entier, qu'ils soient riches ou pauvres, s'y rencontrent pour écouter la musique électro ou le rap, par exemple, jouée par de jeunes musiciens, pendant quatre jours. Apparemment, ce n'est pas la musique seule qui est au rendez-vous : certains jeunes y abusent de drogues et d'alcool, et certaines filles s'y prostituent, ce qui est vivement critiqué par la presse et les sites islamistes, qui représentent une partie de la population qui est plutôt traditionaliste et se tiennent pour les gardiens des valeurs arabes, menacées par toutes sortes d'influences occidentales. D'autres journalistes et internautes ne partagent pourtant pas cette opinion. Pour eux, le festival est plutôt signe de modernité, d'ouverture du pays et de liberté d'expression longtemps refusée au peuple marocain.

2. *Hinweis: Im 3. und 4. Absatz finden sich zahlreiche Beispiele von Themen, über die unterschiedliche Vorstellungen herrschen. Sie müssen nicht alle erwähnt werden; wichtiger ist, die Denkweise der beiden Strömungen herauszuarbeiten und das Paradox „dialogue de sourds" zu erklären.*

Le Maroc est en train de devenir un pays moderne comme tous les autres. Une partie de la société est tout à fait prête à accepter les bénéfices de la modernité, quitte à devoir tout aussi bien accepter les inconvénients qu'elle engendre. Il s'agit plutôt des habitants des villes, qui ont accès aux gadgets de télécommunication, aux vêtements occidentaux, à l'alcool, et pour qui la religion telle qu'elle est pratiquée par les musulmans traditionalistes joue un rôle de moins en moins prépondérant (l. 13). Parmi eux se trouvent aussi des femmes émancipées et des homosexuels, deux groupes inacceptables pour les traditionalistes (l. 16–18). Ces derniers se prononcent de plus en plus ouvertement contre cette dégradation des mœurs, qui, selon eux, est contre la religion, contre les traditions, contre le bien du peuple. Ils condamnent aussi le fait que les Marocains modernes sont déracinés et ne suivent plus les règles du Coran (l. 14).
L'auteur du texte appelle la discussion entre ces deux courants un « dialogue de sourds ». Apparemment paradoxale, cette expression souligne de façon très illustrative le fait qu'un rapprochement entre les deux camps n'est pas possible. Leurs positions respectives sont tellement rigides qu'ils ne font que les répéter inlassablement au lieu de prendre en compte les arguments de l'autre pour éventuellement arriver à un compromis qui pourrait réunifier le pays.

3. *Hinweis: Die unterschiedlichen Standpunkte der beiden Publikationen lassen sich in ihrer Einstellung zu Religion und Laizismus deutlich machen. In der Antwort können die beiden Zeitungen und ihre Herausgeber hintereinander dargestellt werden, es kann aber auch ihre Meinung zu jedem einzelnen Unterpunkt gegenübergestellt werden. Der Schwerpunkt liegt bei dieser Frage auf den strittigen Themen, während es in Frage 5 um die Person der beiden Herausgeber geht. Diese Trennung muss auch in den Antworten deutlich werden.*

L'hebdomadaire francophone TelQuel et son patron Ahmed Reda Benchemsi représentent le courant moderniste marocain, tandis que le quotidien arabophone Al-Massae et son patron Rachid Niny se considèrent comme le porte-parole des traditionalistes musulmans. Benchemsi dénonce le courant islamiste dans le pays, qu'il décrit comme de plus en plus fondamentaliste et violent, mais qui a déjà largement pénétré la vie publique, comme le montrent le procès intenté à 14 musiciens de hard rock en 2003 (l. 24–27) et la condamnation pour homosexualité de plusieurs hommes qui avaient participé à une fête à Ksar el-Kebir en 2007 (l. 54). Il pense que ceux qui ont peur d'une perte des valeurs religieuses et morales ont tort : bien que la laïcité se répande de plus en plus et que les acquis modernes s'établissent de plus en plus, la population pratique toujours la religion et est loin d'une révolution contre l'islam (l. 32/33).
Niny, par contre, estime que le Maroc est en train de se détourner de sa religion et que cela va tôt ou tard entraîner le désastre, qu'il faut donc s'y opposer de toutes ses forces. Sa publication martèle sans cesse au public que les premiers signes de cette voie vers le précipice sont évidents : chez les puissants du pays, dans la corruption croissante et le népotisme, par exemple. Parmi ses cibles favorites, les festivals de musique, l'alcool, les drogues, les excès sexuels et l'homosexualité, qu'il dénonce surtout en publiant des photos racoleuses qui lui garantissent les applaudissements de son public (l. 41).

4. *Hinweis: Bei aller Analyse nicht vergessen, die Stilfigur auch zu benennen!*

La poudrière est une des images les plus fréquemment employées, plutôt dans des textes journalistiques que dans la littérature. Elle implique que la poudre dans le tonneau risque à tout moment d'exploser – pour un rien, à cause d'une simple allumette peut-être, d'un bout de cigarette jetés par inattention, d'une étincelle produite au cours de travaux de réparation exécutés tout près.
Il en est de même au Maroc. La stabilité politique y est très fragile, le fossé entre les deux courants – traditionaliste et moderniste – est très profond, et un incident sans importance au premier coup d'œil peut déclencher l'explosion, l'éclatement de la société, la guerre civile.
Dans le texte, l'image est reprise deux fois : L'auteur dit que Niny est accusé de « jeter une allumette enflammée par jour » (l. 49) et parle de l'« affaire qui a mis le feu aux poudres » (l. 52).

5. *Hinweis: Für die hohe BE-Zahl liefert der Text nur wenige Informationen über die Gemeinsamkeiten der beiden Herausgeber. Interessant ist lediglich ihre Rolle in der Affäre von Ksar el-Kebir.*

Leurs convictions socio-politiques mises à part, Ahmed Reda Benchemsi et Rachid Niny ont plus de points communs que l'on pourrait le penser d'abord. Premièrement, bien sûr, ils sont journalistes et militent pour leurs idées en utilisant le même média, la même façon de crier alarme. Deuxièmement, ils essaient ainsi tous les deux de servir à la société marocaine, en montrant le bon chemin à la population – ou au moins ce qu'ils considèrent comme le bon chemin. Troisièmement, ils ont presque le même âge, appartiennent à la même génération, tout en n'étant pas issus du même environnement social.

Tous les deux ne reculent devant aucun moyen pour faire passer leur message au public – un public qui les adore d'ailleurs. Et ils sont d'accord que personne n'a le droit de leur interdire de s'exprimer librement. Cette vue des droits fondamentaux les a rapprochés au cours de l'affaire de Ksar el-Kebir, où ils ont tout d'abord été ennemis, comme d'habitude. Mais Benchemsi a sans hésitation porté secours à Niny lorsque celui-ci a été inculpé d'avoir incriminé un procureur du roi de faire partie d'un réseau gay. Bien que Benchemsi n'ait probablement pas du tout approuvé ces accusations, il s'est montré solidaire de son collègue, « au nom de la liberté d'expression » (l. 65/66).

6. *Hinweis: Immer gleiche Frage – immer gleiche Antwort. Der typische Express-Stil findet sich in vielen Abituraufgaben der vergangenen Jahre wieder.*

Le style du reportage est caractéristique de l'hebdomadaire *L'Express*. L'auteur choisit un exemple pour illustrer son idée (premier paragraphe) et pour attirer l'attention du lecteur. Comme les autres exemples dans le texte, il renforce l'authenticité du texte et le rend plus vivant. A cela s'ajoutent les dates précises (l. 2, 54, etc.) et les citations (l. 24, 39/40), qui donnent encore plus d'objectivité au texte. L'auteur emploie aussi différents moyens stylistiques : des métaphores et images (« parti en guerre », l. 44 ; « Robin des bois des exclus », l. 50 ; « poudrière », l. 50), des énumérations (au quatrième paragraphe, par exemple), et les phrases elliptiques si caractéristiques de *L'Express* (au troisième paragraphe, ou à la fin du texte). Elle rend ainsi le texte plus vivant.

Commentaire personnel / Rédaction

7. a) Franchement, au premier coup d'œil, je n'ai rien vu d'anormal dans cette phrase. « L'ennemi de mon ennemi est mon ami », cela paraissait bien correct. Mais c'est peut-être parce que, à côté du français, j'aime aussi les mathématiques, et là on obtient bien sûr un nombre positif (ami) en multipliant deux nombres négatifs (ennemi). Je sais pourtant qu'on dit beaucoup plus souvent que « l'ami de mon ami est mon ami aussi », et je comprends aussi que le seul fait qu'il est l'ennemi de mon ennemi ne suffit pas pour que j'éprouve de l'amitié pour quelqu'un que je ne connais pas, qui m'est désagréable, avec qui j'ai tout le temps évité d'entrer en contact. Les exemples qui me sont venus à l'esprit montrent cependant que la phrase correspond à la vérité, qu'elle n'est pas paradoxale du tout.

   J'ai tout d'abord pensé à deux gamins qui se battent dans la cour de leur école. Un troisième qui regarde la scène va-t-il prendre parti pour celui qu'il n'aime pas ? Certes non. Quoiqu'il pense du deuxième, il va l'aider, car il lui donne la possibilité de jouer un sale tour à son ennemi ou de se venger.

   Il en va de même dans les grandes guerres. Au cours de la deuxième guerre mondiale, par exemple, des pays très différents se sont ralliés pour lutter contre l'Allemagne hitlérienne, parmi eux ceux qui ont figuré comme les deux grands antipodes du globe pour la plus grande partie du XXe siècle, l'URSS et les Etats-Unis. Ce fut une amitié de courte durée, puisque la guerre froide commença immédiatement après la victoire des Alliés.

   Troisième exemple, moins évident peut-être : Chaque année, pendant la saison estivale, qu'est-ce que nous ne faisons pas pour supprimer les mauvaises herbes et autres vermines dans nos jardins ? Nous sollicitons l'aide des herbicides et pesticides en grande quantité tout en sachant qu'eux aussi sont nocifs.

   Une telle amitié n'en est pas vraiment une ; c'est une union fonctionnelle, rien de plus.

b) Depuis des temps immémoriaux, les tensions entre les adolescents et les parents sont inéluctables. Rien de plus normal qu'un enfant commence à prendre ses distances par rapport à ses parents, à vivre sa propre vie. Les jeunes se détachent de leurs parents différemment : plus ou moins rapidement, plus ou moins tard, avec plus ou moins de luttes et de violence. Beaucoup d'entre eux montrent très ouvertement qu'ils sont différents des adultes, et quelquefois ceux-là choquent ceux-ci : par leurs vêtements, par la musique qu'ils écoutent, par les amis dont ils s'entourent. Personnellement, je pense qu'ils vont toujours réussir à choquer, effarer, surprendre leurs parents, à les rendre perplexes, à les laisser confondus, car ce que les jeunes font était impensable pour la génération des parents.
On pourrait objecter que l'actuelle génération des parents a probablement déjà tout vu. Qu'est-ce qui peut encore choquer des gens qui ont été élevés dans l'esprit des années 68 ? Qu'est-ce qui peut encore surprendre ceux qui ont vécu et prôné la libération sexuelle, la tolérance illimitée dans les médias, le libre-parler avec les enfants sur n'importe quel sujet ?
A mon avis, ce n'est pas là le problème central. Au moment où les parents font l'expérience de la révolte de leurs enfants, ils ont un réflexe : ils disent non parce qu'ils ont peur pour leur progéniture, parce qu'ils veulent leur éviter d'être malheureux, parce qu'ils veulent leur épargner les expériences qu'ils ont faites eux-mêmes. S'ils se montrent choqués, ce n'est pas tellement parce que les enfants font quelque chose de mal, mais parce que les parents se rendent comptent qu'ils commencent à perdre leur influence sur leurs enfants et que ceux-ci sont prêts à vivre leur vie, à leur goût.

c) Le célèbre poète Jacques Prévert nous a laissé la phrase, « Quand la vérité n'est pas libre, la liberté n'est pas vraie. » Apparemment, elle réfère aux atteintes à la liberté de la presse et à celle de l'expression qui préoccupèrent tant Prévert. Pour lui, un Etat où on ne peut pas s'exprimer librement, où les journalistes ne peuvent pas dire la vérité, n'a pas le droit de s'appeler démocratie. Il ne suffit pas que la liberté soit promise dans la constitution, il faut que le peuple puisse la vivre.
Malheureusement, cette situation dénoncée par Prévert au milieu du dernier siècle n'a pas vraiment changé dans de nombreux pays. Nombreux sont les reporters que la police empêche de faire leur travail, celui de relater impartialement les événements ; tout aussi nombreux sont les dissidents emprisonnés pour avoir dit la vérité et essayé d'en convaincre le reste de la population. Et nous nous souvenons bien sûr des événements de la place Tian'anmen où les autorités chinoises ont clairement montré ce qu'elles pensaient de la vérité et de la liberté.
Il semble que certains régimes ont peur de la vérité, car elle pourrait inciter la population à la révolution. Aussi « démocratiques » et « libéraux » que ces pays se nomment, aussi souvent que les gouvernants utilisent les mots « république » et « volonté du peuple », il n'en reste pas moins que ce sont des dictatures, dans lesquelles la vie de tous les jours n'est pas démocratique et libre du tout – voilà exactement le danger que Jacques Prévert voyait à l'époque, même pour la France.

d) Le dessinateur nous emmène dans une ville orientale, musulmane. Nous voyons des bâtiments dotés de coupoles, une d'entre elles ornée d'un croissant, symbole de l'Islam. Ce sont apparemment des mosquées, car il y a aussi des minarets à côté, cinq au total. Sur l'un d'entre eux se trouve le muezzin, le prêtre qui régulièrement appelle les croyants à la prière. Il vient de monter sur le minaret et de sortir sur une sorte de balustrade ; de là, il regarde la ville. Ce qui attire son regard surtout, c'est bien sûr le sixième « minaret » qui domine la scène et qui est tout à fait différent des autres : c'est un des signes phares géants de McDonald's, la chaîne américaine de fast-food,

comme on en voit un peu partout dans le monde entier, surtout près des autoroutes. Ils sont là pour attirer les automobilistes, qui voient de loin cette invitation à quitter l'autoroute et se payer un hamburger ou des frites.
Sans doute, le muezzin ne se sent pas attiré par ce symbole de la civilisation occidentale, au contraire. Il craint que l'influence de la culture anglo-saxonne ne laisse des traces indélébiles dans sa ville – non seulement dans le sens concret, car la ville change d'aspect à cause des bâtiments nouveaux. Il a surtout peur que les valeurs traditionnelles musulmanes se perdent sous cette influence, que la population – surtout les jeunes – se laisse prendre par cette culture qu'il considère comme superficielle, vulgaire, vide, vouée au divertissement, à la poursuite individualiste de la gloire dans les médias, de l'argent. En même temps, les gens pourraient perdre leur intérêt pour la religion et tout ce qu'elle symbolise : modestie, tolérance, communauté, famille. A l'heure actuelle, le signe phare de McDonald's n'est que l'intrus, mais la vie dans cette ville risque de se voir transformée complètement. Les expériences que d'autres villes ont faites montrent bel et bien que le muezzin a toute raison de craindre ce changement.

Version

8. An die 3 Millionen Marokkaner leben im Ausland, und die Sommerzeit fällt zusammen mit der Rückkehr eines großen Teils von ihnen ins „Bled“ für ein paar Wochen Sonnenschein. Und, wie jedes Jahr, warten die Mädchen von hier voller Ungeduld auf die Urlauber. Mehr noch als ihre Euros machen ihre „roten Pässe“ sie unwiderstehlich: denn diese Auswanderersöhne sind Bürger der Europäischen Union. Einen von ihnen zu heiraten bedeutet für die Mädchen die Gewissheit zu haben, morgen ihrerseits aufbrechen und in diesem Anderswo leben zu können, wo alles so viel leichter erscheint. Auch bei den Auswanderersöhnen gibt es viele, die ein Mädchen aus dem „Bled“ heiraten möchten. Oft, um den Erwartungen ihrer Familien gerecht zu werden.
Im Zeitalter des Internets warten einige gar nicht mehr auf den Sommer. Die ersten Kontakte sind dann virtuell. Im Netz sind Foren entstanden, auch Kontaktbörsen, viele davon kostenpflichtig. Diese Seiten wenden sich ausdrücklich an die Marokkaner – oder allgemeiner an die Bewohner des Maghreb –, die in Europa oder in den Vereinigten Staaten wohnen und den Wunsch haben, ein Mädchen aus ihrer Heimat zu heiraten. In der Hoffnung, den idealen Mann aufzustöbern, mit dessen Hilfe sie das Mittelmeer oder womöglich gar den Atlantischen Ozean überqueren können, melden sich die jungen Frauen in Scharen an, auf die Gefahr hin, übers Ohr gehauen zu werden.

Une leçon inoubliable

Dans son œuvre « Leçons particulières », Françoise Giroud (1916–2003) se souvient d'épisodes importants de sa vie, des épisodes qu'elle nomme ‚leçons' parce qu'elles lui transmettaient « un exemple, une tradition, un savoir, une valeur ».

J'avais treize ans peut-être lorsqu'une directrice de pension m'administra une leçon inoubliable. Mme M., œil vert, ongles laqués, de la prestance, dirigeait une institution essentiellement fréquentée par des étrangères qui venaient achever leur éducation par une année de français et quelques leçons de musique ou d'histoire de l'art.

Au milieu de ces péronnelles, quelques adolescentes françaises recevaient l'enseignement régulier qui était censé les conduire au bachot.

Qu'est-ce que je faisais là ? J'étais le boute-en-train, comme on le dit des chevaux, destiné à donner l'exemple aux petites Françaises pour stimuler leur ardeur au travail. Moyennant quoi, ma mère ne payait pour moi que demi-pension.

Après un séjour dans un internat de lycée non chauffé où les lentilles composaient l'ordinaire, cette institution pour jeunes filles de luxe était un lieu de délices.

Drapée dans des châles, agitant des bracelets d'argent, récitant Baudelaire[1] d'une voix mourante, une dame originale nous enseignait la littérature. D'où sortait-elle ? Mystère.

Déjà, ce n'était pas banal de lire Baudelaire à des adolescentes dans une école privée. Elle risquait à tout moment d'être dénoncée. Mais qui en aurait eu l'idée ? Elle nous subjuguait. Le premier jour, elle avait déclaré : « Il faut choisir. Qu'il le sache ou non, tout Français est obligé de choisir entre Pascal et Montaigne[2]. Il y est conduit par une force qui le décrit tout entier. » Et, me désignant, elle demanda : « Vous, vous sentez-vous Montaigne ou Pascal ? » A vrai dire, je ne me sentais rien du tout, écrasée par cette alternative. Mais, pour le peu que j'en connaissais, tout de même, c'était Montaigne. « Ah, dit-elle triomphante, j'en étais sûre ! Et vous autres ? » Elle fit le tour de la petite classe, puis se mit à lire à haute voix un passage de l'un, un passage de l'autre. Etrange méthode, assurément. Mais c'est grâce à ce professeur baroque entre tous que j'ai lu Montaigne, ce qui s'appelle lu. Beau cadeau pour une jeune fille encline au doute.

Stimulée par l'attention qu'elle me portait, je travaillais comme un ange lorsqu'un soir, une des pensionnaires étrangères, Margaret, s'avisa de faire le mur. C'était une fille de seize ans, délurée, qui avait réussi, au cours de la sortie hebdomadaire, à nouer relation avec un jeune homme. Le gardien de la propriété l'avait aperçue sans la reconnaître au moment où elle rentrait. Alertée aussitôt, Mme M. fit la tournée des chambres avec sa torche électrique. Une paire de chaussures crottées trahit Margaret, mais, sur le moment, rien ne fut dit.

Le lendemain, toute la maison bruissait de rumeurs et chuchotements. Au petit déjeuner, Mme M. nous avisa simplement que l'une d'entre nous avait commis un acte grave en sortant clandestinement de la pension la nuit, et qu'elle serait sanctionnée.

Dans la matinée, elle me fit appeler dans son bureau. J'arrivai, intimidée par le décor de velours et de capiton[3], les effluves d'un parfum sucré, les ongles de Mme M., très longs et recourbés en griffes.

Elle me décrivit en quatre points la situation :

Un : Margaret était la coupable.

Deux : Si son père, un magnat de Pittsburgh, apprenait l'incident, la réputation de l'institution était perdue aux Etats-Unis.

Trois : Impossible de passer l'éponge. Le gardien avait parlé. Tout le monde était au courant.

Quatre : Il fallait donc trouver une fausse coupable dont la mauvaise conduite serait sans retentissement sur l'institution.

D'abord, je n'ai pas compris. Puis, quand elle a dit : « Ta mère me doit bien ça… », l'angoisse m'a saisie. J'ai supplié :

– Pas moi, s'il vous plaît, pas moi…

– Soit, a dit Mme M. Ta pension n'est pas payée depuis trois mois. Si tu refuses de me rendre le service que je te demande, tu seras renvoyée. Assieds-toi. Tu as cinq minutes pour réfléchir.

Elle a feint de se plonger dans ses papiers. Et j'ai connu un moment de désespoir absolu. Le premier de ma vie consciente. Un moment de haine pure, aussi, envers cette femme altière et ses manigances.

J'ai cédé, naturellement. Que faire d'autre ? Mon inconduite a été officiellement stigmatisée et sanctionnée par un séjour solitaire d'un mois dans un chalet du jardin où l'on m'apportait devoirs et repas. Margaret a été informée qu'on l'avait à l'œil.

Après un mois, quand j'ai réintégré ma chambre et ma classe, un bout de mon cœur était devenu comme du vieux cuir. Il l'est resté. J'avais découvert le chantage. Surtout, j'avais pris mesure de ma faiblesse et de celle de ma mère. En face du magnat de Pittsburgh et de Mme M., nous ne pesions rien. On pouvait nous marcher sur la figure.

Je ne savais pas ce qu'était un rapport de forces, mais j'ai appris, en cette occasion particulière, et pour la vie, que les faibles se font toujours écraser.

Ne jamais écraser : ce pourrait être une devise.

Ne jamais se laisser écraser : une résolution.

Françoise Giroud : Leçons particulières. © Librairie Générale Française, Paris 2003

Explications :

1 Baudelaire : Charles Baudelaire (1821–1867) ; poète lyrique dont les poèmes sont parfois caractérisés par l'érotisme et étaient condamnés pour immoralité

2 Montaigne et Pascal : Penseurs du 16ème et du 17ème siècle qui ont décrit la condition humaine et dont le premier – à travers son scepticisme (l'idée de mettre en doute toute ‹vérité›) – accentue surtout la faiblesse de l'homme ; le second, par contre, voit aussi la grandeur de l'être humain, ce qui lui permet de se tourner vers Dieu.

3 le capiton : le coussin, le rembourrage d'un meuble

Devoirs **Nombre de points**

Questions sur le texte

Répondez aux questions suivantes en utilisant autant que possible vos propres mots. **100**

1. Présentez brièvement ce qu'on apprend sur la jeune Françoise et sur sa situation sociale et scolaire. Référez-vous aux lignes 1 à 14. (15)
2. « Une dame originale nous enseignait la littérature. » (l. 13) Caractérisez ce professeur et sa méthode d'enseigner et montrez-en les effets sur la classe, surtout sur la protagoniste. (20)
3. Résumez, en vous référant aux lignes 25 à 34, l'affaire Margaret et ses répercussions sur l'établissement. (10)
4. Décrivez les mesures prises par la directrice Mme M. et analysez ses intérêts dans cette affaire. (20)
5. Analysez les sentiments et les réflexions qui amènent Françoise aux conclusions finales (l. 64/65) et commentez ces deux dernières phrases. (20)
6. Analysez le langage utilisé dans l'entretien de la directrice avec la protagoniste. (15)

Commentaire personnel/Rédaction **50**

7. *Exposez, en 250 à 300 mots environ, vos idées/arguments sur un des sujets suivants.*

   a) « Les faibles se font toujours écraser. » (l. 63) – Commentez.
   b) A l'école des Roches, école privée dans l'Eure, les profs désignent régulièrement dans leur classe l'élève de la semaine. Pas forcément le mieux noté… – Qu'en pensez-vous ?
   c) Peut-on encore être original dans notre société conformiste ?
   d) Décrivez et commentez le dessin ci-dessous :

© Xavier Delucq

Version **50**

8. *Traduisez le texte suivant :*

Le match public-privé

Au diable la laïcité ! De plus en plus de parents choisissent l'enseignement catholique pour leurs enfants. Par pragmatisme : en général, les élèves y sont mieux encadrés, plus motivés, mais aussi plus sélectionnés. [...]

Béatrice, 45 ans, grande blonde en jeans et bottes cavalières, responsable marketing dans une société parisienne, se définit comme une « fille de la République ». [...] Pourtant, depuis douze ans, elle a jeté un mouchoir pudique sur ses convictions républicaines et laïques – quitte à étonner ses amis. Sa fille et son fils sont scolarisés dans le privé [...]. « Ma philosophie de l'éducation, c'est de donner à mes enfants le trousseau de clefs le plus fourni pour qu'ils se débrouillent dans la vie. Pour moi, les chemins de la réussite passent par le privé. » [...]

L'école privée, hier réservée à une bourgeoisie soucieuse de cultiver un « entre-soi » [...], attire de plus en plus. Certes, les « tala »[1] – ceux qui « vont-à-la-messe » [...] – forment toujours un peloton important. Mais ils sont aujourd'hui noyés dans la masse des enfants parfaitement athées, voire musulmans ou juifs. [...] Le privé s'est ouvert à tous les profils, poussé par un impératif : la demande de parents convaincus par le principe de réalité. [...]

Laurence Debril, Le match public-privé. © L'express, 22 novembre 2007

Explication :

1 le tala : *ne pas traduire*

Maximum de points : **200**

Lösungsvorschläge

Questions sur les textes

1. *Hinweis: Die eindeutige Zeilenangabe macht die Beantwortung leicht. Die Angaben im Text zu den Familienverhältnissen sind zwar eher spärlich, lassen aber ziemlich eindeutige Schlüsse zu.*

Françoise est issue d'une famille assez modeste. Dans ce passage de son livre, elle ne parle que de sa mère, ce qui laisse supposer que celle-ci élève sa fille toute seule. Cette hypothèse est soutenue par le fait que la mère a des problèmes pécuniaires constants ; il lui est très difficile de payer la pension pour Françoise.
Ainsi, la jeune fille joue un rôle spécial dans l'établissement scolaire qu'elle fréquente. Elle ne peut être pensionnaire dans cet internat élitiste que parce que l'on y accepte aussi un petit groupe de Françaises et que l'on leur laisse suivre le parcours normal vers le baccalauréat. Dans ce groupe-là, Françoise est l'élève modèle, l'exemple à suivre, ce que la directrice honore en faisant une remise de cinquante pour cent à la mère de Françoise, sur la somme de la pension.
Somme toute, Françoise ne se sent pas vraiment à sa place dans cet internat. La plupart des autres filles pensionnaires sont des étrangères qui proviennent de familles riches et influentes. Leurs parents ont choisi cette école pour son exclusivité et son prestige. Ils veulent donner à leurs filles la possibilité d'« achever leur éducation » (l. 3) dans le meilleur environnement possible. Néanmoins, Françoise n'est pas du tout malheureuse, car elle a fait une expérience horrible dans un autre internat.

2. *Hinweis: Diese Frage besteht aus mehreren Teilen, daher unbedingt darauf achten, dass alle Teilfragen beantwortet sind.*

On pourrait qualifier de bizarre cette dame qui enseigne la littérature française à la classe de Françoise ; tout est au-delà de l'ordinaire, de la norme, à commencer par ses vêtements. Son extérieur extravagant ne fait que souligner sa personnalité imposante. Son origine mystérieuse contribue à ce qu'elle est capable d'impressionner ses élèves au plus haut degré : elle les a complètement sous son emprise, surtout Françoise (l. 25), sans bien sûr en abuser.
A cela s'ajoute le talent exceptionnel de professeur de littérature de cette dame. Avec elle, pas de simple lecture et d'interprétation de textes. Elle fait participer les filles au choix des auteurs qu'elles vont lire, ce dont elles n'ont pas du tout l'habitude ; elle juxtapose des textes de différents auteurs comme personne d'autre ne le ferait ; elle les récite en faisant le tour de toute la salle de classe, elle les met quasiment en scène. Ainsi elle réussit à donner le goût de la littérature aux élèves, les y intéresse vraiment, les fait toutes sortir de leur passivité générale.
Et pourtant, la passion de cette dame pour la littérature va encore beaucoup plus loin. Elle court même le risque de perdre son emploi en récitant un auteur qui ne se lit pas à l'époque, surtout pas dans une école élitiste et conservatrice : Charles Baudelaire. Mais comme cet auteur lui est si cher qu'elle trouve indispensable de l'inclure dans son programme personnel, elle ne se soucie pas du danger qu'elle court, et elle sait bien que les filles l'aiment trop pour la dénoncer (l. 15/16)

3. *Hinweis: Inwieweit die Affäre Margaret noch kürzer zusammengefasst werden kann als sie im Text beschrieben ist, sei dahingestellt. Wichtig in jedem Fall: soweit wie möglich eigene Worte verwenden!*

Margaret, une des filles venues de l'étranger, passe outre à une des règles principales du pensionnat : un soir, elle sort de la propriété, sans permission, pour rencontrer un jeune homme dont elle a fait la connaissance. Elle est surprise par le gardien, mais elle arrive à rentrer dans sa chambre sans être reconnue. Lors de l'enquête menée par la directrice, ses chaussures souillées la trahissent. Mais Mme M. ne la punit pas immédiatement, et même le lendemain matin elle annonce simplement qu'une punition est inévitable, sans donner le moindre détail, ni le nom de la coupable.

4. La directrice est dans un dilemme immense. En punissant Margaret, elle risque de nuire à son pensionnat : à sa réputation d'abord, mais aussi à son budget, car elle a peur de perdre une famille qui a beaucoup fait pour le bien-être financier de l'internat. Elle est sûre que les parents de Margaret n'accepteront jamais une punition et qu'ils la ramèneront tout de suite aux Etats-Unis, en incitant tous leurs amis à faire de même ou à ne plus jamais envoyer d'enfant dans ce pensionnat (l. 40/41).
Apparemment, dans cette affaire les intérêts économiques l'emportent sur les besoins pédagogiques. Comme elle a annoncé que la coupable serait punie, Mme M. met au point un stratagème aussi intelligent qu'injuste. Elle cherche un bouc émissaire, une fille dont la famille ne causera certainement pas de difficultés (l. 44/45). C'est ainsi qu'elle décide de punir Françoise au lieu de Margaret, puisque la mère de celle-là ne trouvera rien à redire à Mme M., qui s'est toujours révélé comme très généreuse envers elle – la mère de Françoise doit même trois mois de pension à la directrice.
Mme M. convoque donc Françoise pour lui expliquer qu'elle n'a pas le choix : Françoise doit se sacrifier – ou sera sacrifiée – pour sauver Mme M. et son internat ; sinon Mme M. la chassera.

5. *Hinweis: Da vieles zur Affäre Margaret bereits gesagt ist, sollte das Hauptaugenmerk bei der Beantwortung dieser Frage auf den letzten beiden Sätzen des Textes und ihrer Interpretation liegen.*

La conduite de la directrice est une immense déception pour Françoise. Elle avait toujours été convaincue de certains principes qui, pensait-elle, étaient valables dans le monde entier, parmi eux l'égalité et la justice. Après l'affaire Margaret, elle ressent une grande frustration, car elle a vu que rien ne pouvait changer la résolution de Mme M. Elle se résigne, en dépit de sa colère, sa haine même (l. 52–55), mais après la période d'isolement, elle ne ressent plus comme avant, elle est morte intérieurement face à cette grande injustice (l. 58/59). Et elle se rend compte que c'est cela, la vraie vie : elle, la fille faible, a tout naturellement été choisie pour ce chantage, et elle est impuissante face à la cruauté de la directrice, représentante des puissants (l. 59–61).
Cette affaire est donc une leçon inoubliable pour elle. Elle se jure qu'elle fera tout pour qu'un tel traitement ne lui soit plus jamais infligé – mais elle se jure aussi qu'elle-même non plus n'infligera jamais une telle injustice à autrui, car elle sait quels dégâts cela peut provoquer.

6. *Hinweis: Auch wenn der größte Teil des Gesprächs in indirekter Rede wiedergegeben ist (Zeitenfolge!), können wir davon ausgehen, dass Mme M.s Sprache einigermaßen wahrheitsgetreu dargestellt wird. Auffällig sind natürlich das methodische Vorgehen (Un, deux, ...) und die kaltblütige und erschreckend ehrliche Analyse der Lage durch Mme M.*

Le langage que la directrice utilise dans son entretien avec Françoise souligne la froideur de son calcul. Elle ne s'excuse pas auprès de la fille, ne montre aucune émotion, au contraire : elle lui explique méthodiquement, en quatre points (l. 39–45), la situation et son raisonnement. Sa sincérité, la sobriété avec laquelle elle inflige cette punition injuste à Françoise ne peuvent que choquer, même si ses mots ne sont que reportés au discours indirect et donc peut-être un peu changés. La seule objection que Françoise réussit à faire après le premier choc est tout de suite écartée par le « Soit » de la directrice (l. 49), qui signale que le choix que Mme M. donne à Françoise n'est que théorique.
Du début à la fin, Mme M. domine cet entretien, qui d'ailleurs n'en est pas vraiment un ; c'est plutôt une communication à sens unique. Mme M. joue le rôle du juge qui condamne un coupable sans même l'écouter.

Commentaire personnel / Rédaction

7. a) La narratrice de notre texte fait une expérience dévastatrice. Bien qu'innocente, elle est punie, pour le seul fait que la directrice de son école a peur des parents de la vraie coupable : ceux-ci sont riches et ont beaucoup d'influence, tandis que la mère de la narratrice est pauvre et ne va certainement pas se révolter. A son avis, la vie est comme ça. Les riches, les couches supérieures, ont toujours le dessus sur les pauvres, sur ceux qui n'ont ni influence, ni défenseurs, ni moyens de protester. Malheureusement, en dépit de toute égalité promise dans la constitution et de toute fraternité sur laquelle – dit-on – la nation française, comme toutes les démocraties, est basée, il est facile de trouver des exemples qui prouvent cette thèse.
Le premier domaine qui m'est venu à l'esprit est celui de la médecine. Quel que soit le système des assurances maladie – presque complètement privées aux Etats-Unis ou en principe réglées par l'Etat en France ou en Allemagne –, les traitements sophistiqués et les médicaments spéciaux coûtent cher, et une partie seulement de la population peut se les payer. « Les pauvres meurent plus tôt », voilà ce qui se dit souvent chez nous.

Il en est de même dans le domaine de l'enseignement. Les statistiques montrent qu'un peu partout dans le monde, les enfants issus de familles aisées ont plus de chances que les autres d'avoir le bac avec de bonnes notes, de faire des études universitaires et de décrocher finalement un poste qui leur fait gagner gros.
Mon dernier exemple relève du domaine juridique. Là aussi, la théorie – tous les hommes sont égaux devant la loi – ne correspond pas tout à fait à la réalité. Maints cas nous ont montré que les riches peuvent se payer de meilleurs avocats et sont plus souvent acquittés que les pauvres, qui, eux, risquent plus souvent de se faire condamner sans hésitation aucune de la part du juge.
Il apparaît donc que la narratrice a bien raison.

b) L'idée de désigner régulièrement l'élève de la semaine me plaît, bien que j'aie aussi des réserves.
Il est évident que les professeurs de l'établissement en question ont bien réfléchi avant de mettre en pratique leur idée. Ils veulent inciter les élèves à suivre l'exemple de leur camarade choisi et aussi contribuer à ce que les élèves fassent un effort constant. Et ceci non seulement dans le domaine des notes, car le mieux noté parmi les élèves n'est pas automatiquement couronné élève de la semaine. Cette école ne s'occupe apparemment pas seulement de l'enseignement d'un savoir et de connaissances, mais elle veut aussi contribuer à l'éducation générale de ses élèves, en faire des jeunes sociables, vertueux, désintéressés, actifs en dehors des cours, des élèves qui s'engagent pour leurs camarades, pour une image positive de leur école, pour la commune dans laquelle ils vivent, pour leur pays. Honorer des élèves qui excellent dans ce domaine me paraît très important, et je suis très content que cela se fasse aussi dans notre lycée depuis quelques années.
Il n'est bien sûr pas facile de choisir le bon élève chaque semaine. Que faire si c'est un groupe qui devrait être récompensé ? En désigner un seul membre rend les autres mécontents. Que faire après une semaine où plusieurs activités ont eu lieu ? On ne peut pas en préférer une aux autres ! Qu'est-ce qui se passe avec un élève qui a été désigné plusieurs fois déjà ? N'aura-t-il pas des problèmes avec ses camarades ?
Il serait peut-être préférable de trouver un système moins rigoureux, plus flexible. Il ne faut pas nécessairement désigner un élève par classe et par semaine – mais il ne faut surtout pas oublier de récompenser ceux qui le méritent !

c) On reproche souvent à nos sociétés occidentales d'être de plus en plus conformistes. Il paraît évident que les médias en général, et la publicité en particulier, essaient de donner le même goût à tout un chacun : que ce soit dans le domaine de la musique, celui du look et de la couture, celui de la nutrition ou celui des vacances et autres loisirs. En lisant ou voyant constamment que telle idée ou tel objet est en vogue – du moins d'après les médias –, il ne nous reste qu'à suivre toutes ces modes. Ne faut-il pas être branché, ne faut-il pas faire comme les autres pour être accepté par eux ?
Pensez-vous ! Car en réalité, tout le monde est sans cesse à la recherche d'un certain individualisme, et je pense qu'il est bien possible de réaliser ce rêve.
Il est vrai qu'on ne peut plus aujourd'hui éviter de porter jeans et t-shirt, mais le prêt-à-porter tout aussi bien que la haute couture nous offre une grande gamme très variée qui nous offre la possibilité de créer un style personnel. Il est vrai que seuls le rock et le pop sont acceptés par les jeunes, mais chacun de mes camarades a ses préférences personnelles en ce qui concerne la musique – et même ceux qui aiment la musique classique ne sont pas considérés comme des freaks. Et il est vrai aussi que les super-branchés ne font que certains sports à la mode, mais le foot ou l'athlétisme continuent à attirer pas mal de jeunes.

Etre individualiste est bien sûr devenu difficile, puisqu'on ne peut presque plus rien acheter ou faire d'unique (du moins si l'on ne figure pas parmi les plus aisés). Je trouve quand même que ceux qui le veulent trouveront toujours les moyens de se distinguer de la masse.

d) Je pense que la petite scène que Xavier Delucq a dessinée a pour lieu une salle de classe ou un couloir dans un établissement scolaire. Les deux hommes (à l'aspect bien différent, car l'un porte costume et écharpe et porte un livre intitulé « Cours de Morale » sous le bras, tandis que l'autre est habillé en jeans qu'il risque de perdre à tout moment, d'un sweatshirt et d'une casquette) viennent de se quereller, et leur comportement pendant ce différend ne peut être plus différent. Pendant que celui à gauche, barbu, plus âgé, donc probablement un professeur, paraît très calme et ne se laisse pas démonter, l'autre, plus jeune, quoique assez grand, gros et âgé pour un élève, est visiblement en colère et ne peut se retenir que très difficilement. Il vient de terminer la discussion en jetant « Foutez-moi la paix ! » à son interlocuteur, mais à sa grande surprise, celui-ci réagit de façon assez imprévue : au lieu de s'énerver, au lieu de dire clairement qu'il n'accepte pas cette grossièreté, il répond seulement qu'il se formalise du fait que le jeune n'a pas dit « S'il vous plait » ! Pour le reste, son comportement ne change pas. Il est tout aussi calme qu'avant, hautain même et continue de donner une leçon au jeune. Et apparemment cette contenance inspire du respect à ce jeune homme en révolte, car il accepte la sanction.
Je ne suis pas sûr de savoir dans quel but Delucq a dessiné cette scène. Veut-il souligner l'importance de l'enseignement des bonnes manières ? Ou veut-il nous dire que les vieux profs sont bien capables d'accepter la révolte de leurs élèves, pourvu qu'elle soit exprimée correctement ? Ou – au contraire – veut-il montrer que les profs ne comprennent pas les problèmes de leurs élèves ? Ce qui est évident, c'est que cette querelle est une question de générations, que les jeunes n'ont pas toujours la vie facile avec les générations plus âgées.

Version

8. **Der Kampf zwischen öffentlichen und privaten Schulen**

Zum Teufel mit der religiösen Neutralität! Immer mehr Eltern suchen sich katholische Schulen für ihre Kinder aus. Aus pragmatischen Gründen: Im Allgemeinen werden die Schüler dort besser betreut, stärker motiviert, es findet aber auch eine stärkere Auslese statt.
Béatrice, 45 Jahre (alt), groß, blond, mit Jeans und Reitstiefeln, Marketingleiterin in einem Pariser Unternehmen, bezeichnet sich selbst als „Tochter der Republik". Und doch hat sie seit zwölf Jahren das Mäntelchen des Schweigens über ihre republikanischen und laizistischen Überzeugungen gelegt – auf die Gefahr hin, ihre Freunde in Erstaunen zu versetzen. Ihre Tochter und ihr Sohn gehen auf eine Privatschule. „Meine Vorstellung von Bildung ist, meinen Kindern den am besten bestückten Schlüsselbund an die Hand zu geben, damit sie sich im Leben zurechtfinden. Für mich führen alle Wege zum Erfolg über Privatschulen."
Das private Schulwesen, einst einer bürgerlichen Schicht vorbehalten, die darauf bedacht war, ein „Unter uns" zu pflegen, wird immer attraktiver. Zwar stellen die „tala" – diejenigen, die regelmäßig in den Gottesdienst gehen – noch immer eine große Gruppe dar. Aber sie gehen heute in der großen Schar der völlig atheistischen, ja sogar islamischen oder jüdischen Kinder unter. Die Privatschulen haben sich allen möglichen Lebensentwürfen gegenüber geöffnet, getrieben von einer Notwendigkeit: der Nachfrage der Eltern, die vom Realitätsprinzip überzeugt sind.

Ihre Meinung ist uns wichtig!

Ihre Anregungen sind uns immer willkommen. Bitte informieren Sie uns mit diesem Schein über Ihre Verbesserungsvorschläge!

Titel-Nr.	Seite	Vorschlag

Bitte hier abtrennen

Bitte hier abtrennen

Zutreffendes bitte ankreuzen!

Die Absenderin/der Absender ist:

- ☐ Lehrer/in in den Klassenstufen: ____
- ☐ Fachbetreuer/in
  Fächer: ____
- ☐ Seminarlehrer/in
  Fächer: ____
- ☐ Regierungsfachberater/in
  Fächer: ____
- ☐ Oberstufenbetreuer/in
- ☐ Schulleiter/in
- ☐ Referendar/in, Termin 2. Staatsexamen: ____
- ☐ Leiter/in Lehrerbibliothek
- ☐ Leiter/in Schülerbibliothek
- ☐ Sekretariat
- ☐ Eltern
- ☐ Schüler/in, Klasse: ____
- ☐ Sonstiges: ____

Unterrichtsfächer: **(Bei Lehrkräften!)**

____

STARK Verlag
Postfach 1852
85318 Freising

Kennen Sie Ihre Kundennummer?
Bitte hier eintragen.

Absender **(Bitte in Druckbuchstaben!)**

Name/Vorname

Straße/Nr.

PLZ/Ort/Ortsteil

Telefon privat

Geburtsjahr

E-Mail

Schule/Schulstempel **(Bitte immer angeben!)**

19-VM9

Bitte ausfüllen und im frankierten Umschlag an uns einsenden. Für Fensterkuverts geeignet.

(Bitte blättern Sie um)